新手学
纳税申报
与税务处理

从入门到精通

何正坤
周明桂

编 著

化学工业出版社

·北京·

内 容 简 介

本书参考新版《中华人民共和国企业所得税法》《中华人民共和国个人所得税法》《中华人民共和国增值税暂行条例》《中华人民共和国消费税暂行条例》等税收政策，重点论述了税法、纳税申报实务、纳税筹划实务 3 个部分；同时列举了百余个经典案例，其中包括数十个现实生活中的真实案例，是广大财务工作人员、会计人员进行税务处理与纳税筹划的"宝典"。

全书共 14 章。第 1~3 章为税法与纳税流程，主要介绍了税法、纳税的快速办理流程及发票的管理和使用；第 4~10 章为税种和纳税申报实务，围绕增值税、企业所得税、消费税、个人所得税、财产税、资源税、行为目的税 7 个税种的纳税实务展开解读，为读者分享了每个税种的基本情况、应纳税额计算方法及纳税流程等内容；第 11~14 章为纳税与税务筹划，围绕增值税、企业所得税、个人所得税 3 个重点税种的税务处理与纳税筹划实务展开，为读者解读了税务处理与纳税筹划的具体方法和技巧，帮助企业和个人做好税收规划，合理避税。

图书在版编目（CIP）数据

新手学纳税申报与税务处理从入门到精通 / 何正坤，周明桂编著. — 北京：化学工业出版社，2020.7
ISBN 978-7-122-36615-3

Ⅰ．①新… Ⅱ．①何… ②周… Ⅲ．①纳税 – 税收管理 – 中国 Ⅳ．① F812.423

中国版本图书馆 CIP 数据核字（2020）第 068593 号

责任编辑：卢萌萌   文字编辑：李 曦   美术编辑：王晓宇
责任校对：王素芹   装帧设计：水长流文化

出版发行：化学工业出版社（北京市东城区青年湖南街 13 号   邮政编码 100011）
印   装：三河市延风印装有限公司
710mm×1000mm   1/16   印张16¾   字数 327 千字   2021 年 4 月北京第 1 版第 1 次印刷

购书咨询：010-64518888   售后服务：010-64518899
网   址：http://www.cip.com.cn
凡购买本书，如有缺损质量问题，本社销售中心负责调换。

定   价：69.80 元

序

2016年5月，"金税三期"正式出台，全面实行"营改增"，之后税法每年每月都在或多或少地发生变化。为了适应互联网大数据时代的需要，税务部门率先从统一社会信用代码、增值税发票管理、开票系统、认证系统到网上纳税申报不断地改变和完善。这是一次天翻地覆的变化，会计人员已不能再保持惯有的思维进行账务处理了，而是必须严阵以待，不断地学习新税法，参加各种职业培训，以补工作之需。

在税务业务中，首先掌握的是纳税申报。纳税申报是企业计算税收、缴纳税款的重要流程，也是税务机关稽查企业税收、评定纳税信用等级、监测企业税务异常的重要依据。企业大量的经营信息及基础信息，都在纳税申报中得到翔实、具体的体现。税务部门通过大数据对企业申报数据进行比对、筛选、交流、整理和分析，便能对企业进行一次"体检"，发现企业可能存在的税务风险。所以会计人员进行纳税申报时，必须做到真实、精准、可靠，谨慎操作，精打细算。若稍有不慎，给企业带来的或许不只是经济和信用方面的损失，还可能导致企业面临巨大风险，甚至濒临破产。

纳税申报在2016年5月后有过多次调整，特别是国地税合并后，纳税申报表、资产负债表、利润表都发生了细微变化。会计人员只有不断学习，仔细观察，准确编制纳税申报表，才能把握和应对纳税申报中的多种变化，客观真实地体现企业的经营状况。

税收的另一个重要变化是各项优惠政策。首先是税率一降再降，17%的税率先降至16%，再降至13%，11%的税率先降至10%，再降至9%，几乎给所有的企业都带去了税收红利。其次是小规模企业免增值税的优惠税收，从原先的季度营业收入不超过9万元，一下提高到季度营业收入不超过30万元，小规模企业税负得到了大幅度减轻。再者是小、微企业的税收福音，对小型微利企业年应纳税所得额不超过100万元的部分，减按25%计入应纳税所得额，按20%的税率缴纳企业所得税；对年应纳税所得额超过100万元但不超过300万元的部分，按50%计入应纳税所得额，按20%的税率缴纳企业所得税。

以上优惠政策具有普遍性，覆盖面广，只要符合条件的企业，都能享受到这种实实在在的优惠。还有一些特殊的优惠政策，比如"财税〔2018〕99号"规定，为进一步支持中小企业科技创新，2018年1月1日至2020年12月31日，科技型中小企业开展研发活动中实际发生的研发费用，未形成无形资产计入当期损益的，在按规定据实扣除的基础上，再按照实际发生额的75%在所得税前加计扣除；形成无形资产的，按照无形资产成本的175%在所得税前摊销。又如"财税〔2018〕54号"规定，企业在2018年1月1日至2020年12月31日新购进的设备、器具，单位价值不超过500万元的，允许一次性计入当期成本费用，在计算应纳税所得额时扣除，不再分年度计算折旧。

以上种种税收优惠政策，会计人员可以通过培训、公众号等渠道去学习。会计人员只有掌握了这些优惠政策，才能合理有效地进行账务处理，使企业享受税收优惠，减轻企业税负。反之，会计人员若不能及时充电，不断补给知识营养，他（她）就算不上一个称职的会计，终将被竞争日趋激烈的会计岗位所淘汰。

税收的变化不仅影响了会计人员，事实上自"营改增"后，很多企业家也在不自觉中提高了税法意识，主动去了解和掌握税务知识。也只有这样，有了企业家们的理解和支持，会计人员才能将纳税工作做好，甚至一起努力，为企业精准纳税、降低税负共同谋划。

在众多的税收条例和优惠政策的引导下，税收筹划应运而生。相比于偷税、漏税、逃税、避税等不良手段，税收筹划是得到认可的。税收筹划是"对纳税人、扣缴义务人的经营和投资活动提供符合税收法律法规及相关规定的纳税计划、纳税方案"（国家税务总局公告2017年第13号）。这为企业减轻税负提供了谋划空间，也是国家通过不同税率、不同政策来调节和引导地区经济平衡发展的策略之一。

纳税筹划不是一件容易的事，它不仅要求会计人员或专业人士具备全面、及时、广博的税收知识，还要求其掌握筹划能力和技巧，能巧妙利用税收政策的差异以及税率的不同，来为企业谋求最少的应纳税额。大中型企业往往配有专职的税务师，专职为企业纳税进行科学指导。小型微利企业则通过聘请第三方机构为企业的税负把脉，以期实现税负的最小化。

刘丽

江苏海洋大学财务处副处长

高级会计师

前言

在"金税三期"出台后，不只是会计人员感受到了巨大的压力，税务人员也有较大压力。这种压力是多方面的，有工作难度的压力，有知识匮乏的压力，有责任重大的压力，有职称考试的压力。

编写这本书，自然不能缓解那么多的压力，不过是在纳税申报及税务筹划方面，给初学者及资深会计人员提供一些帮助。在大数据时代，信息高度融合集中，数据得到了深度应用和持续优化，发票管理实现系统化，征管平台实现统一化，税收征管更加法治化，纳税申报如同一个窗口，成为税务部门管窥企业的重要途径，也成为数据分析的重要来源。因此，纳税申报显得比以往更为重要，我们更需要慎之以待，切莫敷衍了事，置企业于无形的税务风险中。

通过这本书的学习，广大会计工作者不仅可以了解税务会计的基本理论，还能够掌握纳税申报的流程，以及各种纳税申报表的编制和填写。对于一些有兴趣的会计人员，还可以掌握一些税务筹划的内容，将之合理地应用到企业，为企业减轻税负、争创效益起到良好的作用。

当然，纳税申报不是一成不变的，这本书也并非"放之四海而皆准"的"定海神针"。随着"金税"的进一步开发，四期、五期也会在不远的将来被推向市场，纳税申报的流程、报表都会发生相应的变化。会计人员要与时俱进，不断更新知识，以满足纳税申报之所需。我们只希望在一定的时效内，这本书能为读者带去方便，有效地解答读者在工作中遇到的实际问题。

最后，对一贯支持我们的读者和对本书的出版做出努力的老师表示深深的谢意。

何正坤　周明桂

目录

第3章　经营活动，发票为证

第4章　增值税纳税实务

第5章　企业所得税纳税实务

第6章　消费税纳税实务

第7章 个人所得税纳税实务

第8章　财产税纳税实务

第9章　资源税纳税实务

第10章　行为目的税纳税实务

第11章　公司的税务筹划

第12章 增值税的纳税筹划

第13章 企业所得税的纳税筹划

第14章　个人所得税的纳税筹划

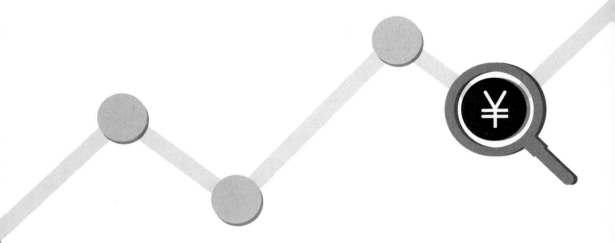

第 **1** 章

认识税收，夯实基础

　　认识纳税从税法开始。纳税义务人要做到按章纳税，就必须懂得税收，懂得税法的含义、税收的法律关系，以及税收的变迁和主要税种。懂得这些知识后才会知道，作为一个纳税人，为什么要纳税，纳什么税，以及纳税的目的和意义。

1.1 企业经营从懂得税收开始

1.1.1 税法的含义

随着经济的快速发展，税收正在越来越多地影响着企业，它犹如快车上的一组仪表，推动并监督着企业经营活动的正常运行。

每个人对税收都会有所耳闻或涉及，但为什么要收税，税收的意义何在呢？可能很多人并不是十分清楚。对于国家而言，税收是其财政最主要的收入形式和来源。国家为满足社会公共需要，凭借公共权力，按照法律所规定的标准和程序，通过税收途径参与国民收入分配，采取强制手段取得财政收入。作为生产经营活动中非常重要的调节和制约因素，税收在企业各种经济行为中具有不可逾越的存在感。税收与企业之间有着复杂的相互关系，从本质上反映了宏观调控与微观市场之间的关系，构成了市场经济各种关系中基础性的行为关系。

国家税收部门与企业之间是什么样的关系呢？为什么可以强行征税呢？因为政府为企业营造安定、优越、宽松的投资经营环境，企业才能健康有序地发展。企业按章纳税，才能有财力确保政府的正常运营。没有强大的政府，就没有稳定的企业；没有企业的稳定，就没有政府的强大。

税法是关于税收的法律规范。税法是各种税收法规的总称，是税收机关征税和纳税人据以纳税的法律依据。税法包括税收法令、条例、税则、施行细则、征收办法及其他有关税收的规定。税法由国家立法机关制定颁布，或由国家立法机关授权国家行政机关制定公布。

有了税法，税收便有法可依。国家依靠社会公共权力，根据法律法规，对纳税人包括法人企业、非法人企业和单位及自然人强制无偿征收。纳税人依法纳税，以满足社会公共需求。

税收是国家财政收入的主要来源和手段。税法是保障税收的法律手段，税收必须遵守税法的各项规定。

税法与税收，是国民经济生活的重要组成部分，是企业经营发展过程中的重要事项。无论工业、农业、商业、林业，还是IT业、物流业，或其他产业，企业的法人代表、财会人员及经营管理者都必须学习税法，掌握税法。在依章纳税的同时，利用好税收政策，合理合法地为企业谋求利益。

1.1.2 税收法律关系

什么是法律关系？法律关系就是法律规范在调整人们行为过程中形成的权利义务关系。

什么是税收法律关系？税收法律关系就是由税收法律规范确认和调整的，国家和纳税人之间发生的具有权利和义务内容的社会关系。

（1）税收法律关系的要素

1）税法主体

税法主体是指在税收法律关系中享有权利和承担义务的当事人，主要包括国家、征税机关、纳税人和扣缴义务人，如图1-1所示。

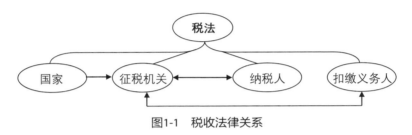

图1-1 税收法律关系

2）税收法律关系的内容

税收法律关系的内容是指税收法律关系主体所享有的权利和所承担的义务，主要包括纳税人和征税机关各自的权利义务。

3）税收法律关系的客体

税收法律关系的客体是指税收法律关系主体的权利义务所指向的对象，主要包括货币、实物和行为。

（2）税收法律关系的4个特点

① 税收法律关系的主体是特定的，一方始终是国家，另一方主要为纳税人。

② 税收法律关系的内容是法定的，不能随意更改。

③ 税收法律关系的客体包括货币、实物和行为。

④ 税收具有强制性、无偿性和固定性的特征。

1.1.3 税收法定原则

何谓税收法定原则？税收法定原则即指由立法者决定全部税收问题的税法基本原则。若没有相应法律作前提，国家则不能征税，公民也没有纳税的义务。税收主体即税务机关必须且只能依据法律的规定进行征税，而纳税主体即纳税人必须且只能依据法律的规定进行纳税。税收法定原则是税法中一项十分重要的基本原则。

税收法定原则含义包含3个方面的内容。

（1）税种法定

税种法定是指税种必须由法律予以规定。一个税种必定相对应于一个税种法律，非经税种法律规定，征税主体没有征税权力，纳税主体不负缴纳义务。这是发生税收关系的法律前提，也是税收法定原则的首要内容。

（2）税收要素法定

税收要素法定是指税收要素必须由法律明确规定。税收要素具体包括征税主体、纳税主体、征税对象、税率、纳税环节、纳税期限和地点、减免税、税务争议及税收法律责任等内容。税收要素是税收关系得以具体化的客观标准，是其得以全面实施的法律依据，它是税收法定原则的核心内容。

（3）程序法定

程序法定是指税收关系中的实体权利义务得以实现，所依据的程序要素必须经法律规定，并且征纳主体各方均须依法定程序行事。

1.1.4 税制构成要素

税制即税收制度，是国家各种税收法令和征收管理办法的总称，是国家向纳税人和自然人征税的法律依据和工作规程。税制构成要素如图1-2所示。

图1-2 税制构成要素

（1）纳税人

纳税人即纳税义务人，是税制的基本要素。纳税人是指依税法规定、直接有纳税义务的单位和个人，又称纳税主体。纳税人可以是法人，也可以是自然人。每一个税种对纳税义务人都有规定，纳税人若没有履行纳税义务，就将承担法律责任。具体的纳税人有：

1）扣缴义务人

扣缴义务人即代扣代缴义务人，是指根据税法规定，有义务从其持有的纳税人收入中扣除应纳税额并代为缴纳的企业或单位。扣缴义务人主要有两类：一类是向纳税人支付收入的单位或个人；另一类是纳税人办理汇款的单位。扣缴义务人必须严格履行扣缴义务。

2）名义纳税人和实际纳税人

名义纳税人是指替别人履行纳税义务的纳税人；实际纳税人是指直接支付税款的纳税人。实际纳税人通过名义纳税人实现向国家缴纳税款的义务。一般情况下，税法中规定的纳税人就是实际纳税人。

3）代征人

有些地区和零星分散的税源距离税务机关较远，税务机关会委托代征税款的单位和人员，他们便是代征人。代征人必须按照税法规定和委托证书的要求，履行代征税款义务。但有关纳税人的减税、免税、退税和违章行为，必须送缴税务机关处理。

4）纳税单位

纳税单位即申报缴税的单位。为了方便征管和缴纳税款，可以允许在法律上负有纳税义务的同类型纳税人作为一个纳税单位，填写一份申请表进行纳税。一般情况下，应根据管理的需要和国家政策来确定纳税单位。

（2）课税对象

课税对象是税制的基本要素之一，是确定税种性质和名称的重要依据。现代税收分类主要以课税对象为标准进行分类，课税对象的多少和课税对象数量的大小，对征税范围和税收收入有着直接的影响。

（3）税目

税目是课税对象的具体项目。根据不同项目的利润水平和国家经济政策，通过设置不同的税率进行税收调控；对性质相同、利润水平相同且国家经济政策调控方向也相同的项目进行分类，以便按照项目类别设置税率。

有些税种不分课税对象的性质，一律按照课税对象的应税数额，采用同一税率计征税款，没有必要设置税目（如企业所得税）；有些税种具体课税对象复杂，需要规定税目（如消费税），一般都规定有不同的税目。

（4）税率

税率是所征税额与单位课税对象之间的比例，是应纳税额的计算依据。每一种税的适用税率，都必须在税法中事先明确规定。税率的高低，将直接影响到国家、企业和个人三者之间的利益。税率有以下3大类型。

1）比例税率

比例税率是指对同一课税对象或税目，不论其数额大小，都规定按同一比例计算应纳税额的税率。我国主要采用比例税率。

2）定额税率

定额税率是指对同一课税对象或税目，按其计量单位规定固定税额计算应纳税额的税率，又称固定税率。我国税收中的成品油、啤酒、黄酒等消费品为定额税率。

3）累进税率

累进税率是指把征税对象按一定的标准划分为若干个等级，从低到高分别规定逐级递增税率。按累进税率结构的不同，其又可分为：

① 全额累进税率，即依课税对象的数额设计逐级递增的税率。每次征税时，按课税对象总额相对应的最高一级税率计算应纳税额。20世纪50年代的工商所得税就采用过21级全额累进税率。

② 超额累进税率，即依课税对象的数额设计逐级递增的税率。每次征税时，将课税对象的全部数额分级次按其相应等级的税率计算应纳税额，汇总征收。如个人所得税的工资、薪金所得采用7级超额累进税率。

③ 超率累进税率，其与超额累进税率在道理上是相同的，不过税率累进的依据不是征税对象数额的大小，而是销售利润率或资金率的高低，如资源税的税率。

（5）纳税环节

纳税环节是指税法规定的征税对象在从生产到消费的流转过程中应当缴纳税款的环节。任何税种都要确定纳税环节，有的比较明确、固定，有的则需要在许多流转环节中选择确定。若在一种产品的诸多环节中，只选择一个环节征税，称为一次课征制。若选择在两个环节征税，则称为两次课征制。还可以实行在所有流转环节都征税，称为多次课征制。

（6）纳税期限

纳税期限是负有纳税义务的纳税人向国家缴纳税款的最后时间限制。它是税收强制性、固定性在时间上的具体表现。

（7）减税、免税

减税是对应纳税额少征一部分税款；免税是对应纳税额全部免征。减税和免税是对纳税人和征税对象给予鼓励和照顾的一种措施。减税免税的类型有：一次性减税免税、一定期限的减税免税、困难照顾型减税免税、扶持发展型减税免税等。

（8）法律责任

法律责任包括加收滞纳金、处理罚款、送交人民法院依法处理等。违章处理是税收强制性在税收制度中的体现，纳税人必须按期足额地缴纳税款，凡有拖欠税款、逾期不缴税、偷税逃税等违反税法行为的，都应受到制裁（包括法律制裁和行政处罚制裁等）。

1.2 税收的昨天、今天和明天

1.2.1　税收的起源与变迁

税收是人类社会发展到一定阶段的产物，伴随着国家起源而来。我国从夏代开始，就出现了税收的雏形。

国家机器并不从事生产经营，有其独特的社会职能。要实现这些职能，就要拥有相当的物质基础。国家只能凭借其政治权力，参与社会剩余产品分配，于是就形成了税收。

我国的税收源于原始社会晚期向奴隶社会过渡的时期，形成于奴隶社会晚期向封建社会过渡的时期。从最初的不完全形态逐渐到完全形态，税收经历了发展演变的漫长过程，历时1600多年。

税收随着社会经济的发展而发展。在我国，从奴隶社会到封建社会，再到近代，不同的赋税形态反映了税收的发展变化。

夏代的土贡，又称"九贡"，是我国最早的税收形式。随着社会的进步和演变，税收一直以不同的形式在演变。周朝的"九赋"，春秋的"初税亩"，秦时的"三公九卿"，汉代的"上计制度"，唐朝的"两税制"，宋朝的"商税则例"，明朝的"官收官解"，清朝的"摊丁入亩"，这些制度对我国税收体制的演变具有一定的影响。有些税收制度甚至对当时的社会经济发展和国家经济实力的提升，起到了相当大的促进作用。而税收制度的一路走来，也完善和促进了我国税收制度的改革。

1.2.2　税制改革的发展趋势

在全球经济一体化步伐越来越快的时代，我国的经济发展与世界经济具有了密切的联系。我国的税制改革十分注重与世界经济和税制的对接。在我国加入WTO之后，我国税制的建设和税收政策的制定更具有了复杂性和国际性。

1994年我国进行了税制改革，20多年来税制一直在逐步完善，我国已初步建立了与市场经济体制发展相吻合的税制框架，对加强宏观调控，深化改革开放，保证财政收入，促进经济发展，起到了重要作用。

然而，我国税制依然存在不足。税收的宏观调控作用、税收的管理、税收法制建设等，依然存在不少问题。为调整国民收入分配格局，规范政府收入制度，通过优化税制结构、合理调整税负、完善税种、强化征收等系列重大措施，推动税制建设，逐步建立健全税收制度，更好地促进经济与社会的发展，税制改革势在必行。

（1）完善各类税种

增值税正在实现从生产型增值税向消费型增值税转化，并逐步适当扩大征税范围，以鼓励固定资产投资和产品出口；消费税应当适当调整征税范围和税率，逐步由生产环节征税改为零售环节征税，以加大对于消费的调节力度，增加财政收入；资源税应当扩大征收范围，适当调整税额标准，改进征收方法；个人所得税的综合征收与分项征收模式相结合，综合征收为主，分项征收为辅；税基的确定应当更加合理，税率也应当加以合理调整。

（2）优化税制结构

鉴于经济快速发展、经济效益增加和税收管理水平的不断提高，必须逐渐提升直接税收入在税收总额中的占比，以发挥税收的职能作用。重复设置的税种应当合并，性质相近、征收有交叉的税种应当调整，应当重新认真研究那些对征收某些特定目的税的必要性和征税效果并做出取舍。

（3）降低税收负担

政府对收入的需求经历了从扩张到稳定的不同阶段后，不能一味地无限扩张，应予以停止，而且在达到一定规模后就应保持稳定并逐步下降。税收也应该在达到GDP的一定占比后，表现为下降的趋势，从而减轻企业税负，提升企业产品的市场竞争力，推动企业快速发展。

（4）重视绿色税收

绿色税收就是环境税收，是以保护生态环境、合理开发利用自然资源、推进绿色生产和消费为目的，建立以保护环境的生态税收的"绿色"税制。荷兰2003年规定环保投资可以抵免公司所得税，并可以加速折旧；瑞典从2006年开始在首都斯德哥尔摩征收交通拥堵税；新西兰政府宣布，从2007年4月开始征收烟尘排放税，新西兰成为世界上第一个为减少温室气体排放而征税的国家。

（5）体现税收原则

政府运用税收杠杆调节经济的作用逐渐弱化，"税收公平、中性和效率"的原则日益突出。不少国家意识到，简化税制不仅是减少税种，而且是让税制内容简单明了。如俄罗斯对中小企业实行单一税，收入不但没有减少，反而增加，许多国家都在考虑效仿；荷兰将社会保障税与个人所得税合二为一，刺激了纳税人的积极性。

1.3　纳税人不可不知的主要税种

1.3.1　我国现行的税收体系

按照科学发展观的要求，我国分步实施税制改革，完善农村税收、货物和劳务税制、所得税制、财产税制等系列税制改革，以及出口退税的机制改革。

目前，我国共有增值税、消费税、企业所得税、个人所得税、资源税、城镇土地使用税、房产税、城市维护建设税、环境保护税、耕地占用税、土地增值税、车辆购置税、车船税、印花税、契税、烟叶税、关税、船舶吨税等18个税种，如图1-3所示，其中，16个税种由税务部门负责征收。原有的固定资产投资方向调节税，已经国务院决定从2000年起暂停征收。关税和船舶吨税由海关部门征收，另外，进口货物的增值税、消费税由海关部门代征。

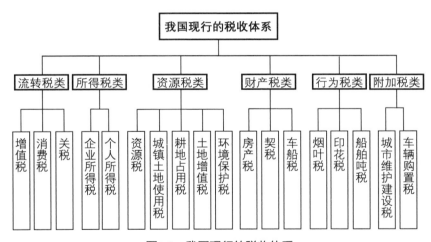

图1-3　我国现行的税收体系

我国现行税收体系是由多种税组成的复税制体系，是为了适应我国多层次生产力、多种经济形式和多种经营方式长期并存的经济结构的需要。首先是利用不同税种的特点相辅相成，各自发挥作用；其次是选择不同的课税对象，多层次和多环节地组织财政收入；最后是为我国建立分税制的财政管理体制创造条件。

1.3.2　流转税类

流转税是我国的税收主体，主要包括增值税、消费税及关税等。流转税是指以纳税人商品生产、流通环节的流转额或者数量，以及非商品交易的营业额为征税对象的税收大类。流转税是商品生产和商品交换的产物，各种流转税（如增值税、消费税、关税等）是国家财政收入的重要来源。流转税具有以下4个特点。

① 以商品生产、交换和提供商业性劳务为征税前提，征税范围较为广泛，包括第一产业、第二产业和第三产业的营业收入和销售收入，也包括对国内商品和进口商品征税，税源比较充足。

② 以商品和劳务的营业收入和销售收入作为计税依据，一般不涉及成本和费用的变化，可以保证税收的及时、可靠和稳定。

③ 一般具有间接税的性质，特别是在从价征税的情况下，税收与价格的密切相关，便于国家通过征税体现产业政策和消费政策。

④ 流转税在计算征收上较为简便易行，也普遍为纳税人所接受。

在商品和劳务流转（主要为销售）的时候征税，纳税人通常都产生了收入，纳税时不至于无款可缴；而且商品或者劳务流转盘查容易，销售和劳务都必须开发票，便于监管。

当然，流转税也有欠公平之处。无论企业有没有利润，只要商品流转了，劳务发生了，就要缴纳税金。这样不利于市场经济的健康运行，容易造成贫者越贫、富者越富。而且，企业往往将税金增加到商品价格上，税负最终转移到消费者身上，导致商品价格偏高。消费者利益受损，对经济的整体发展是有害的。

实例1

吴杨公司是一家专业从事工程施工的建筑公司。"营改增"后，吴杨公司的应税项目由营业税改为增值税，增值税税率为10%。假如2017年10月吴杨公司实现工程收入100万元，那么吴杨公司2017年10月应缴纳的增值税（销项税额，未考虑进项税额）为100×10%＝10万元。

1.3.3　所得税类

所得税是指将纳税人在一段时间内所获得的各项应税所得，作为征税对象的一种税种类别。所得税类的征税对象包括企业和自然人，具体是对企业法人课征的企业所得税、对自然人课征的个人所得税和社会保险税。所得税具有以下4个特点。

① 通常以企业和个人的纯所得作为征税对象。

② 通常以经过计算得出的应纳税所得额为计税依据。

③ 纳税人和实际负担人通常是一致的，能够直接调节纳税人的收入。特别是在

采用累进税率的情况下，所得税对调节个人收入差距具有明显的作用。企业所得税可以起到贯彻国家特定政策、调节经济的杠杆作用。

④ 应纳税额的计算主要涉及成本、费用各个方面，有利于监督和促进纳税人建立健全财务会计制度和改善经营管理。

所得税具有很强的调节作用，特别是在招商优惠政策和缩小贫困差距方面效果显著。纳税人利润越高，国家征税也越高。很多发达国家都是以所得税类作为税收的主体。

未来所得税类应该是发展的重要方向，但目前在我国还没有占主要地位。因为所得税类在计算时比较麻烦，征税成本较高。企业所得税要将会计利润调整成应纳税所得额，再乘以税率，这个调整工作无论对会计计算还是对税务机关监管都十分麻烦。个人所得税的纳税主体十分分散，也不易查征。

实例2

四队皮鞋厂2018年年末经过汇算清缴，由税务机关确认可以税前扣除的本年度成本费用总计为1800万元。该企业年度取得的各类收入为2000万元，适用所得税税率为25%。那么，四队皮鞋厂2018年度应缴纳的企业所得税为（2000－1800）×25%＝50万元。

1.3.4　资源税类

资源税类，就是把通过对特定自然资源的开发和占有所获得的收入作为课税对象的税种类别。这里所说的资源，是指自然资源，是还没有经过人类加工的，直接存在于自然界的天然物品或空间。并非所有的自然资源在使用和占有时都需要缴纳资源税，具体范围由税务部门制定的税目来确定。

国家征收资源类税收，其作用有以下4点。

① 以国家矿产资源的开采和利用为对象所课征的税，合理调节企业所得。

② 调节资源级差收入，有利于不同企业在同一水平上竞争。

③ 加强资源管理，有利于对自然资源的合理开发和利用。

④ 通过与其他税种配合，能够发挥税收杠杆的整体功能。

资源税类主要包括资源税、耕地占用税、土地增值税、城镇土地使用税和环境保护税等。

1.3.5　财产税类

财产税是对法人或自然人在某一时点占有或可支配的财产课征税收的统称，主要包括房产税、契税和车船税等。财产是指纳税人通过合法的途径，获得或者占有的物质财富，主要是指纳税人拥有的动产和不动产两大类，如房屋、土地、物资、有价证券等。财产税类具有以下3个特点。

① 课征财产税，对调节社会不同阶层的收入、贯彻应能负担原则、促进财产的有效利用，有着特殊的调节功能。

② 具有地方税的特点。当地政府更了解纳税人所拥有的财产状况，适宜由地方政府征收管理。一些国家把这些税种划作地方税收，如美国的财产税是地方政府收入的主要来源。

③ 土地和房屋之类的不动产具有位置固定、标志明显的特点，这些财产作为课税对象具有收入方面的可靠性和稳定性。

财产税由来已久。适当征收财产税，能满足财政需要，有利于社会公平。纳税人的财产由国家维护，纳税人自然该缴纳税费。对于纳税人而言，他们拥有的财富足以支付课征的财产税。当然，倘若财产税征收太多太繁杂，会伤害纳税人创造财富的积极性，不利于经济发展。目前在我国，财产税所占比例并不大。

实例3

征锟精密厂坐落在城市的郊区，其应纳房产税的厂房原值为1000万元，假如当地规定允许减除房产原值的30%，税率为1.2%那么征锟精密厂应缴纳的房产税为 $1000 \times (1 - 30\%) \times 1.2\% = 8.4$ 万元。

1.3.6　行为税类

行为税是指国家为了对某些特定行为进行限制，或开辟某些财源，而对纳税人的某些特定行为课征的一类税收，主要包括烟叶、印花税、船舶吨税等。如征收印花税，针对的是财产和商事凭证贴花行为；征收交易税、屠宰税，针对的是牲畜交易和屠宰等行为；征收娱乐税、筵席税，针对的是社会消费行为。行为税具有以下4个特点。

① 征管难度大。因为征收面较分散，征收标准也较难掌握，从而导致征管较为复杂。

② 收入不稳定。行为税的课征对象往往具有临时性和偶然性，收入不稳定。

③ 及时调节行为。"寓禁于征"是行为税的目的之一。行为税能以国家政策的导向，引导人们的行为方向，弥补其他税种调节的不足。

④ 灵活性较强。当某种行为的调节已达到预定的目的时，即可取消。

我国特定的行为征税历史悠久。早在战国时期，楚国就对牲畜交易行为征税。三国两晋南北朝时期对交易行为征收的"估税"，唐代的"除陌钱"，宋代商税中的"住税""印契税"，清朝的"落地税"，民国时期的印花税，等等，都属于行为税类。

实例4

2018年11月因企业发展战略的需要，成兰集团经董事会研究决定，追加实收资本100万元，2018年12月收到股东追加投资款100万元，印花税税率为0.5‰。那么，成兰集团应缴纳的印花税为1000000×0.5‰＝500元。

1.3.7 附加税类

附加税是相对于"正税"而言的。附加税是指随正税按照一定比例征收的税，其纳税义务人与独立税相同，但是税率另有规定。附加税以正税的存在和征收为前提和依据。我国的附加税类主要包括城市维护建设税、车辆购置税等。

从我国现行税务制度看，附加税包括两种。

① 在征收正税的同时而加征的某个税种。这种附加税通常是以正税的应纳税额为其征税标准，如城市维护建设税，是以增值税、消费税的税额作为计税依据的。

② 在征收正税的同时，再对正税额外加征的一部分税收。这种属于正税一部分的附加税，通常是按照正税的征收标准征收的，如与外商投资企业和外国企业所得税同时征收的地方所得税。

实例5

2018年10月，立功公司取得商品销售收入800万元，增值税销项税额为12.8万元，本月增值税进项税额为9.5万元，那么立功公司本月应缴纳增值税为3.3万元（12.8－9.5＝3.3），同时应缴纳城市维护建设税为2310元（3.3万元×7%）。

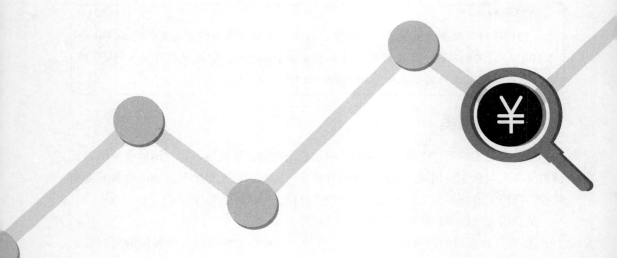

第 **2** 章

明晰流程，快速办理

　　网络化、智能化对各行各业产生了巨大的影响，纳税申报也不例外。从最初的柜台申报到如今的电子申报，从过去的多部门跑手续到当下数据的跨部门、跨层次、跨地区共享，纳税申报的流程越来越明快，越来越简便，同时也越来越电子化、无纸化，需要纳税人不断掌握工作流程，适应新形势下的纳税申报。

2.1 办理开业税务登记流程

所有的企业在取得了营业执照后，就应当去办理税务登记了。营业执照是企业从事经营活动的许可证，而税务登记是企业作为纳税人在从事经营活动时应当承担纳税义务的证明。有了税务登记，才能从事经营活动，才知道需要缴什么税，税率是多少，如何申报纳税，开什么发票等。所以企业在拿到营业执照后，最重要的事情就是去税务部门办理税务登记。

2.1.1　办理银行开户

取得营业执照后，在办理开业税务登记前，企业需要做一些前期准备工作。这些前期准备工作是必不可少的，因为在办理开业税务登记时必须提供一些资料。

领到营业执照后，企业要根据自己的需求选择一家银行，办理银行开户。银行有很多，国有的，民营的，各有各的优势，各有各的优惠。选择银行时，可以找手续费低的银行，现在很多城市银行都可以免费，还可以找方便的银行，一般国有银行有回单柜，有专业自助机器，去国有银行办事能省去很多麻烦。

在办理银行开户前，当然要刻制印鉴，包括企业公章、财务专用章、法人代表私章和发票专用章。

办好了上述四枚印章，办理了银行开户，就可以一次性到税务部门办理所有手续了。

2.1.2　办理开业税务登记

凡是新开业从事生产经营的纳税人，都应办理开业税务登记。

开业税务登记是指税务机关根据税法规定，对于经市场监督管理部门批准新开业的纳税人，对其生产经营活动进行的登记管理。税务机关根据税务登记及时掌握新的企业动态，有利于新辟税源和组织征收。

《中华人民共和国税收征收管理法实施细则》（2016修订）第十二条规定，从事生产、经营的纳税人应当自领取营业执照之日起30日内，向生产、经营地或者纳税义务发生地的主管税务机关申报办理税务登记，如实填写税务登记表，并按照税务机关的要求提供有关证件、资料。具体如图2-1所示。

从事生产、经营的纳税人应当自领取营业执照之日起30日内，向生产、经营地或者纳税义务发生地的主管税务机关申报办理税务登记，如实填写税务登记表，并按照税务机关的要求提供有关证件、资料

《中华人民共和国税收征收管理法实施细则》

前款规定以外的纳税人，除国家机关和个人外，应当自纳税义务发生之日起30日内，持有关证件向所在地的主管税务机关申报办理税务登记

个人所得税的纳税人办理税务登记的办法由国务院另行规定

图2-1　税务登记的相关规定

若在规定的时间内，纳税人未进行税务登记的，税务主管机关将根据《中华人民共和国税收征收管理法实施细则》对纳税人进行处罚。

企业在办理开业税务登记时，一般由会计人员去办理。会计人员比较了解税务知识和会计知识，办理起来得心应手。会计人员应当按照税务机关的要求，提供如图2-2所示的有关证件和资料。

办理开业税务登记需要提交的资料

➤ 书面申请

➤ 营业执照副本或其他核准执业证件的原件及复印件

➤ 有关机关、部门批准设立的文件的原件及复印件

➤ 有关合同、章程或协议书的原件及复印件

➤ 法定代表人和董事会成员名单

➤ 法定代表人(负责人)身份证、护照或其他合法证件原件及复印件

➤ 银行账号证明

➤ 住所或经营场所证明

➤ 属于享受税收优惠政策的，还应包括需要提供的相应证明资料

➤ 国家税务主管机关需要的其他资料、证件

图2-2　办理开业税务登记需要提交的资料

备齐了这些手续，就可以去税务大厅办理开业登记手续了。税务大厅工作人员对上述材料进行逐一核对无误后，正式受理开业登记工作。随着大数据时代的到来，行政部门已实现了信息资源共享，在提交资料和手续方面也会逐步简化，减轻税务部门和纳税人的工作量。

然后，税务工作人员要进行信息采集和实名认证。法人代表和财务负责人必须携身份证原件和营业执照等相关证件，亲自到大厅签字、拍照、填写相关材料。

接着是三方协议签订。三方协议是税务局、企业和企业开户行之间签订的自动扣款协议，也就是说，可以在税务局平台（包括大厅、云办税厅、携税宝等）直接扣款。三方协议由税务局、企业及企业的开户银行盖章后，返回税务大厅确认。

2.2 涉税事项认定流程

2.2.1　办理税种认定登记

税种即税收种类。税种的构成因素主要包括征税对象、纳税人、税目、税率、纳税期限、缴纳方法、纳税环节、减免税及违章处理等。不同的征税对象和纳税人是一个税种区别于另一个税种的主要标志，往往也是税种名称的由来。同时，每个税种都有其特定的功能和作用，其存在依赖于一定的客观经济条件。

企业在办理开业税务登记的同时，需要对应当缴纳的税种进行认定，由税务主管机关来进行。

企业提交了纳税人税种登记表（或由税务人员在申报网上填写）后，税务机关根据纳税人的税种登记申请信息，结合税务登记、税收优惠管理、相关认定等信息，进行调查核实后，对纳税人应纳税的税种、税目、税率、征收方式、征期类型、申报期限、纳税期限、预算级次、预算科目、金库名称进行认定及变更，为征收税款提供信息。税种认定是把税收政策法规落实到每个纳税人的具体形式。

我国税种有18种，增值税是最主要的税种之一。自全面推开"营改增"试点以来，原来实行营业税的服务业领域，如建筑安装、邮电通信、文化教育、金融保险、娱乐服务等，已统一征收增值税，实质上全面取消了实施了60多年的营业税，《中华人民共和国营业税暂行条例》实际上已停止执行。

对于不同的经营行为，税务主管机关所认定的税种也是有区别的。比如广告娱乐业，不但要缴纳增值税，还要缴纳文化事业建设费；又如烟酒首饰业，不但要缴纳增值税，还要缴纳消费税；再如原油煤炭业，除了缴纳增值税，还要缴纳资源税；

等等。

具体每个企业应当缴纳何种税种，由税务主管机关依法认定。企业负责人和财务负责人携相关材料到税务大厅，工作人员对企业提供的各种信息进行鉴别，认定企业该缴哪些税种。税务主管机关认定后，企业必须按时申报。

2.2.2　税款征收方式认定

进行了税种认定，接下来还要进行主要税款征收方式的认定。税款征收方式主要是针对企业所得税而言，即确认如何计算缴纳所得税的方式。目前，税款征收方式主要有两种，如图2-3所示。

图2-3　税款的征收方式

核定征收与查账征收是可以相互转换的。查账征收，目前是最普遍的征收方式。只有在特殊情况下，方能采取核定征收。采用核定征收方式的纳税人，在其满足查账征收条件后，税务机关有责任按照查账征收的方式认定该企业的税收征管。

（1）核定征收

核定征收是指由于纳税人的会计账簿不健全，资料残缺难以查账，或者其他原因难以准确确定纳税人应纳税额时，由税务机关采用合理的方法依法核定纳税人应纳税款的一种征收方式。核定征收主要适用于能够准确核算收入但不能准确核算成本费用的企业。

核定征收方式有两种，如图2-4所示。

图2-4　核定征收方式

什么样的企业，税务机关才能认定为核定征收呢？根据《中华人民共和国税收征收管理法》（2015修正）第三十五条的规定，有下列情形之一（如图2-5所示）的纳税人，税务机关有权核定其应纳税额。

认定核定征收的情形

➤ 依照法律、行政法规的规定可以不设置账簿的

➤ 依照法律、行政法规的规定应当设置但未设置账簿的

➤ 擅自销毁账簿或者拒不提供纳税资料的

➤ 虽设置账簿，但账目混乱或者成本资料、收入凭证、费用凭证残缺不全，难以查账的

➤ 发生纳税义务未按规定期限办理纳税申报，经税务机关责令限期申报，逾期仍不申报的

➤ 纳税人申报的计税依据明显偏低，又无正当理由的

图2-5　认定核定征收的情形

核定征收必须依据一定的方法。根据"国家税务总局关于印发《企业所得税核定征收办法》（试行）的通知"（国税发〔2008〕30号）（已被修改），税务机关可以采用下列方法（如图2-6所示）核定征收企业所得税。

核定征收的办法

➤ 参照当地同类行业或者类似行业中经营规模和收入水平相近的纳税人的税负水平核定

➤ 按照应税收入额或成本费用支出额定率核定

➤ 按照耗用的原材料、燃料、动力等推算或测算核定

➤ 按照其他合理方法核定

图2-6　核定征收的办法

上述方法的任一种若不足以正确核定应纳税额时，可以同时采用两种以上的方法核定。纳税人对税务机关采取以上规定的方法核定的应纳税额有异议时，应当提供相关证据，经税务机关认定后，调整应纳税额。

实例1

开建销售公司2018年第三季度取得收入250万元，开建销售公司适用于核定征收方式，核定征收率为2%，则开建销售公司应纳所得税额为250×2%＝5万元。

（2）查账征收

查账征收也称"查账计征"或"自报查账"。查账征收是指由纳税人依据账簿记载，先自行计算申报缴纳，事后经税务机关查账核实，若有不符，可多退少补。关于查账征收的释义包括4项内容。

① 查账征收也称"查账计征"或"自报查账"。

② 这种征收方式适用于账簿、凭证、财务核算制度比较健全，能够据以如实核算，反映生产经营成果，正确计算应纳税款的纳税人。

③ 纳税人在规定的纳税期限内根据自己的财务报表或经营情况，向税务机关申报其营业额和所得额，经税务机关审核后，由纳税人限期向当地代理金库的银行缴纳税款。

④ 税务机关核实账务，若有不符，多退少补。

实例2

刘军公司2018年第三季度取得收入250万元，净利润30万元。刘军公司适用于查账征收方式，所得税税率为25%，则刘军公司应纳所得税额为30×25%＝7.5万元。

企业所得税的征收方式，要么是核定征收，要么是查账征收。查账征收的，未必都是一般纳税人；核定征收的，也不一定都是小规模纳税人。这是由企业实际情况和当地税务机关的要求决定的。

2.2.3 增值税一般纳税人和小规模纳税人的认定

纳税人在进行税种认定时，有一个非常重要的环节，就是要区分一般纳税人和小规模纳税人。这个区分对企业来说非常重要，它将决定着企业缴纳增值税的计算方法和金额大小，也对企业的经营业务有着重要影响。

一般纳税人和小规模纳税人是根据企业的经营规模来区分的。根据《财政部 税务总局关于统一增值税小规模纳税人标准的通知》（财税〔2018〕33号）的规定，"增值税小规模纳税人标准为年应征增值税销售额500万元及以下。"也就是说，当年应征增值额销售额在500万元（不含500万元）以上的，应确认为增值税一般纳税人。

《增值税一般纳税人登记管理办法》规定，年应税销售额是指纳税人在连续不超过12个月或四个季度的经营期内累计应征增值税销售额，包括纳税申报销售额、稽查查补销售额、纳税评估调整销售额。

销售服务、无形资产或者不动产（以下简称"应税行为"）有扣除项目的纳税人，其应税行为年应税销售额按未扣除之前的销售额计算。纳税人偶然发生的销售无形资产、转让不动产的销售额，不计入应税行为年应税销售额。

被认定为不同资格的纳税人，将直接影响到企业的税负。所以企业会计和法定代表人在认定之前，要结合企业实际情况，进行合理的分析，努力降低企业的税负。

 ## 2.3　纳税申报

2.3.1　税种的申报期限

纳税申报是纳税人在涉税环节最重要的工作。纳税申报并非是把税款从银行划给税务局那么简单，它有着一套独特的申报缴纳流程。纳税人必须弄懂这个流程，做到及时准确地缴纳税款。

什么是纳税申报？纳税申报是指纳税人按照税法规定的期限和内容，向税务机关提交有关纳税事项书面报告的法律行为，是纳税人履行纳税义务、承担法律责任的主要依据，是税务机关税收管理信息的主要来源和税务管理的一项重要制度。

换言之，企业的纳税申报就是由纳税人向税务机关提供与纳税事项相关的经营指标，比如经营期内的收入、利润等。税务机关有了这些经营指标，便可以确定纳税人的应纳税额，从而向纳税人征收税款。

有一点不容忽视，在纳税时，企业不只是纳税人，还是代扣代缴的义务人。代扣代缴的税金，并非是企业的负担，但企业负有代扣代缴的义务。比如员工的个人所得税，都是由企业承担代扣代缴的义务，企业便成为扣缴义务人。

每个税种都有其规定的纳税期限。纳税人必须掌握各个税种的纳税申报期限，才能及时进行纳税申报。各税种申报期限如图2-7所示。

各税种申报期限	► 缴纳增值税、消费税的纳税人，以一个月为一期纳税的，于期满后十五日内申报；以一天、三天、五天、十天、十五天为一期纳税的，自期满之日起五日内预缴税款，于次月一日起十五日内申报并结算上月应纳税款
	► 缴纳企业所得税的纳税人应当在月份或者季度终了后十五日内，向其所在地税务机关办理预缴所得税申报。企业所得税按年计算，分月或者分季预缴。月份或者季度终了后十五日内预缴，年度终了后五个月内汇算清缴，多退少补
	► 其他税种，税法已明确规定纳税申报期限的，按税法规定的期限申报
	► 税法未明确规定纳税申报期限的，按税务机关确定的期限申报

图2-7　各税种申报期限

图2-7中提到的预缴税款，是预估并缴纳的税款。等到正式纳税申报时，再进行准确结算。这是税务机关及时收缴税款，防止税款流失及企业占用税款的合法行为。

2.3.2　柜台申报

在进行纳税申报时，一般有两个途径：一是柜台申报，二是电子申报。

在电子纳税申报没有开通之前，纳税人都是采用柜台申报，即带上所有的报税资料，亲自到税务局办理纳税申报手续，税务大厅的柜台工作人员受理了报表后，便意味着纳税申报结束。后来，出现了电子申报，即在网上申报。纳税人绝大部分会选择电子申报，其方便、快捷、省时、省力，极大地提高了工作效率，节约了人力成本。

但柜台申报并没有被取消，而是与电子申报并存。对于一些条件不成熟、网络不发达的地区来说，柜台申报仍在担负着纳税申报的职能。柜台申报大致可以分为以下4个步骤。

① 准备申报相关资料。在去柜台申报前，首先要填写好相关的报表，诸如"资产负债表""利润表""增值税一般纳税人申报表"及其附表等，要填写完整准确，然后加盖企业公章。上述表格可以到税务大厅领取，也可以在网上下载。

② 抄税。如果使用防伪税控系统，还应将系统中的开票信息抄到税控IC卡，同时将系统中的发票汇总表和发票明细表打印出来，并盖上公章。

③ 申报。将上述所准备的全部资料和税控IC卡带到税务机关办税大厅申报，申报成功后取得申报回执。

④ 缴税。申报后有应缴税款的，如果有签订银行代扣税款协议，则税务机关会通知银行自动划转应缴税款；如果没有签订银行代扣税款协议，或者银行账户中的存款余额不足以缴纳税款的，则纳税人必须到税务机关办税大厅打印税收缴款书，自行到银行缴纳税款。

2.3.3　电子申报

过去，纳税人为了能够按时进行各种税收的申报，每月要数次到税务部门填写申报表单，递交申报表。税务部门和纳税人都是采用手工处理，速度很慢，经常造成纳税人大量排队等候的状况。纳税人为此苦恼，呼唤着可以减轻他们排队等候负担的新的报税方式的出现。

终于，随着大数据和信息化的广泛应用，电子申报应运而生，柜台申报渐被替代。不过，并非所有的税收都必须通过电子申报来解决，税务大厅作为税务服务的窗口也不会彻底消失。如今的柜台申报作为电子申报的补充形式，其存在也是合理的。

电子申报是信息时代的产物，是税收大数据的重要来源。电子申报不仅为税收管理提供了便捷，更为纳税人提供了方便，省去了舟车劳顿不说，时间节约了，人力节约了，不用排队了，效率提高了。

（1）开通电子报税的步骤

开通电子报税大致有3大步骤。

1）到纳税人的开户行签署第三方代扣代缴协议

此步骤需要携带以下资料。

① 公司印章，包括公章、财务专用章和法定代表人私章。

② 法定代表人身份证原件及复印件。

③ 公司营业执照原件及复印件。

④ 开户许可证原件及复印件。

2）到所属税务机关录入第三方代扣代缴协议

此步骤需要携带以下资料。

① 纳税人营业执照或其他营业证明。

② 第三方代扣代缴协议（银行及银行账号）。

③ 开户许可证复印件。

④ 办税人身份证复印件。

⑤ 申请开通网上申报审批表。

⑥ 税务机关规定应当报送的其他有关证件、资料。

⑦ 税务机关要求填写的表格，诸如承诺书、授权委托书等。

3）开通电子申报

① 税务大厅工作人员将上述信息审核无误后，录入税务局的管理系统，然后工作人员会反馈一个报税登录密码，电子申报就此开通。

② 纳税人在电子税务局网站上输入用户名（统一社会信用代码），再输入税务大厅工作人员提供的密码，便可以在网上直接报税了。

随着行政工作的不断规范，办事流程的不断简化，网络技术的不断升级，电子申报的手续也在不断变化，各种证明、表格会逐步简化，纳税人的办事难度将不断地减轻。

（2）电子申报的相关规定

① 所有实行电子申报纳税的企业，不论企业申报期内有无营业收入，是否盈亏，有无减免税等，都必须在主管税务机关规定的期限内办理纳税申报，实行纳税申报的电子数据传送，且纳税人必须对所申报的电子数据承担相应的法律责任。纳税人所传出的电子数据，一经税务机关税收征管系统确认并接收，就表明纳税人已申报成

功，纳税人的数据作为档案已经存入税务机关税收征管系统。

② 在申报前3天纳税人须准备好应缴税款的足够资金，并划入缴纳税款的专户银行的账户。税务部门接收到纳税户电子申报数据后，便开出税收缴款书，交由专户银行划缴税款。如果纳税人在规定缴纳入库的期限内，发生专户银行账号上没有足够存款，导致不能缴款，税务部门将按滞纳处理，催缴并按规定加收滞纳金。

③ 税收缴款书可在税务局网站上直接打印，作为纳税人的缴税凭据。

2.3.4 常见申报表

无论是一般纳税人，还是小规模纳税人，开通网上申报后，都必须填写各种纳税申报表。申报表有很多种，最常见和最主要的是增值税纳税申报表和企业所得税纳税申报表。

纳税申报表分别如表2-1～表2-4所列。

这几张报表是一般纳税人常见的纳税申报表，会计人员在对本企业的本月（或本季）账务处理完毕后，根据财务状况填写表中相应的栏目，就可以得出本企业本月（或本季）应当缴纳的税款了。

除这几张报表外，还有一些其他纳税申报表需要纳税人填报。会计人员填报了所有的申报表后，就要准备缴纳税款了。申报结束前，一定要先查看账户上的款项余额，是否足够支付税款。

2.3.5 填写与缴纳

税种认定之后，税务机关便在后台系统对企业需缴纳税种的申报表做了明确的界定。纳税人首先登录税务局网站，输入税号（统一社会信用代码）和密码，进入企业申报界面。

① 本月应缴纳哪些税金，申报网上会自动提示。应当由企业申报的申报表，可以进行填写；不属于企业申报的申报表，则无法填写。属于一般纳税人的企业，填报一般纳税人的申报表；属于小规模纳税人的企业，填报小规模纳税人的申报表。

② 在填写增值税及企业所得税等主要税种申报表前，界面上会提醒进行数据初始化。未进行数据初始化，不能进行填报。数据初始化后，企业的一些财务信息会自动出现在本期的申报表上。

③ 填写申报表主要是根据企业财务报表上的各科目来填写。主要的科目包括"主营业务收入""主营业务成本""应缴税金""本年利润"等科目及其明细科目。在填写之前，先做好企业的会计账务，包括凭证、记账、结转、报表等。做好账务处理后，方可进行申报表填写。

表2-1　增值税纳税申报表

（一般纳税人适用）

根据国家税收法律法规及增值税相关规定制定本表。纳税人不论有无销售额，均应按税务机关核定的纳税期限填写本表，并向当地税务机关申报。

金额单位：元至角分

税款所属时间：自　年　月　日至　年　月　日　　填表日期：　年　月　日

纳税人识别号			
纳税人名称	（公章）		
开户银行及账号			

登记注册类型		所属行业	
注册地址		生产经营地址	
法定代表人姓名		电话号码	

项目	栏次	一般项目		即征即退项目	
		本月数	本年累计	本月数	本年累计
销售额（一）按适用税率计税销售额	1				
其中：应税货物销售额	2				
应税劳务销售额	3				
纳税检查调整的销售额	4				
（二）按简易办法计税销售额	5				
其中：纳税检查调整的销售额	6				
（三）免、抵、退办法出口销售额	7			—	—
（四）免税销售额	8			—	—
其中：免税货物销售额	9			—	—
免税劳务销售额	10			—	—

	项目	栏次	一般项目		即征即退项目	
			本月数	本年累计	本月数	本年累计
税款计算	销项税额	11				
	进项税额	12				
	上期留抵税额	13				—
	进项税额转出	14				
	免、抵、退应退税额	15				—
	按适用税率计算的纳税检查应补缴税额	16			—	—
	应抵扣税额合计	17＝12＋13－14－15＋16		—	—	—
	实际抵扣税额	18（如17<11，则为17，否则为11）				
	应纳税额	19＝11－18				
	期末留抵税额	20＝17－18				
	按简易计税办法计算的应纳税额	21				
	按简易计税办法计算的纳税检查应补缴税额	22			—	—
	应纳税额减征额	23				
	应纳税额合计	24＝19＋21－23				
税款缴纳	期初未缴税额（多缴为负数）	25			—	—
	实收出口开具专用缴款书退税额	26			—	—

续表

税款缴纳	项目	行次				
	本期已缴税额	27=28+29+30+31				—
	①分次预缴税额	28			—	—
	②出口开具专用缴款书预缴税额	29			—	—
	③本期缴纳上期应纳税额	30				
	④本期缴纳欠缴税额	31				
	期末未缴税额（多缴为负数）	32=24+25+26-27		—	—	—
	其中：欠缴税额（≥0）	33=25+26-27		—	—	—
	本期应补（退）税额	34=24-28-29	—	—	—	—
	即征即退实际退税额	35		—		
	期初未缴查补税额	36			—	—
	本期入库查补税额	37			—	—
	期末未缴查补税额	38=16+22+36-37			—	—

授权声明	如果你已委托代理人申报，请填写下列资料：为代理一切税务事宜，现授权 （地址） 为本纳税人的代理申报人，任何与本申报表有关的往来文件，都可寄予此代理人。 授权人签字：
申报人声明	本纳税申报表是根据国家税收法律法规及相关规定填报的，我确定它是真实的、可靠的、完整的。 声明人签字：

主管税务机关：　　　　　接收人：　　　　　接收日期：

表2-2 增值税纳税申报表附列资料（一）

（本期销售情况明细）

税款所属时间： 年 月 日至 年 月 日

纳税人名称：（公章）

金额单位：元至角分

项目及栏次		开具增值税专用发票		开具其他发票		未开具发票		纳税检查调整		合计			服务、不动产和无形资产扣除项目本期实际扣除金额	扣除后	
		销售额	销项（应纳）税额	销售额	销项（应纳）税额	销售额	销项（应纳）税额	销售额	销项（应纳）税额	销售额	销项（应纳）税额	价税合计		含税（免税）销售额	销项（应纳）税额
		1	2	3	4	5	6	7	8	9=1+3+5+7	10=2+4+6+8	11=9+10	12	13=11-12	14=13÷(100%+税率或征收率)×税率或征收率
一、一般计税方法计税 全部征税项目	13%税率的货物及加工修理修配劳务 1											—	—	—	—
	13%税率的服务、不动产和无形资产 2												12	13=11-12	14
	9%税率的货物及加工修理修配劳务 3											—	—	—	—
	9%税率的服务、不动产和无形资产 4														
	6%税率 5														

028

续表

项目		序号									
一、一般计税方法计税	其中：即征即退项目										
	即征即退货物及加工修理修配劳务	6	—	—	—	—	—	—	—	—	—
	即征即退服务、不动产和无形资产	7	—	—	—	—	—	—	—	—	—
二、简易计税方法计税	全部征税项目										
	6%征收率	8	—	—	—	—	—	—			
	5%征收率的货物及加工修理修配劳务	9a	—	—	—	—	—	—			
	5%征收率的服务、不动产和无形资产	9b	—	—	—	—	—	—			
	4%征收率	10	—	—	—	—	—	—			
	3%征收率的货物及加工修理修配劳务	11	—	—	—	—	—	—			
	3%征收率的服务、不动产和无形资产	12	—	—	—	—	—	—			
	预征率　%	13a	—	—							
	预征率　%	13b	—	—							
	预征率　%	13c	—	—							

续表

项目及栏次		开具增值税专用发票		开具其他发票		未开具发票		纳税检查调整		合计		价税合计	服务、不动产和无形资产扣除项目本期实际扣除金额	扣除后	
		销售额	销项(应纳)税额	销售额	销项(应纳)税额	销售额	销项(应纳)税额	销售额	销项(应纳)税额	销售额	销项(应纳)税额	价税合计		含税(免税)销售额	销项(应纳)税额
		1	2	3	4	5	6	7	8	9=1+3+5+7	10=2+4+6+8	11=9+10	12	13=11-12	14=13÷(100%+税率)或征收率×税率或征收率
二、简易方法计税		—	—	—	—	—	—	—	—						
其中：即征即退项目	即征即退货物及加工修理修配劳务 14	—	—	—	—	—	—	—	—					—	—
	即征即退服务、不动产和无形资产 15	—	—	—	—	—	—	—	—					—	—
三、免抵退税	货物及加工修理修配劳务 16	—	—	—	—	—	—	—	—				—	—	—
	服务、不动产和无形资产 17	—	—	—	—	—	—	—	—				—	—	—
四、免税	货物及加工修理修配劳务 18	—	—	—	—	—	—	—	—				—	—	—
	服务、不动产和无形资产 19	—	—	—	—	—	—	—	—				—	—	—

表2-3　增值税纳税申报表附列资料（二）
（本期进项税额明细）

税款所属时间：　　年　月　日至　　年　月　日

纳税人名称：（公章）　　　　　　　　　　　　　　　　金额单位：元至角分

一、申报抵扣的进项税额				
项目	栏次	份数	金额	税额
（一）认证相符的增值税专用发票	1＝2＋3			
其中：本期认证相符且本期申报抵扣	2			
前期认证相符且本期申报抵扣	3			
（二）其他扣税凭证	4＝5＋6＋7＋8a＋8b			
其中：海关进口增值税专用缴款书	5			
农产品收购发票或者销售发票	6			
代扣代缴税收缴款凭证	7		—	
加计扣除农产品进项税额	8a	—	—	
其他	8b			
（三）本期用于购建不动产的扣税凭证	9			
（四）本期用于抵扣的旅客运输服务扣税凭证	10			
（五）外贸企业进项税额抵扣证明	11	—	—	
当期申报抵扣进项税额合计	12＝1＋4＋11			
二、进项税额转出额				
项目	栏次		税额	
本期进项税额转出额	13＝14至23之和			
其中：免税项目用	14			
集体福利、个人消费	15			
非正常损失	16			
简易计税方法征税项目用	17			
免抵退税办法不得抵扣的进项税额	18			
纳税检查调减进项税额	19			
红字专用发票信息表注明的进项税额	20			
上期留抵税额抵减欠税	21			
上期留抵税额退税	22			
其他应作进项税额转出的情形	23			
三、待抵扣进项税额				
项目	栏次	份数	金额	税额
（一）认证相符的增值税专用发票	24	—	—	—
期初已认证相符但未申报抵扣	25			
本期认证相符且本期未申报抵扣	26			

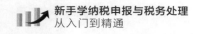
续表

三、待抵扣进项税额				
项目	栏次	份数	金额	税额
期末已认证相符但未申报抵扣	27			
其中：按照税法规定不允许抵扣	28			
（二）其他扣税凭证	29＝30至33之和			
其中：海关进口增值税专用缴款书	30			
农产品收购发票或者销售发票	31			
代扣代缴税收缴款凭证	32		—	
其他	33			
	34			

四、其他				
项目	栏次	份数	金额	税额
本期认证相符的增值税专用发票	35			
代扣代缴税额	36		—	—

表2-4　A200000中华人民共和国企业所得税月（季）度预缴纳税申报表（A类，2018年版）

税款所属期间：　　　年　　月　　日　至　　年　　月　　日

纳税人识别号（统一社会信用代码）：□□□□□□□□□□□□□□□□□□

纳税人名称：　　　　　　　　　　　　　　金额单位：人民币元（列至角分）

预缴方式	□ 按照实际利润额预缴	□ 按照上一纳税年度应纳税所得额平均额预缴	□ 按照税务机关确定的其他方法预缴
企业类型	□ 一般企业	□ 跨地区经营汇总纳税企业总机构	□ 跨地区经营汇总纳税企业分支机构

预缴税款计算		
行次	项目	本年累计金额
1	营业收入	
2	营业成本	
3	利润总额	
4	加：特定业务计算的应纳税所得额	
5	减：不征税收入	
6	减：免税收入、减计收入、所得减免等优惠金额	
7	减：固定资产加速折旧（扣除）调减额	
8	减：弥补以前年度亏损	
9	实际利润额（3＋4－5－6－7－8）\ 按照上一纳税年度应纳税所得额平均额确定的应纳税所得额	
10	税率（25%）	
11	应纳所得税额（9×10）	
12	减：减免所得税额	

预缴税款计算		
行次	项目	本年累计金额
13	减：实际已缴纳所得税额	
14	减：特定业务预缴（征）所得税额	
15	本期应补（退）所得税额（11－12－13－14）\ 税务机关确定的本期应纳所得税额	
汇总纳税企业总分机构税款计算		
16	总机构填报	总机构本期分摊应补（退）所得税额（17＋18＋19）	
17		其中：总机构分摊应补（退）所得税额（15×总机构分摊比例＿＿%）	
18		财政集中分配应补（退）所得税额（15×财政集中分配比例＿＿%）	
19		总机构具有主体生产经营职能的部门分摊所得税额（15×全部分支机构分摊比例＿＿%×总机构具有主体生产经营职能部门分摊比例＿＿%）	
20	分支机构填报	分支机构本期分摊比例	
21		分支机构本期分摊应补（退）所得税额	
附报信息		
高新技术企业　☐ 是 ☐ 否	科技型中小企业	☐ 是 ☐ 否
技术入股递延纳税事项　☐ 是 ☐ 否		
按季度填报信息		
季初从业人数	季末从业人数	
季初资产总额（万元）	季末资产总额（万元）	
国家限制或禁止行业　☐ 是 ☐ 否	小型微利企业	☐ 是 ☐ 否

谨声明：本纳税申报表是根据国家税收法律法规及相关规定填报的，是真实的、可靠的、完整的。

纳税人（签章）：　　　年　　月　　　日

经办人：
经办人身份证号：
代理机构签章：
代理机构统一社会信用代码：

受理人：
受理税务机关（章）：
受理日期：　　年　　月　　　日

④ 填写申报表要注意的是，表与表之间存有许多勾稽关系，必须表表相符。若表表不符，申报提交时，系统会跳出自动提示，告知错在哪儿。直到修改相符后，才能申报成功。

⑤ 申报表是企业申报税收的重要依据。一旦提交了，企业必须按照报表纳税。所以在填写报表完成后，要认真检查，看有无疏漏或错误之处。任何的疏漏或错误，都可能导致企业税负增加，或漏缴少缴税款。这都是不容许的事。

⑥ 申报成功了，要准备缴款。在系统上直接点缴付，企业的税款便会被银行直接划拨。需要注意的是，在纳税之前，企业必须保证银行账户内有足够支付税额的存款，否则会形成税款负债。

2.4 税收执法与纳税服务

2.4.1 税收执法

税收执法是国家税务机关重要的执法活动之一，是指国家税务机关及其工作人员依照法定的职权和程序，将国家税收法律法规适用于纳税人及其他管理相对人的一种具体行政行为。

（1）税收执法的特征

1）税收执法是一种具体行政行为

税收执法是国家税务机关或经法定授权的组织在其职权范围内，针对特定的人或事，采取行政措施的活动。作为具体行政行为，税收执法具有可救济性，当事人可以提起行政复议或行政诉讼。

2）税收执法具有强制力

税收执法是税务机关或经法定授权组织代表国家进行的税收管理活动，实施执法时无须与相对人达成合意，仅凭单方意志即可实施。而且以国家强制力作为执法的保障，其遇到执法障碍时，可以运用行政权力和手段，或借助其他国家机关的强制手段，消除障碍，保证税收执法行为的实现。

3）税收执法具有裁量性

税收执法必须依据法律严格进行，这是税收法定主义在税法执行领域的要求。但并不意味着税务机关只能机械地执行法律，而没有任何主动性参与。事实上，税法不能面面俱到，总是留下一定的空间让税务机关自由裁量，比如税收行政处罚的幅度等。

4）税收执法具有主动性

这是与税收司法活动相区别的重要特点。税收执法是积极主动的行为，而税收司法活动具有被动性，遵循"不告不理"的原则。这也是税收执法具有职权和职责相统一特点的体现。税收执法既是税务机关的职权，又是税务机关的职责。当一定的涉税事实出现时，税务机关必须依法履行这种职权行为，而不得放弃或转让。

5）税收执法是有责行政行为

有责行政是现代行政法的基本要求，是为了克服税收执法主体专制和滥用权力，保障税收执法相对人权利的根本措施。税务机关必须对其行政执法行为所产生的后果承担法律责任，对于违法行政对相对人造成的损害要负赔偿责任。

（2）税收执法的表现形式

税收执法是通过税务机关行使不同的管理职权来实现的。国家通过制定、颁布一系列有关税收管理的法律法规，形成众多的、有机联系的税收法律规范。税务登记、征收管理、税务稽查等一系列各不相同的管理行为，虽然种类不同、方式各异，但都是一种执法行为，都在行使着税收执法权。因此，税收执法权的行使过程就是税收执法的过程。

（3）税收执法的基本原则

1）合法性原则

税收执法合法性原则包括执法主体法定、执法内容合法、执法程序合法和执法根据合法等。

2）合理性原则

合理性原则包括：行政行为应符合立法目的；行政行为应建立在当前考虑的基础上，不得考虑不相关因素；平等适用法律规范，不得对相同事实给予不同对待；符合自然规律；符合社会公德。税收执法中自由裁量权的行使也必须遵循行政合理性原则，做到适宜、恰当、公正、合情、合理。

实例3

江苏省连云港地方税务局稽查局加大涉税大要案的查处力度，查办一批有影响力的重大案件。仅2015年就查办了百万元以上案件14起，其中查办千万元案件4起。同时严格落实重大案件报告制度，并建立完善大要案跟踪、督办、联办机制，提高重大案件查办质量。

2.4.2　纳税服务

纳税服务是政府和社会组织根据税收法律、行政法规的规定，在纳税人依法履行纳税义务和行使权利的过程中，为纳税人提供的规范、全面、便捷、经济的各项服务措施的总称。

（1）纳税服务的内容

1）税法宣传和纳税咨询辅导

这是纳税服务中的基本内容和税务机关的义务，贯穿于税收征管工作的全过程。

税法宣传面向社会公众，宣传的内容应当是广泛普遍的，包括税收相关的法律、政策和办税程序、税收知识等。其作用在于强化纳税人的纳税意识，促进纳税人自觉履行纳税义务。纳税咨询辅导的对象是特定的纳税人，其内容应具体且明确。税务机关应当及时、准确和权威性地作答，直接指导纳税人办理涉税事项，减少纳税人因不了解有关规定而带来的负担。

2）申报纳税和涉税事项办理

这是纳税服务的核心内容。税务机关应当创造和提供必要的条件，简化环节和程序，为纳税人提供方便快捷的纳税服务。例如，税务机关设立办税服务厅，集中进行税务登记办证、发票供应、涉税事项审核审批等；税务机关利用网络信息技术，向纳税人提供电话申报、远程申报等多元化申报方式；通过电子缴税、银税联网提供纳税人、税务机关、银行和国库"四位一体"的缴税方式，使纳税人坐在电脑前可以完成申报纳税。

3）个性化服务

这是纳税服务中更深层次的内容。不同纳税人有着不同的情况，普遍化的纳税服务既不利于税务机关合理配置征管资源和进行税源监控分析，也不能满足不同纳税人的特殊需要。税务机关要整合纳税人的个性化信息，针对不同的纳税服务需求，在管理中动态地予以体现。如对纳税人实行户籍管理、分类管理、评定纳税信誉等级等办法，为纳税人提供个性化服务。

4）投诉和反馈

这是纳税服务中必不可少的内容。纳税服务不仅强调服务形式的多样性，而且要体现服务的质量和效果，能够使纳税人满意。要想知道纳税人是否满意，纳税服务是否需要改进，就应当虚心接受纳税人的监督，倾听多方意见。所以征纳双方必须有畅通的渠道，纳税人能及时向税务机关投诉和反映，税务机关能及时给予处理和反馈，让纳税人满意。

（2）纳税服务遵循的原则

1）公正公开原则

税务机关坚持法治、公平和公正的治税思想，以合法手段满足纳税人合理合法的需求，尊重并取信纳税人。要保障纳税人的知情权，拓展政务公开的广度和深度，增加工作透明度，建立互信的征纳关系。

2）效率便利原则

纳税人的纳税需求首先是效率。纳税人实行自行申报纳税，很多涉税事项需要纳税人独自办理，提高办事效率、省时省力便成了纳税人的第一需求。

3）供求对路原则

根据纳税人的需求变化来及时调整纳税服务内容，建立起有效的信息沟通机制和投诉反馈机制，建立需求及评价反馈机制，量身定做，使纳税服务具有针对性，更有效率。

4）寓管理于服务原则

纳税服务与征收管理紧密结合，在管理和执法的同时落实服务，保持程序简便，工作流畅，节约征纳双方成本，税前、税中、税后为纳税人提供各种便捷服务。

5）奖优罚劣的原则

加大对遵从纳税人的奖励力度和不遵从纳税人的惩罚力度，完善纳税遵从的奖惩机制，从而带动和引导广大纳税人努力提高纳税信誉等级，树立诚信纳税意识。

6）成本效益原则

提高纳税服务质量，能够带动纳税遵从率和税收征管质量与效率的提高，降低税收成本。另外，着眼于整个社会效益，使纳税人用最低的纳税成本获得最优的纳税服务。

实例4

2015年江苏省连云港地方税务局举办了以"微服务·千企（乡）行"为主题的税收宣传月便民办税春风行动，在全市建立了1200个农村综合服务平台，开展"微服务·千企行""微服务·千乡行""微服务·校园行"三个系列活动，将税法宣传资料制作成邮件，以邮资封的形式向小微企业、乡镇群众及青少年学生投递，广泛宣传税收政策，提升纳税遵从度。

2.4.3　税收执法与纳税服务的关系

（1）税收执法与纳税服务的共同点

1）二者目标相同

税收执法的目标是税务机关履行职责，完成税收职能，打击涉税犯罪，纠正税收违法行为，促使管理相对人正确履行纳税义务，并创造法治、公平的税收环境。而纳税服务的目的是采取各种有效措施，构建全方位、多层次、开放式的纳税服务体系，增强征纳双方的良性互动，促进纳税人依法纳税意识和能力的提高，营造一个法治、公平、文明、效率的税收环境。由此可见，税收执法和纳税服务的目标是一致的。

2）二者相互促进

税收工作体现在执法和服务两个方面，既要执法，又要提供纳税服务，执法与服务体现着法律的尊严和税务机关在人民群众中的形象。税收执法水平和纳税服务水平如何，直接影响到纳税人对税收的态度。执法水平高，有利于消除纳税人的对抗心理，改变纳税人对税收的消极态度；服务质量好，有利于密切征纳关系，提高纳税人的纳税意识和办税能力。因此，税收执法与纳税服务两种行为之间的相关作用是显而易见的。

3）二者缺一不可

税收工作是执法与服务两种行为的载体，没有了税收工作就谈不上执法，也谈不上服务，税收执法与纳税服务同样贯穿于税收工作的始终。税务机关为税收行政执法部门。在税收工作中，执法与服务的主体都是税务机关，客体都是纳税人，服务行为必然寓于执法过程中，二者密不可分。

（2）税收执法与纳税服务的不同点

1）基本内涵不同

税收执法就是税务机关贯彻执行税收法律的行政执法行为，这种执法行为能够直接产生特定的行政法律效力和后果。纳税服务是无偿的公共产品，服务的主要目的是提高纳税人的税法遵从度，服务的本质是护法维权，通过推动税收的公正、公平，进而维护征纳双方的社会公信。纳税服务有狭义和广义之分。狭义的纳税服务是税务部门依照法律法规，采用适当的方式，为纳税人提供周到高效的涉税服务，使纳税人在和谐的氛围中依法纳税或行使权利。广义的纳税服务则包括优化税制、完善税政、改革体制、健全征管、降低成本、提高税务行政乃至整个政府效率等方面内容，具有更高的要求。

2）基本内容不同

依照税收征收管理法的规定，税收执法的内容主要包括税务管理、税款征收、税务检查、税务处罚和税务行政复议5大方面。纳税服务的内容极其丰富，税收征收管理中直接涉及保护纳税人权益和为纳税人服务的条款就有近30个，还有多条通过规范税务人员的行政行为保护纳税人的合法权益。从税收工作实践看，纳税服务的工作内容主要包括信息服务、咨询服务、办税服务、环境服务和援助服务5大方面。

3）遵循的基本原则不同

税收行政执法的基本原则主要包括法定原则（执法主体法定；执法权限、内容、手段法定；执法程序法定）、公正原则、公开原则、效率原则和保障纳税人合法权益原则。纳税服务的基本原则主要包括普遍性原则、合法性原则、合理性原则和无偿性原则。

（3）税收执法与纳税服务是相辅相成的关系

为纳税人提供优质高效的办税、法律援助和咨询服务，可以降低纳税人的办税成本，提高纳税人对税法的遵从度。而良好的税收执法既可以为纳税人创造公平有序的市场竞争环境，也可以提醒纳税人循规守法，避免事后加倍处罚的损失，这本身就是一种更有价值的深层次服务。

因此，应树立税收执法也是纳税服务，严格执法和热情服务是相辅相成关系的观念，既要把纳税人当作管理对象，更要把纳税人当作服务对象。优化纳税服务，要坚持服务与执法并重，努力做到在严格执法中提供优质服务，以优质服务促进执法。

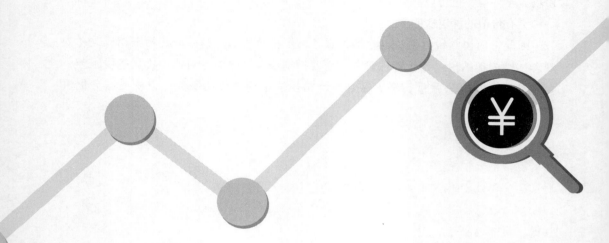

第 3 章

经营活动，发票为证

我国对发票的管理非常严格。发票上载有大量的数据信息，成为纳税申报和税务稽查的重要依据，所以纳税人必须深刻把握各种发票的作用，掌握发票的领购和使用、发票的开具和申报。

3.1　发票的管理与种类

发票是我国税法制度的特色。在我国，税务部门认定企业的成本费用，主要是看发票的合法合规。只有取得了合法合规的发票，才可以进入企业的成本费用，降低企业的税收。发票就是凭据，是发生成本、费用或收入的原始凭证。对于企业来说，发票是记账的依据，也是缴税的费用凭证；对于员工来说，发票是用来报销的凭证。

3.1.1　发票管理规定

发票是指在经济活动中，由销售方签发给购买方的文本。发票的内容包括销售方向购买方提供的产品或服务的名称、规格、单价和金额。除预付款以外，发票必须具备的要素是根据议定条件由购买方向出售方付款。发票必须包含日期和数量，是会计账务的重要凭证。我国会计制度规定，有效地购买产品或服务的发票称为税务发票。政府部门收费或征款的凭证，一般被统称为行政事业单位收据。为内部审计及核数，每张发票都必须有独一无二的流水账号码，防止发票重复或跳号。

税务机关是发票主管机关，管理和监督发票的印制、领购、开具、取得、保管、缴销。单位、个人在购销商品、提供或者接受经营服务，以及从事其他经营活动中，应当按照规定开具、使用和取得发票。

（1）发票的作用

发票的作用如图3-1所示。

发票的作用	➤ 发票具有合法性、真实性、统一性、及时性等特征，是最基本的会计原始凭证之一
	➤ 发票是记录经济活动内容的载体，是财务管理的重要工具
	➤ 发票是税务机关控制税源，征收税款的重要依据
	➤ 发票是国家监督经济活动，维护经济秩序，保护国家财产安全的重要手段

图3-1　发票的作用

（2）发票的票面内容

发票的票面内容一般包括票头、字轨号码、联次及用途、客户名称、银行开户账号、商（产）品名称或经营项目、计量单位、数量、单价、金额，以及大小写金额、经手人、单位印章、开票日期、备注等。实行增值税的单位所使用的增值税专用发票还应有税种、税率、税额等内容。

3.1.2 发票的种类和适用范围

（1）发票的种类

1）增值税发票和非增值税发票

发票可以分为两大类，即增值税发票和非增值税发票，如图3-2所示。

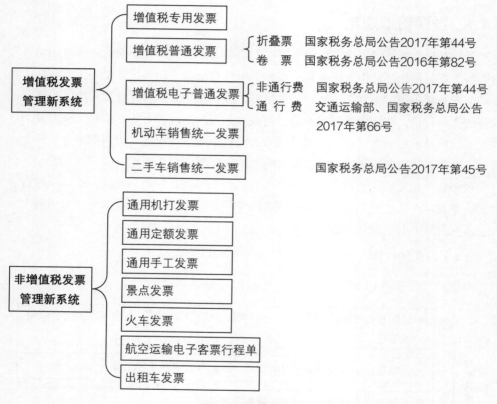

图3-2 发票的种类

2）增值税专用发票和普通发票

发票也可以按照税种进行分类，具体如下。

① 增值税专用发票。增值税专用发票是我国实施新税制的产物，是国家税务部门根据增值税征收管理需要而设定的，专用于纳税人销售或者提供增值税应税项目的一种发票。

② 普通发票。普通发票主要由增值税小规模纳税人使用。增值税一般纳税人在不能开具专用发票的情况下也可使用普通发票。普通发票由行业发票和专用发票组

成。前者适用于某个行业和经营业务，如商业零售统一发票、商业批发统一发票、工业企业产品销售统一发票等；后者仅适用于某一经营项目，如广告费用结算发票、商品房销售发票等。

　　3）专业发票

　　专业发票既具有普通发票所具有的内涵，同时还具有比普通发票更特殊的作用。它不仅是记载商品销售额（或服务费）和增值税税额的财务收支凭证，而且兼记着销货方的纳税义务和购货方的进项税额，是购货方据以抵扣税款的法定凭证，对增值税的计算起着关键性作用。

　　何种企业，何种业务，适用开具何种发票，税务部门都有明确的规定。企业对发票的管理必须严格控制，不能乱开、代开或虚开，更不能使用假发票。一经查实，不但受到经济制裁，还可能受到法律制裁。

（2）发票的适用范围

　　纳税人该如何选择发票呢？图3-3是发票的适用范围的大致分类。

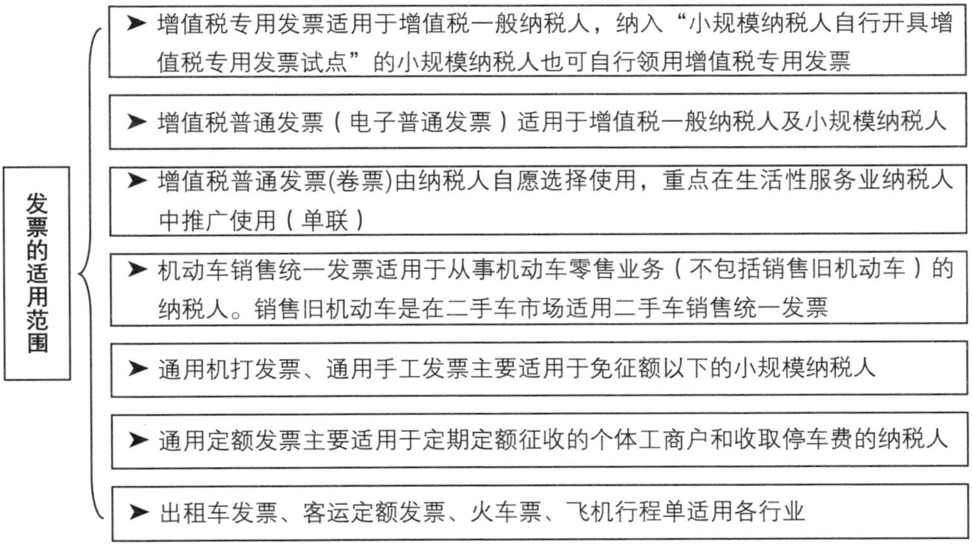

　　► 增值税专用发票适用于增值税一般纳税人，纳入"小规模纳税人自行开具增值税专用发票试点"的小规模纳税人也可自行领用增值税专用发票

　　► 增值税普通发票（电子普通发票）适用于增值税一般纳税人及小规模纳税人

　　► 增值税普通发票(卷票)由纳税人自愿选择使用，重点在生活性服务业纳税人中推广使用（单联）

　　► 机动车销售统一发票适用于从事机动车零售业务（不包括销售旧机动车）的纳税人。销售旧机动车是在二手车市场适用二手车销售统一发票

　　► 通用机打发票、通用手工发票主要适用于免征额以下的小规模纳税人

　　► 通用定额发票主要适用于定期定额征收的个体工商户和收取停车费的纳税人

　　► 出租车发票、客运定额发票、火车票、飞机行程单适用各行业

图3-3　发票的适用范围

　　对于企业的财务人员来说，平时接触最多的就是发票，了解发票的分类对工作会有很大的帮助，对最新出台的各种发票管理文件也能有更为准确的理解方向。

3.1.3　机打发票

　　过去，财务部门对外开具发票时，都是手工填写。这样的弊端是显而易见的：一是填写费事，浪费人力；二是字迹难辨，模糊不清；三是容易出错，浪费票据；四是日期随意填写，不受限制；五是大头小尾，各联金额不一。

机打发票是相对于手工填写发票而言的。它不但克服了上述几乎所有的弊端，而且大大提高了工作效率。机打发票是通过税务软件、电脑和打印机等设备，打印出合法合规的发票，杜绝了种种作弊行为。

图3-4　税控器

企业在办理使用发票之前，除购买电脑、打印机等设备外，还需要购买符合税务部门要求的税控器（如图3-4所示）。税控器能够产生并记录发票的营业数据；能够将记录后的发票的营业数据写入用户卡进行报税；能够与宿主机进行串口（USB口）通信，浏览营业数据；能够驱动打印机打印营业数据。

目前开具增值税发票必须使用税控器，一些非增值税类的普通发票，也可以不使用税控器。

3.2 发票的领购和使用

3.2.1 发票领购

企业在办理完税种认定及信息采集后，便可以购买发票了。各个地区购买发票方式不同：对于相对落后或闭塞的地区，可能仍采用传统的购买方式；对于条件优越的地区，则在不断地尝试新的发票领购方式。

（1）传统的购票方式

① 填写购票申请，领取"发票领购簿"。"发票领购簿"是领购发票的凭证，上面记载着企业购买发票的所有记录，包括领用日期、领用发票种类、领用发票号码、领用数量和办户人等。企业只有在获得"发票领购簿"后，才能购买发票。

② 购买发票时，必须携带"发票领购簿"。"发票领购簿"记载着企业购买发票的所有信息，买票时必须携带，否则税务部门不予办理。

③ 根据"发票领购簿"上核准的领购发票种类和数量等，相应地购买所需要的发票。

（2）新的购票方式

传统的购票方式费时费力，给会计人员带来了诸多不便。一些经济发达或条件优越的地区，已经出现了新的购票方式。

① 初次领用发票。纳税人在办理完税种认定及信息采集后，便可在纳税申报网上申请发票领用。网上申请获得批准后，到当地主管地税机关发票销售窗口，领取"发票领购簿"，购买发票。

② 再次领用发票。从第二次开始，领用发票就不必去税务大厅了，可以直接在税务开票软件上申请购买发票。税务机关审核同意后，会按照纳税人的地址，将发票直接交快递公司送达企业。快递员将发票送到纳税人手里时，要做相应的确认手续，并盖上企业的发票专用章作为回执，交税务部门。

③ 发票读入软件。收到发票后，会计人员登录税务开票软件，按照提示下载新购买的发票，便可以使用了。

发票领购实行信息化管理，比到税务大厅购买发票便捷多了。随着电子信息化和大数据的广泛应用，税务部门的许多工作将在网上执行。

3.2.2　发票使用

使用发票要建章立制，设置台账，定期保存。已开具的发票存根联和发票登记簿及账册应当保存5年，保存期满报经税务机关查验后销毁。增值税专用发票要专人保管，放在保险柜内；设置领、用、存登记簿；取得的发票抵扣联装订成册；已开具的存根保存5年，期满后报主管税务机关查验后销毁；未经批准，不得跨规定的区域携带、邮寄、运输空白的发票；禁止携带、邮寄、运输空白的发票出入境。

纳税人的发票丢失或被盗时，应于当日书面报告主管税务机关，在报刊和电视等传播媒介上公告声明作废，并接受税务机关处罚。丢失或被盗增值税专用发票的，纳税人应在事发当日书面报告税务机关，并在《中国税务报》上公开声明作废。

3.3 涉税票证的填制方法

3.3.1　登录开票系统

（1）点击系统

现在多是电脑开票，手工开票越来越少。电脑开票前必须安装开票软件，一般桌面上都有开票软件的快捷方式，直接点击开票软件图标。

（2）输入名密

进入税控发票开票软件登录页面，点击倒三角选择开票员身份登录，然后输入开票员密码、证书口令，输入后点击"登录"，如图3-5所示。

图3-5　开票软件登录界面

登录之后，便可以操作发票开具等事项了。

3.3.2　发票开具流程

① 点击"发票管理"，"发票填开"，再点击要开具发票的种类，如图3-6所示。

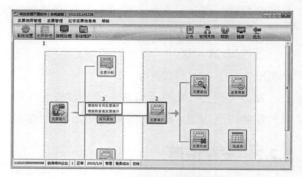

图3-6　开具发票种类选择界面

② 发票信息确认无误后点击"确定"，出现电子发票信息界面。首先确认要输入的金额是否含税，点击界面上方的"价格"进行切换，切换后看单价或金额括号的状态，如图3-7所示。

③ 输入购货单位信息（可直接手工录入，也可通过下拉箭头选取录入好的客户编码），开具专用发票要填全购货单位的4项信息，普通发票必须填写名称及纳税人识别号。

图3-7　开具发票含税价格选择界面

注意："名称"项最大长度为100个数字、字母或50个汉字。但考虑到打印空间有限，最好不要超过33个汉字；"税号"可以为15位、17位、18位和20位的数字或字母；"地址电话"与"银行账号"均可打印100个数字、字母或50个汉字。名称和纳税人识别号均支持模糊查询匹配以便于用户输入，如图3-8所示。

④ 输入商品信息（手工输入货物或应税劳务、服务名称，输入完毕后点击旁边

空白格，会弹出商品编码添加界面，在界面中输入商品名称、税率、税收分类编码等信息，点击"保存"。仅首次开具该商品时需要添加，之后可以选择），在发票填开界面，输入并核对数量、单价、金额等信息，税率可从下拉框中选择。选择或者输入收款人和复核人名字。

注意：商品名称可打印出40个汉字、规格型号36个字符、计量单位8个汉字，如图3-9所示。

⑤ 输入完毕点击右上角"打印"，随后便弹出"打印"对话框，如图3-10所示。在此处，可以设置纸张打印边距、预览打印效果、实施打印，也可以取消打印（待以后在进行发票查询时打印）。

向下调整：数值越大越向下，越小越向上（可以为负数）。

向右调整：数值越大越向右，越小越向左（可以为负数）。

⑥ 如不能确定边距，可先用测试纸（最好为发票复印件）或票样打印。在发票查询中可以找到本张发票重复打印。选择好开具发票的月份，点击"确定"进入，选择要打印发票，点击右上角"打印"（也可双击打开发票，选择右上角"打印"），如图3-11所示。

图3-8　开具发票购货方信息界面

图3-9　开具发票填写货物信息界面

图3-10　开具发票打印机调整界面

图3-11 开具发票所有记录的界面

⑦ 经过调试，直到发票信息能进入相应格子内，再用对应的纸质发票打印。

以上便是整个发票开具的流程。看上去有些烦琐，其实熟悉了便没那么烦琐了。不过开具发票时，绝对不可以马虎，否则会由于信息不全或不准确而导致发票作废。

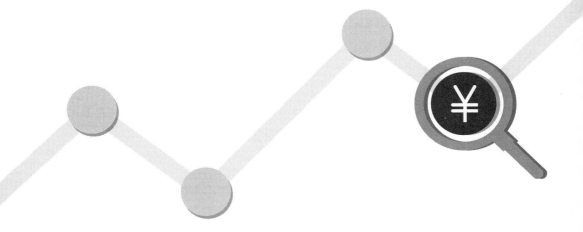

第 **4** 章

增值税纳税实务

增值税作为纳税申报最主要的税种之一，涉及面及其复杂程度、管理力度都是前所未有的。纳税人应当全面掌握增值税的相关知识，厘清增值税与其他税种的区别与联系，厘清增值税与企业经营的关系，厘清增值税普票与专票的不同及在管理上的区别，这对正确核算并缴纳增值税具有十分重要的作用。

4.1 解读增值税

4.1.1 认识增值税

从1993年12月13日颁布的国务院令第134号《中华人民共和国增值税暂行条例》起，至2016年5月1日全面实行"营改增"，大约经历了23年，增值税逐渐成了我国重要的税种。但真正人尽皆知增值税的时间是自2016年以后。现在不仅是会计工作者，企业的老板、中高层管理者，以及员工、机关事业单位人员，甚至是农民工，都没有不知道增值税的了。这说明增值税已经深入到企业运营和日常生活的每个环节。换句话说，无论你经营什么，可能都要与增值税打交道。

（1）增值税的定义

增值税是以商品（含应税劳务）在流转过程中产生的增值额作为计税依据而征收的一种流转税。从计税原理上说，增值税是对商品生产、流通、劳务服务中多个环节的新增价值或商品的附加值征收的一种流转税。

但实际工作中，商品新增价值或附加值在生产和流通过程中是很难准确计算的。因此，我国也采用国际上普遍采用的税款抵扣的办法，即根据销售商品或劳务的销售额，按规定的税率计算出销售税额，然后扣除取得该商品或劳务时所支付的增值税款，也就是进项税额，其差额就是增值部分应缴的税额。这种计算方法体现了按增值因素计税的原则。

> **实例1**
>
> 立德公司为增值税一般纳税人，购销货物的增值税税率为16%。2018年6月发生以下经济业务：（1）购进货物取得的增值税专用发票上注明的货物金额为400万元，增值税为64万元；（2）销售货物取得不含增值税价款为600万元，增值税为96万元。那么立德公司本月应缴纳增值税为96－64＝32万元。也可以简单理解为，是对其商品增值部分进行纳税，其增值额为600－400＝200万元，增值税为200×16%＝32万元。

（2）增值税的特点

① 以增值额为课税对象。顾名思义，增值税是以增值额为课税对象。从征税对象看，无论各国的法定增值额有多大差别，增值税都是以增值额而不是以销售金额为课税对象。简单地说，增值额就是销售价格与各项成本之间的差额。但实际计算时并

非如此，而是直接以销项税额和进项税额的差额来计算增值税。

② 实行多环节征税。增值税实行多环节征税，即在生产、零售、批发、提供劳务和进口等经营环节分别征税，而非只在某一环节征税。

③ 实行普遍征税。全面实行"营改增"后，无论从横向看还是纵向看，都有着广阔的税基。从横向关系看，工业、商业或劳务服务活动，只要有增值收入就要纳税；从纵向关系看，每一货物经过的所有生产经营环节，都要按各道环节上发生的增值额逐次征税。

（3）增值税的优点

从2016年开始全面实行"营改增"，是因为增值税比营业税更具优点，更能体现税收的相关原则。具体来说，增值税具有以下优点。

① 对于国家财政而言，增值税具有稳定性和及时性。

② 对于税收征管而言，增值税既相互制约，又交叉审计，能避免发生偷税。

③ 对于企业而言，增值税能够平衡税负，促进公平竞争。

④ 对于进出口业务而言，增值税对出口商品退税和避免对进口商品征税不足有益。

4.1.2　一般纳税人与小规模纳税人

（1）什么是一般纳税人

1）一般纳税人的定义

一般纳税人是指年应征增值税销售额（包括一个公历年度内的全部应税销售额）超过财政部规定的小规模纳税人标准的企业和企业性单位。

根据财政部、国家税务总局《营业税改征增值税试点实施办法》第三条的规定：纳税人分为一般纳税人和小规模纳税人。

2）一般纳税人的标准

一般纳税人的认定标准，过去一直区分工业企业、商业企业和服务业，且不同行业年销售额的标准也不同。自2018年5月1日起，小规模纳税人年应税销售额的标准统一调整为500万元。年应税销售额超过500万元的，除另有规定外，应当向主管税务机关办理一般纳税人登记。

年应税销售额未超过500万元的纳税人，会计核算健全，能够提供准确税务资料的，可以向主管税务机关办理一般纳税人登记。

（2）什么是小规模纳税人

1）小规模纳税人的定义

小规模纳税人是指年销售额在一般纳税人规定标准以下，并且会计核算不健全，不能按规定报送有关税务资料的增值税纳税人。

2）小规模纳税人的标准

企业要么是一般纳税人，要么是小规模纳税人。所以小规模纳税人的标准为：凡是达不到一般纳税人标准的纳税人，都是小规模纳税人。

（3）一般纳税人与小规模纳税人的转换

1）小规模纳税人转换为一般纳税人

根据《增值税一般纳税人登记管理办法》（国家税务总局令第43号）第八条的规定：纳税人在年应税销售额超过规定标准的月份（或季度）的所属申报期结束后15日内按照本办法第六条或者第七条的规定办理相关手续；未按规定时限办理的，主管税务机关应当在规定时限结束后5日内制作"税务事项通知书"，告知纳税人应当在5日内向主管税务机关办理相关手续；逾期仍不办理的，次月起按销售额依照增值税税率计算应纳税额，不得抵扣进项税额，直至纳税人办理相关手续为止。

> **实例2**
>
> 久成文化传媒有限公司是小规模纳税人，2017年9月到2018年9月实现营业收入586万元。根据税法的规定，久成文化传媒有限公司应转为一般纳税人。2018年10月初，久成文化传媒有限公司到税务部门办理了一般纳税人的相关手续。

鉴于此，当小规模纳税人超过标准时，应及时办理增值税一般纳税人相关手续。税法规定，纳税人年应纳增值税销售额超过规定标准应办理一般纳税人资格登记手续而未办理的，经税务机关下达税务事项通知书后，逾期仍不办理的，将按销售额依照增值税适用税率计算应纳税额，不得抵扣进项税额，也不得使用增值税专用发票，此简称为强转。

2）一般纳税人转换为小规模纳税人

《关于统一小规模纳税人标准等若干增值税问题的公告》（国家税务总局公告2018年第18号）明确规定了一般纳税人转换为小规模纳税人应符合以下两个条件。

① 根据《中华人民共和国增值税暂行条例》第十三条和《中华人民共和国增值税暂行条例实施细则》第二十八条的有关规定，登记为一般纳税人。

② 转登记日前连续12个月（按月申报纳税人）或连续4个季度（按季申报纳税人）累计应税销售额未超过500万元。如果纳税人在转登记日前的经营期尚不满12个月或4个季度，则按照月（或季度）平均应税销售额估算12个月或4个季度的累计应税销售额。

需要明确的是，纳税人是否由一般纳税人转为小规模纳税人，由其自主选择，符合上述规定的纳税人，仍可继续作为一般纳税人。

4.1.3 小规模纳税人的适用税率

年销售额达不到规定标准的为小规模纳税人。此外，个人、非企业性单位，以及不经常发生增值税应税行为的企业也可以被认定为小规模纳税人。小规模纳税人在达到标准后经申请被批准后可以成为一般纳税人。

对小规模纳税人实行简易办法征收增值税，其进项税不允许抵扣。

小规模纳税人销售货物或应税劳务的增值税税率为3%。

4.1.4 一般纳税人的适用税率

增值税一般纳税人的税率根据不同的业务性质，确定不同的税率。增值税税率如图4-1所示。

一般纳税人的适用税率

➤ 纳税人销售或者进口货物，除以下第二项、第三项规定外，税率为13%

➤ 纳税人销售或者进口下列货物，税率为9%：粮食、食用植物油、自来水、暖气、冷气、热水、煤气、石油液化气、天然气、沼气、居民用煤炭制品、图书、报纸、杂志、饲料、化肥、农药、农机、农膜、农业产品，以及国务院规定的其他货物

➤ 纳税人出口货物，税率为零；但是，国务院另有规定的除外

➤ 纳税人提供加工、修理、修配劳务税率为13%

图4-1 一般纳税人的适用税率

自2019年4月1日起，国务院将制造业等行业增值税税率从16%降至13%，将交通运输、建筑、基础电信服务等行业及农产品等货物的增值税税率从10%降至9%。

4.2 增值税应纳税额的计算

4.2.1 三大基本公式

在计算增值税应纳税额时，不同的情形其计算公式是不一样的，这是由纳税人的性质决定的。

（1）三大基本公式

1）一般纳税人应纳税额计算公式

应纳税额 = 当期销项税额 − 当期进项税额

2）小规模纳税人应纳税额计算公式

应纳税额 = 当期销售额 × 适用税率

3）进口货物应纳税额计算公式

应纳税额 = 组成计税价格 × 适用税率

（2）公式中的名词释义

① 销项税额是指纳税人发生应税行为按照销售额和增值税税率计算并收取的增值税额。销项税额计算公式：

销项税额 = 销售额 × 税率

实例3

连华食品有限公司适用税率为13%，销售商品取得含税销售额20000元，那么该公司的销售额为20000÷（1＋13%）≈17699.12元，销项税额为17699.12×13%≈2300.89元。

② 进项税额是指纳税人购进货物、加工修理修配劳务、服务、无形资产、不动产，支付或者负担的增值税额。从销售方取得增值税专用发票时，发票上注明的增值税额便为进项税额。

实例4

连华食品有限公司购进商品一批，取得增值税专用发票10000元，发票注明进项税额为1300元。

③ 组成计算价格是针对进口货物而言的。如果进口货物不征收消费税，则上述公式中组成计税价格的计算公式为：组成计税价格 = 关税完税价格 + 关税。如果进口货物征收消费税，则上述公式中组成计税价格的计算公式为：组成计税价格 = 关税完税价格 + 关税 + 消费税。

4.2.2 进项税

（1）进项税额的取得方式

进项税额的取得方式一般分为以下两种。

① 获得销售方的增值税专用发票上面注明的增值税额。

② 增值税流转过程中的特殊规定，主要涉及购买农产品和支付运输费的情况，可以按照购买价格的扣除率来计算可以用于抵扣的进项税额。

（2）准予抵扣的进项税额

根据税法的规定，准予从销项税额当中抵扣的进项税额限于下列增值税扣税凭证上注明的增值税税款和按规定的扣除率计算的进项税额。

① 纳税人购进货物或应税劳务，从销货方取得增值税专用发票抵扣联上注明的增值税税款。

② 纳税人购进免税农产品所支付给农业生产者或小规模纳税人的价款，取得经税务机关批准使用的收购凭证上注明的价款按9%抵扣进项税额。

③ 购进中国粮食购销企业的免税粮食，可以按取得的普通发票金额按9%抵扣进项税额。

④ 纳税人外购货物和销售货物所支付的运费（不包括装卸费、保险费等其他杂费），按运费结算单据（普通发票）所列运费和基金金额按7%抵扣进项税额。

⑤ 生产企业一般纳税人购入废旧物资回收经营单位销售的免税废旧物资，可按废旧物资回收经营单位开具的有税务机关监制的普通发票上注明的金额按9%抵扣进项税额。

⑥ 企业购置增值税防伪税控系统专用设备和通用设备，可凭借购货所取得的专用发票所注明的税额从增值税销项税额中抵扣。

实例5

骁广农业开发有限公司2019年5月向当地农户购买农产品100万元，若扣除率为9%，那么骁广农业开发有限公司取得的增值税进项税额为多少呢？

答：进项税额＝1000000×9%＝90000元。

（3）不予抵扣的进项税额

根据税法的规定，不予从销项税额当中抵扣的进项税额包括以下情形。

① 用于非应税项目的购进货物或应税劳务。所谓非应税项目是指提供非应税劳务、转让无形资产、销售不动产和固定资产在建工程等。纳税人新建、改建、扩建、修缮、装饰建筑物，无论财务上如何核算，均属于固定资产在建工程。

② 用于免税项目的购进货物或应税劳务。

③ 用于集体福利或者个人消费的购进货物或应税劳务。所谓集体福利和个人消费是指企业内部设置的供职工使用的食堂、浴室、理发室、宿舍、幼儿园等福利设施

及其设备、物品等或者以福利、奖励、津贴等形式发给职工个人的物品。

④ 非正常损失的购进货物。

⑤ 非正常损失的在产品、产成品所耗用的购进货物或应税劳务。

⑥ 外商投资企业生产直接出口的货物中，购买中国原材料所负担的进项税额不予退税，也不得从内销货物的销项税额中抵扣，应作计入成本处理。

⑦ 增值税一般纳税人取得的防伪税控系统开具的增值税专用发票，自取得该专用发票开具之日起360日内未到税务机关认证的，不得抵扣进项税额；经过认证通过的防伪税控系统开具的增值税专用发票，在认证通过当月未按有关规定核算其进项税额并申报抵扣的，不得抵扣进项税额。

⑧ 纳税人因进货退出或折让而收回的增值税，应从发生进货退出或折让当期的进项税额中扣减。

⑨ 因购买货物而从销售方取得的各种形式的返还资金，均应依所购货物的增值税税率计算应冲减的进项税额，并从其取得返还资金当期的进项税额中予以冲减。

上述不得抵扣的进项税额，若企业在购进时已结转了增值税进项税额，一经查实，一律作进项税额转出处理。

实例6

笑海公司2019年8月购入一批材料用于在建工程，增值税发票注明价款100000元，增值税13000元。按照规定，笑海公司这批材料用于在建工程，属于非应税项目，因而取得的进项税额不能抵扣。所以该批货物采购成本为113000元。

4.2.3 销项税

（1）销售额的确认

1）含税价和不含税价

由于增值税的特殊性，我们往往把销售价分为含税销售价（简称含税价）和不含税销售价（简称不含税价）。一般计税方法的销售额是不包括销项税额的，也就是不含税销售价。

纳税人若采用销售额和销项税额合并定价方法的，应按照下列公式计算销售额。

$$销售额 = 含税销售额 \div （1 + 税率）$$

2）全部价款和价外费用

《中华人民共和国增值税暂行条例》第六条规定，销售额为纳税人销售货物或者应税劳务向购买方收取的全部价款和价外费用，但是不包括收取的销项税额。

全部价款是销售方向购买方收取的货物或者劳务的价格。

价外费用是指销售方价外向购买方收取的手续费、补贴、基金、集资费、返还利润、奖励费、违约金（延期付款利息）、包装费、包装物租金、储备费、优质费、运输装卸费、代收款项、代垫款项及其他各种性质的价外收费。

$$销售额 = 全部价款 + 价外费用$$

实例7

　　房东出租房屋给租客，租期为6个月，3个月后租客终止了租赁协议。租客支付给房东3000元违约金，那么违约金是否属于价外费用？

　　答：属于价外费用。理由一是存在销售基础，房东与租客发生租赁的应税行为；二是违约金是交易行为的存续；三是违约金是由房东（销售方）收取的。

实例8

　　房东出租房屋给租客，租期为6个月，3个月后房东终止了租赁协议。房东支付给租客3000元违约金，那么违约金是否属于价外费用？

　　答：不属于价外费用。因为违约金是由购买方收取的，而价外费用，收款方必须为销售方。

（2）特殊情况下的销项税额计算

在税收法律法规中，还规定了纳税人的特殊销售行为的销售额确定方法，具体包括以下几种，如表4-1所示。

表4-1　特殊销售行为的销售额确定

销售方式	销售额的确定
折扣方式销售	① 折扣销售（商业折扣）的销售额和折扣额在同一张发票上分别注明的，可按折扣后的余额计算销项税额； ② 销售折扣（现金折扣）的折扣额不得从销售额中减除； ③ 实物折扣多付出的实物视同销售计算增值税； ④ 纳税人向购买方开具专用发票后，由于累计购买到一定量或市场价格下降等原因，销货方给予购货方的价格优惠或补偿等折扣、折让行为可按规定开具红字增值税专用发票
以旧换新销售	① 一般按新货同期销售价格确定销售额，不得减除旧货收购价格； ② 金银首饰以旧换新业务按销售方实际收到的不含增值税的全部价款征税
还本销售	销售额就是货物的销售价格，不能扣除还本支出
以物易物销售	① 双方以各自发出货物核算销售额并计算销项税额； ② 双方是否能抵扣进项税额还要看能否取得对方专用发票、是否换入不能抵扣进项税额的货物等因素

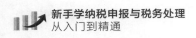
销售方式	销售额的确定
包装物押金是否计入销售额	① 一年以内且未过企业规定期限，单独核算者，不做销售处理； ② 一年以内但过企业规定期限，单独核算者，做销售处理； ③ 一年以上，一般做销售处理（特殊放宽期限的要经税务机关批准）； ④ 酒类包装物押金，收到就做销售处理（黄酒、啤酒除外，按以上规则）【押金属含税销售额】

对于上述所列的特殊销售行为，一旦确定了销售额后，计算销项税额便容易了。

4.3 特殊销售行为的增值税应纳税额的计算

4.3.1 视同销售

（1）视同销售的确认

《中华人民共和国增值税暂行条例实施细则》规定，以下8种行为视同销售，如图4-2所示。

```
视
同          ➤ 将货物交付其他单位或个人代销
销
售          ➤ 销售代销货物
的
确          ➤ 设有两个以上机构并实行统一核算的纳税人，将货物从一个机构移送其他
认             机构用于销售，但相关机构设在同一县（市）的除外

            ➤ 将自产、委托加工的货物用于非应税项目

            ➤ 将自产、委托加工或购买的货物作为投资，提供给其他单位或个体工商户

            ➤ 将自产、委托加工或购买的货物用于分配给股东或投资者

            ➤ 将自产、委托加工的货物用于集体福利或个人消费

            ➤ 将自产、委托加工或购进的货物无偿赠送其他单位或个人
```

图4-2　视同销售的确认

（2）视同销售价格的确认

纳税人销售价格明显偏低并无正当理由或者有视同销售货物行为而无销售额者，在计算时，视同销售行为的销售额要按照如下规定的顺序来确定，不能随意跨越次序。

① 按纳税人最近时期同类货物的平均销售价格确定。

② 按其他纳税人最近时期同类货物的平均销售价格确定。

③ 按组成计税价格确定。

组价公式一：组成计税价格＝成本×（1＋成本利润率）【不涉及消费税】

组价公式二：组成计税价格＝成本×（1＋成本利润率）＋消费税【涉及消费税】

　　　　　或：组成计税价格＝成本×（1＋成本利润率）÷（1－消费税税率）

视同销售的价格确定后，便可以根据企业的增值税税率，计算销项税额了。

实例9

爱玲建筑材料有限责任公司为增值税一般纳税人，适用税率为16%。2018年共生产A产品21500吨。其中的2万吨直接对外销售，0.1万吨用于本单位的基建工程，0.05万吨用于免税产品生产项目。每吨产品生产成本为7000元，对外销售价为10000元（均指不含税价）。按照规定，应作如下会计分录。

1. 对外销售部分

借：银行存款（或应收账款）　　　　　　23200

　　贷：主营业务收入　　　　　　　　　20000

　　　　应交税金——应交增值税（销项税额）　3200

借：主营业务成本　　　　　　　　　　　14000

　　贷：产成品　　　　　　　　　　　　14000

2. 对内基建工程使用部分

借：在建工程　　　　　　　　　　　　　860

　　贷：产成品　　　　　　　　　　　　700

　　　　应交税金——应交增值税（销项税额）　160

3. 用于免税产品生产使用部分

借：生产成本　　　　　　　　　　　　　430

　　贷：产成品　　　　　　　　　　　　350

　　　　应交税金——应交增值税（销项税额）　80

上述用于本单位基建工程和免税产品生产项目的，都是视同销售。而且无论是对外直接销售，还是内部自己使用，在计算增值税的销项税额时，一律是按照其产品的市场价每吨10000元而不是按成本价每吨7000元执行的。

由此说来，视同销售业务中涉及的增值税直接在会计分录中体现了出来。

4.3.2　混合销售

混合销售行为是指一项销售行为既涉及货物又涉及非应税劳务的行为。这里的非应税劳务包括交通运输业、建筑业、金融保险业、邮电通信业、文化体育业、娱乐业和服务业等事项。混合销售行为的特点是销售货物与提供非应税劳务是由同一纳税人实现，价款是从同一个购买方取得。

税务部门对混合销售行为是按"经营主业"来确定征税的。若企业选择货物销售，必须使应税货物的销售额占到总销售额的50%以上；若企业选择非应税劳务，必须使应税劳务占到总销售额的50%以上。企业可以通过控制应税货物和应税劳务的所占比例，来达到选择作为低税负税种的纳税人的目的。

《中华人民共和国增值税暂行条例实施细则》第五条规定，一项销售行为如果既涉及货物又涉及非增值税应税劳务，为混合销售行为。由此可见，混合销售行为应具有3个必要条件。

① 销售前提。如果一项销售行为，虽涉及货物，但不涉及销售货物，就不是混合销售行为。

② 一项行为。混合销售行为注重的是一项销售行为。如果是两项或者两项以上的行为，就是兼营行为；其销售货物的对象和提供应税劳务的对象必须是同一单位或者个人，如果是两个或者两个以上的对象，也是兼营行为；销售货物和应税劳务之间有从属或者因果关系，如果没有从属或者因果关系，同样是一种兼营行为。

③ 两个要件。混合销售行为必须涉及货物和增值税应税劳务。如果只涉及货物，或者只涉及增值税应税劳务，就不是混合销售行为。

当销售行为被确定为混合销售时，其行为标准必须同时具备上述3个条件。若一项销售行为只涉及销售服务，不涉及货物，这种行为就不是混合销售行为；如果涉及销售服务和涉及货物的行为，不是存在一项销售行为之中，也不是混合销售行为。比如，某公司生产货物，在销售货物的同时附带运输，这种行为属于混合销售行为，所收取的货物款项及运输费用应一律按销售货物计算缴纳增值税。

也就是说，运输服务是为直接销售一批货物而提供的，二者之间是紧密的从属关系。确认了混合销售行为后，便可以根据相应的税率计算销项税额了。

4.3.3　兼营销售

根据《营业税改征增值税试点实施办法》第三十九条的规定，纳税人兼营销售货物、劳务、服务、无形资产或者不动产，适用不同税率或者征收率的，应当分别核算适用不同税率或者征收率的销售额；未分别核算的，从高适用税率。

那么，何为兼营销售呢?

（1）兼营销售行为

兼营销售是指增值税纳税人在销售增值税的应税货物或提供增值税应税劳务的同时，还从事与前述业务不相关的应税劳务，并且这两项经营活动间并无直接的联系和从属关系。

兼营行为的重要特征是，兼营行为的销售货物或应税服务一般不同时发生在同一购买者身上，且从事的服务与某一项销售货物并无直接的联系和从属关系。

（2）兼营销售和混合销售的区别

混合销售和兼营销售往往容易混淆，其实税法规定中二者有着本质的区别。

① 纳税行为不同。混合销售的本质是一项纳税行为；而兼营行为的本质是多项应税行为。

② 税务处理原则不同。混合销售的税务处理原则是按企业的主营项目的性质划分增值税税目；兼营销售则应当分别核算适用不同税率或征收率应税行为的销售额，从而计算相应的增值税应缴税额。

（3）兼营行为征税办法

当纳税人发生了兼营行为，计算税额时有一个重要的特征，就是分别核算。虽然是同一纳税人，但它是两项相对独立的业务，在适用税率上要分别核算，否则需从高适用税率。

实例10

美励美电力设备销售公司有员工30人，属于增值税一般纳税人，主业为电力设备、电线电缆销售，兼营电力安装工程。2018年度主营业务收入为3000万元，其中电力设备销售1800万元，安装工程收入为1200万元，且采购的电力设备大部分用于自用工程。在主管税务机关主业登记为批发零售业。

主管税务机关认定该公司为增值税一般纳税人，并且主业登记为批发零售业，对其发生的业务视同混合销售行为，一并征收增值税。这主要是因为该销售公司属于商贸企业，而且兼营非应税劳务销售额未达到总销售额的50%。由此，该销售公司2018年度应缴纳增值税的销项税额为（1800＋1200）×16%＝480万元。

实例11

美励美电力设备销售公司为了提高资产利用率，将其闲置的场地和仓库对外承接仓储业务。2018年度美励美电力设备销售公司年销售总收入为30850万元，其中销售设备的收入为28560万元，取得仓储业务收入为2290万元。

此例中美励美电力设备销售公司取得的仓储业务收入与其销售设备的业务没有任何联系和从属关系，对于该公司而言，提供仓储服务属于典型的兼营行为。所以，对销售设备收入和取得的仓储收入应分别适用不同的增值税税率。

4.4 增值税专用发票的使用与管理

4.4.1 认识增值税专用发票

营业税退出历史舞台后，增值税成了纳税人最主要也是最重要的税种。伴随整个增值税流转过程的是作为记载税务重要票证的发票。发票承担着计算和确认税收的使命，越来越成为纳税人不可任意而为的票据。

增值税专用发票是由国家税务总局监制设计印制的，主要但不限于由增值税一般纳税人领购使用的，既作为纳税人反映经济活动中的重要会计凭证，又是兼记销货方纳税义务和购货方进项税额的合法证明，是增值税计算和管理中非常重要且具有决定性的合法的专用发票。

从2016年开始，增值税小规模纳税人也可以领购增值税专用发票，但仅限于住宿业、鉴证咨询业、建筑业等小规模纳税人。

自然人在发生出租、出售不动产及保险类业务时，若应税行为的购买方不是消费者个人，且不是免征增值税的应税行为，也可以向税务部门申请代开增值税专用发票。

增值税专用发票不同于普通发票，它是增值税改革中很关键的一步，它不仅具有商务凭证的作用，由于实行凭借发票注明税款扣税，购货方要向销货方支付增值税，因此它还具有完税凭证的作用。并且，增值税专用发票将一个产品的最初生产到最终消费之间各环节联系起来，保持了税赋的完整，体现了增值税的作用。一般纳税人在涉税业务中，只能凭借增值税专用发票上注明的增值税额作为进项税额进行销项税额的抵扣，实现了增值税层层转嫁税负的目的。

增值税专用发票是企业计算和缴纳增值税的重要凭证，也是企业认证和抵扣进项税额的重要凭据。

4.4.2　增值税专用发票的使用和保管

（1）增值税专用发票的使用

一般纳税人必须通过增值税防伪税控系统使用专用发票。专用发票的使用包括领购、开具、缴销、认证纸质专用发票及其相应的数据电文。防伪税控系统是指经国务院同意推行的，使用专用设备和通用设备、运用数字密码和电子存储技术管理专用发票的计算机管理系统。

专用设备，是指金税卡、IC卡、读卡器金税盘、报税盘和其他设备。

通用设备，是指计算机、打印机、扫描器具和其他设备。

（2）增值税专用发票的联次

专用发票由基本联次或者基本联次附加其他联次构成。基本联次为三联：发票联、抵扣联和记账联。

发票联，是作为购买方核算采购成本和增值税进项税额的记账凭证。

抵扣联，是作为购买方报送主管税务机关认证和留存备查的凭证。

记账联，是作为销售方核算销售收入和增值税销项税额的记账凭证。

其他联次，由一般纳税人自行确定用途。

（3）增值税专用发票的限额管理

增值税专用发票（增值税税控系统）实行最高开票限额管理。最高开票限额是指单份专用发票或货运专票开具的销售额合计数不得超越的上限额度。最高开票限额由一般纳税人提出申请，区县级税务机关依法审批。一般纳税人需填报"增值税专用发票最高开票限额申请单"，主管税务机关受理纳税人申请以后，根据需要进行实地查验。

（4）专用发票的初始发行

一般纳税人领购专用设备后，凭"增值税专用发票最高开票限额申请单""发票领购簿"到主管税务机关办理初始发行。初始发行是指主管税务机关将一般纳税人的下列信息载入空白金税卡和IC卡的行为。初始发行的内容如图4-3所示。

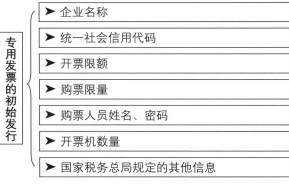

图4-3　专用发票的初始发行

一般纳税人信息发生变化，应向主管税务机关申请变更发行；上述第2项信息发生变化，应向主管税务机关申请注销发行。

（5）不得领用专用发票的情形

一般纳税人出现下列情形之一的，不得领购、使用增值税专用发票。

① 会计核算不健全，即不能按会计制度和税务机关的要求准确核算增值税的销项税额、进项税额和应纳税额的。

② 不能向税务机关准确提供增值税销项税额、进项税额和应纳税额数据及其他有关增值税税务资料的。

③ 有下列行为，经税务机关责令限期改正而仍未改正的。

第一，私自印制专用发票；

第二，向个人或税务机关以外的单位买取专用发票；

第三，借用他人专用发票；

第四，向他人提供专用发票；

第五，未按规定要求开具专用发票；

第六，未按规定保管专用发票；

第七，未按规定申报专用发票的购、用、存情况；

第八，未按规定接受税务机关检查。

有上列情况的一般纳税人若已领购使用专用发票，税务部门应收缴其结存的专用发票。

近年来，税务部门对增值税专用发票的管控达到前所未有的严格。在大数据时代，任何虚开、虚报的行为，最终都会被查实，并且税务部门对这些恶劣的行为会做出最严厉的制裁。

4.4.3 增值税专用发票的认证抵扣

（1）增值税专用发票的认证

销售方通过增值税税控系统开具的发票，直接上传到税务局服务器。购买方从销售方取得的进项税发票，通过网上认证系统将发票同样上传到税务局服务器。系统自动对上传的进项税发票内容和销售方的销售发票内容进行比对。如果发票内容相符，则认证通过；如果不相符，则不通过，退回查明原因。

简单地说，认证就是个比对过程，将销售方开票内容和购买方进项内容进行核对，也就是确认一下开票方开具的专用发票有没有问题。有问题，认证肯定通过不了，就需要退回重开（作废或冲红）。

（2）增值税专用发票的抵扣

根据国家税务总局公告2017年第11号《关于进一步明确营改增有关征管问题的公告》第十条的规定，自2017年7月1日起，增值税一般纳税人取得的2017年7月1日及以后开具的增值税专用发票和机动车销售统一发票，应自开具之日起360日内认证或登录增值税发票选择确认平台进行确认，并在规定的纳税申报期内，向主管税务机关申报抵扣进项税额。

从上述规定来看，进项税额申报抵扣的前提是在规定时间内认证（或勾选），只有认证通过的增值税专用发票，才可以申报抵扣进项税额。简言之，想要抵扣进项税额，必须先要认证通过。但是认证通过了的，不一定允许抵扣进项税额（根据规定，有些项目不允许抵扣进项税额）。

（3）认证和抵扣的关系

认证和抵扣的关系如图4-4所示。可以看出，认证是抵扣的必要但非充分条件。想要抵扣进项税额，专用发票必须认证通过；专用发票认证通过，并不代表进项税额一定能抵扣（参阅有关进项税额不得抵扣的政策规定）。也就是说，认证是抵扣的前提条件，无认证，不抵扣。

图4-4　认证和抵扣的关系

特别提醒的是，取得专用发票，一定先要认证（特殊情况，不需认证的除外，如购买税控设备）。认证通过后，在次月申报期内，申报抵扣进项税额。

 ## 4.5　增值税纳税申报

4.5.1　一般纳税人的增值税纳税申报

增值税一般纳税人纳税申报是指增值税一般纳税人依照税收法律法规规定或主管税务机关依法确定的申报期限，向主管税务机关办理增值税纳税申报的业务。纳税申报一般在网上申报，也可以去税务大厅办理。纳税申报需填写特定的纳税申报表。

由于一般纳税人的增值税与发票紧密相关，因此在申报过程中必须与发票管理流程相结合。

各地区在纳税申报流程方面会有所区别，但基本要素是一样的。

一般纳税人在征期内进行申报，申报具体流程如下。

① 抄报税：纳税人在征期内登录开票软件抄税，并通过网上抄报或办税厅抄报，向税务机关上传上月开票数据。抄税就是企业使用IC卡将企业当期增值税专用发票的开票情况记录下来；报税就是将IC卡内的资料报送给主管税务机关，使主管税务机关掌握企业开票情况的环节。

② 纳税申报：纳税人登录网上申报软件进行网上申报，网上申报成功并通过税银联网实时扣缴税款。

③ 清零解锁：纳税申报成功后，纳税人返回开票系统对税控设备进行清零解锁。清零就是将IC卡内的资料报送给税务主管机关后，将IC卡内资料清除的环节。

一般纳税人纳税申报流程如图4-5所示。

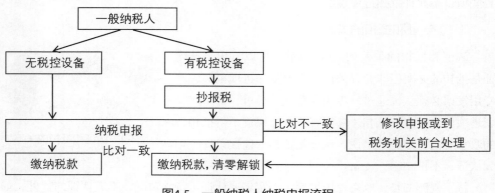

图4-5　一般纳税人纳税申报流程

这个流程不是绝对的，在不同的省份或地区会有所区别。有些地方先抄报税，再纳税申报；也有的地方先申报，后抄报税。纳税人应根据本地税务部门的要求进行申报。

在网上填写申报表之前，有个"数据初始化"的提示。每个月进行初次填写时，都要先点击"数据初始化"的按钮。初始化的目的是将与本月纳税申报相关的数据填充进来，给填报工作带来便捷。

增值税一般纳税人纳税申报比较复杂，其中增值税主表、附表一销项、附表二进项、附表四抵减、附表五不动产抵扣都是必填表。不管有无数据，都要点击打开相应报表填写保存。

纳税申报都有时间节点，必须在规定时间内进行纳税申报，不能过期。若过期了，只能去税务大厅手工申报。

申报成功后，一般通过税银联网实时扣缴税款。网上纳税申报表提交后，别忘了点击"缴纳税款"。

4.5.2　小规模纳税人的增值税纳税申报

相对于一般纳税人而言，小规模纳税人纳税申报要简单许多，尤其是申报表简单了。小规模纳税人不可以进行进项抵扣，因此小规模纳税人的应纳增值税额就是销项税额。

$$销售额 = 含税销售额 \div （1 + 征收率）$$

小规模纳税人一般是按季申报。若使用普通发票税控设备，则每月都要使用税控设备登录后系统自动抄报税，每季度登录网上申报软件进行网上申报。网上申报成功后通过税银联网实时扣缴税款。

填写申报表时，注意"货物及劳务"列与"服务、不动产和无形资产"列分别填写对应的收入，填报有错会影响税款的属性，还会影响一般纳税人的认定。

增值税小规模纳税人应分别核算销售货物、提供加工、修理修配劳务的销售额和销售服务、无形资产的销售额。根据《财政部、税务总局关于实施小微企业普惠性税收减免政策的通知》（财税〔2019〕13号）和《国家税务总局关于小规模纳税人免征增值税政策有关征管问题的公告》（国家税务总局公告2019年第4号）的规定，从2019年1月1日至2021年12月31日，增值税小规模纳税人月销售额不超过10万元（含10万元，下同）的，免征增值税。其中，以1个季度为纳税期限的增值税小规模纳税人，季度销售额不超过30万元的，免征增值税。

增值税小规模纳税人符合条件暂免征收增值税是按月计算的。但是，若当月销售额超过10万元，则全额缴纳增值税，并不影响次月的免税。同样地，以1个季度为纳税期限的增值税小规模纳税人，当季度销售额超过30万元的，则全额缴纳增值税，不影响下一季度的免税。

4.5.3　填写增值税纳税申报表

在此重点介绍适用于一般纳税人"增值税纳税申报表"的填写。根据《国家税务总局关于全面推开营业税改征增值税试点后增值税纳税申报有关事项的公告》（国家税务总局公告2016年第13号）（已被修改），以下是一般纳税人适用的"增值税纳税申报表"，如表4-2所示。

（1）"增值税纳税申报表"及填写说明中名词释义

① 本表及填写说明所称"货物"，是指增值税的应税货物。

② 本表及填写说明所称"劳务"，是指增值税的应税加工、修理、修配劳务。

③ 本表及填写说明所称"服务、不动产和无形资产"，是指销售服务、不动产和无形资产。

根据国家税收法律法规及增值税相关规定制定本表。纳税人不论有无销售额，均应按税务机关核定的纳税期限填写本表，并向当地税务机关申报。

税款所属时间：自　年　月　日　至　年　月　日　　　　填表日期：　年　月　日　　　　金额单位：元至角分

表4-2 增值税纳税申报表
（适用于一般纳税人）

纳税人识别号									所属行业	
纳税人名称		（公章）		法定代表人姓名			注册地址		生产经营地址	
开户银行及账号						登记注册类型			电话号码	

| 项目 | 栏次 | 一般项目 | | 即征即退项目 | |
		本月数	本年累计	本月数	本年累计
销售额	（一）按适用税率计税销售额	1			
	其中：应税货物销售额	2			
	应税劳务销售额	3			
	纳税检查调整的销售额	4			
	（二）按简易办法计税销售额	5			
	其中：纳税检查调整的销售额	6			
	（三）免、抵、退办法出口销售额	7		—	—
	（四）免税销售额	8		—	—
	其中：免税货物销售额	9		—	—
	免税劳务销售额	10		—	—

续表

	项目	栏次				
税款计算	销项税额	11				
	进项税额	12				
	上期留抵税额	13				
	进项税额转出	14			—	
	免、抵、退应退税额	15		—		—
	按适用税率计算的纳税检查应补缴税额	16		—		—
	应抵扣税额合计	17 = 12 + 13 − 14 − 15 + 16	—			—
	实际抵扣税额	18（如17<11，则为17，否则为11）	—			
	应纳税额	19 = 11 − 18	—			—
	期末留抵税额	20 = 17 − 18		—		—
	简易计税办法计算的应纳税额	21		—		—
	按简易计税办法计算的纳税检查应补缴税额	22			—	—
	应纳税额减征额	23				
	应纳税额合计	24 = 19 + 21 − 23				
税款缴纳	期初未缴税额（多缴为负数）	25				
	实收出口开具专用缴款书退税额	26		—	—	—
	本期已缴税额	27 = 28 + 29 + 30 + 31				
	① 分次预缴税额	28		—	—	—
	② 出口开具专用缴款书预缴税额	29		—	—	—

续表

项目		栏次	一般项目		即征即退项目	
			本月数	本年累计	本月数	本年累计
税款缴纳	③ 本期缴纳上期应纳税额	30				
	④ 本期缴纳欠缴税额	31				
	期末未缴税额（多缴为负数）	32＝24＋25＋26－27				
	其中：欠缴税额（≥0）	33＝25＋26－27		—		—
	本期应补（退）税额	34＝24－28－29		—		—
	即征即退实际退税额	35	—	—		
	期初未缴查补税额	36			—	—
	本期入库查补税额	37			—	—
	期末未缴查补税额	38＝16＋22＋36－37			—	—

授权声明	如果你已委托代理人申报，请填写下列资料： 为代理一切税务事宜，现授权（地址）_____ 为本纳税人的代理申报人，任何与本申报表有关的往来文件，都可寄予此人。 授权人签字：	申报人声明	本纳税申报表是根据国家税收法律法规及相关规定填报的，我确定它是真实的、可靠的、完整的。 声明人签字：

主管税务机关：　　　接收人：　　　接收日期：

④ 本表及填写说明所称"按适用税率计税""按适用税率计算"和"一般计税方法"，均指按"应纳税额＝当期销项税额－当期进项税额"公式计算增值税应纳税额的计税方法。

⑤ 本表及填写说明所称"按简易办法计税""按简易征收办法计算"和"简易计税方法"，均指按"应纳税额＝销售额×征收率"公式计算增值税应纳税额的计税方法。

⑥ 本表及填写说明所称"扣除项目"，是指纳税人销售服务、不动产和无形资产，在确定销售额时，按照有关规定允许其从取得的全部价款和价外费用中扣除价款的项目。

（2）"增值税纳税申报表"（一般纳税人适用）填写说明

1）基本信息填写说明如下。

① "税款所属时间"：指纳税人申报的增值税应纳税额的所属时间，应填写具体的起止年、月、日。

② "填表日期"：指纳税人填写本表的具体日期。

③ "纳税人识别号"：填写纳税人的税务登记证件号码（统一社会信用代码）。

④ "所属行业"：按照国民经济行业分类与代码中的小类行业填写。

⑤ "纳税人名称"：填写纳税人单位名称全称。

⑥ "法定代表人姓名"：填写纳税人法定代表人的姓名。

⑦ "注册地址"：填写纳税人税务登记证件所注明的详细地址。

⑧ "生产经营地址"：填写纳税人实际生产经营地的详细地址。

⑨ "开户银行及账号"：填写纳税人开户银行的名称和纳税人在该银行的结算账户号码。

⑩ "登记注册类型"：按纳税人税务登记证件的栏目内容填写。

⑪ "电话号码"：填写可联系到纳税人的常用电话号码。

2）申报数据填写

① 第1栏"（一）按适用税率计税销售额"：填写纳税人本期按一般计税方法计算缴纳增值税的销售额，包含：在财务上不作销售但按税法规定应缴纳增值税的视同销售和价外费用的销售额；外贸企业作价销售进料加工复出口货物的销售额；税务、财政、审计部门检查后按一般计税方法计算调整的销售额。

营业税改征增值税的纳税人，服务、不动产和无形资产有扣除项目的，本栏应填写扣除之前的不含税销售额。

② 第2栏"其中：应税货物销售额"：填写纳税人本期按适用税率计算增值税的

应税货物的销售额，包含在财务上不作销售但按税法规定应缴纳增值税的视同销售货物和价外费用的销售额，以及外贸企业作价销售进料加工复出口货物的销售额。

③ 第3栏"应税劳务销售额"：填写纳税人本期按适用税率计算增值税的应税劳务的销售额。

④ 第4栏"纳税检查调整的销售额"：填写纳税人因税务、财政、审计部门检查，并按一般计税方法在本期计算调整的销售额。但享受增值税即征即退政策的货物、劳务，服务、不动产、无形资产，经纳税检查属于偷税的，不填入"即征即退项目"列，而应填入"一般项目"列。

营业税改征增值税的纳税人，服务、不动产和无形资产有扣除项目的，本栏应填写扣除之前的不含税销售额。

⑤ 第5栏"（二）按简易办法计税销售额"：填写纳税人本期按简易计税方法计算增值税的销售额，包含纳税检查调整按简易计税方法计算增值税的销售额。

营业税改征增值税的纳税人，服务、不动产和无形资产有扣除项目的，本栏应填写扣除之前的不含税销售额；服务、不动产和无形资产按规定汇总计算缴纳增值税的分支机构，其当期按预征率计算缴纳增值税的销售额也填入本栏。

⑥ 第6栏"其中：纳税检查调整的销售额"：填写纳税人因税务、财政、审计部门检查，并按简易计税方法在本期计算调整的销售额。但享受增值税即征即退政策的货物、劳务，服务、不动产、无形资产，经纳税检查属于偷税的，不填入"即征即退项目"列，而应填入"一般项目"列。

营业税改征增值税的纳税人，服务、不动产和无形资产有扣除项目的，本栏应填写扣除之前的不含税销售额。

⑦ 第7栏"（三）免、抵、退办法出口销售额"：填写纳税人本期适用免、抵、退税办法的出口货物、劳务和服务、无形资产的销售额。

营业税改征增值税的纳税人，服务、无形资产有扣除项目的，本栏应填写扣除之前的销售额。

⑧ 第8栏"（四）免税销售额"：填写纳税人本期按照税法规定免征增值税的销售额和适用零税率的销售额，但零税率的销售额中不包括适用免、抵、退税办法的销售额。

营业税改征增值税的纳税人，服务、不动产和无形资产有扣除项目的，本栏应填写扣除之前的免税销售额。

⑨ 第9栏"其中：免税货物销售额"：填写纳税人本期按照税法规定免征增值税的货物销售额及适用零税率的货物销售额，但零税率的销售额中不包括适用免、抵、退税办法出口货物的销售额。

⑩ 第10栏"免税劳务销售额"：填写纳税人本期按照税法规定免征增值税的劳务销售额及适用零税率的劳务销售额，但零税率的销售额中不包括适用免、抵、退税办法的劳务的销售额。

⑪ 第11栏"销项税额"：填写纳税人本期按一般计税方法计税的货物、劳务和服务、不动产、无形资产的销项税额。

营业税改征增值税的纳税人，服务、不动产和无形资产有扣除项目的，本栏应填写扣除之后的销项税额。

⑫ 第12栏"进项税额"：填写纳税人本期申报抵扣的进项税额。

⑬ 第13栏"上期留抵税额"："本月数"按上一税款所属期申报表第20栏"期末留抵税额""本月数"填写。本栏"一般项目"列"本年累计"不填写。

⑭ 第14栏"进项税额转出"：填写纳税人已经抵扣，但按税法规定本期应转出的进项税额。

⑮ 第15栏"免、抵、退应退税额"：反映税务机关退税部门按照出口货物、劳务和服务、无形资产免、抵、退办法审批的增值税应退税额。

⑯ 第16栏"按适用税率计算的纳税检查应补缴税额"：填写税务、财政、审计部门检查，按一般计税方法计算的纳税检查应补缴的增值税税额。

⑰ 第17栏"应抵扣税额合计"：填写纳税人本期应抵扣进项税额的合计数。按表中所列公式计算填写。

⑱ 第18栏"实际抵扣税额"："本月数"按表中所列公式计算填写。本栏"一般项目"列"本年累计"不填写。

⑲ 第19栏"应纳税额"：反映纳税人本期按一般计税方法计算并应缴纳的增值税额。

第一，适用加计抵减政策的纳税人，按以下公式填写。

本栏"一般项目"列"本月数"=第11栏"销项税额""一般项目"列"本月数"−第18栏"实际抵扣税额""一般项目"列"本月数"−"实际抵减额"。

本栏"即征即退项目"列"本月数"=第11栏"销项税额""即征即退项目"列"本月数"−第18栏"实际抵扣税额""即征即退项目"列"本月数"−"实际抵减额"。

适用加计抵减政策的纳税人，是指按照规定计提加计抵减额，并可从本期适用一般计税方法计算的应纳税额中抵减的纳税人（下同）。"实际抵减额"，是指按照规定可从本期适用一般计税方法计算的应纳税额中抵减的加计抵减额，分别对应"增值税纳税申报表附列资料（四）"第6行"一般项目加计抵减额计算"、第7行"即征即退项目加计抵减额计算"的"本期实际抵减额"列。

第二，其他纳税人按表中所列公式填写。

⑳ 第20栏"期末留抵税额"："本月数"按表中所列公式填写。本栏"一般项目"列"本年累计"不填写。

㉑ 第21栏"简易计税办法计算的应纳税额"：反映纳税人本期按简易计税方法计算并应缴纳的增值税额，但不包括按简易计税方法计算的纳税检查应补缴税额。

营业税改征增值税的纳税人，服务、不动产和无形资产按规定汇总计算缴纳增值税的分支机构，应将预征增值税额填入本栏。预征增值税额＝应预征增值税的销售额×预征率。

㉒ 第22栏"按简易计税办法计算的纳税检查应补缴税额"：填写纳税人本期因税务、财政、审计部门检查并按简易计税方法计算的纳税检查应补缴税额。

㉓ 第23栏"应纳税额减征额"：填写纳税人本期按照税法规定减征的增值税应纳税额，包含按照规定可在增值税应纳税额中全额抵减的增值税税控系统专用设备费用及技术维护费。

当本期减征额小于或等于第19栏"应纳税额"与第21栏"简易计税办法计算的应纳税额"之和时，按本期减征额实际填写；当本期减征额大于第19栏"应纳税额"与第21栏"简易计税办法计算的应纳税额"之和时，按本期第19栏与第21栏之和填写。本期减征额不足抵减部分结转下期继续抵减。

㉔ 第24栏"应纳税额合计"：反映纳税人本期应缴增值税的合计数。按表中所列公式计算填写。

㉕ 第25栏"期初未缴税额（多缴为负数）"："本月数"按上一税款所属期申报表第32栏"期末未缴税额（多缴为负数）""本月数"填写。"本年累计"按上年度最后一个税款所属期申报表第32栏"期末未缴税额（多缴为负数）""本年累计"填写。

㉖ 第26栏"实收出口开具专用缴款书退税额"：本栏不填写。

㉗ 第27栏"本期已缴税额"：反映纳税人本期实际缴纳的增值税额，但不包括本期入库的查补税款。按表中所列公式计算填写。

㉘ 第28栏"①分次预缴税额"：填写纳税人本期已缴纳的准予在本期增值税应纳税额中抵减的税额。

营业税改征增值税的纳税人分以下4种情况填写，如图4-6所示。

㉙ 第29栏"②出口开具专用缴款书预缴税额"：本栏不填写。

㉚ 第30栏"③本期缴纳上期应纳税额"：填写纳税人本期缴纳上一税款所属期应缴未缴的增值税额。

㉛ 第31栏"④本期缴纳欠缴税额"：反映纳税人本期实际缴纳和留抵税额抵减的增值税欠缴税额，但不包括缴纳入库的查补增值税额。

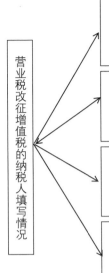

营业税改征增值税的纳税人填写情况

服务、不动产和无形资产按规定汇总计算缴纳增值税的总机构，其可以从本期增值税应纳税额中抵减的分支机构已缴纳的税款，按当期实际可抵减数填入本栏，不足抵减部分结转下期继续抵减

销售建筑服务并按规定预缴增值税的纳税人，其可以从本期增值税应纳税额中抵减的已缴纳的税款，按当期实际可抵减数填入本栏，不足抵减部分结转下期继续抵减

销售不动产并按规定预缴增值税的纳税人，其可以从本期增值税应纳税额中抵减的已缴纳的税款，按当期实际可抵减数填入本栏，不足抵减部分结转下期继续抵减

出租不动产并按规定预缴增值税的纳税人，其可以从本期增值税应纳税额中抵减的已缴纳的税款，按当期实际可抵减数填入本栏，不足抵减部分结转下期继续抵减

图4-6　营业税改征增值税的纳税人填写情况

㉜ 第32栏"期末未缴税额（多缴为负数）"："本月数"反映纳税人本期期末应缴未缴的增值税额，但不包括纳税检查应缴未缴的税额。按表中所列公式计算填写。"本年累计"与"本月数"相同。

㉝ 第33栏"其中：欠缴税额（≥0）"：反映纳税人按照税法规定已形成欠税的增值税额。按表中所列公式计算填写。

㉞ 第34栏"本期应补（退）税额"：反映纳税人本期应纳税额中应补缴或应退回的数额。按表中所列公式计算填写。

㉟ 第35栏"即征即退实际退税额"：反映纳税人本期因符合增值税即征即退政策规定，而实际收到的税务机关退回的增值税额。

㊱ 第36栏"期初未缴查补税额"："本月数"按上一税款所属期申报表第38栏"期末未缴查补税额""本月数"填写。"本年累计"按上年度最后一个税款所属期申报表第38栏"期末未缴查补税额""本年累计"填写。

㊲ 第37栏"本期入库查补税额"：反映纳税人本期因税务、财政、审计部门检查而实际入库的增值税额，包括按一般计税方法计算并实际缴纳的查补增值税额和按简易计税方法计算并实际缴纳的查补增值税额。

㊳ 第38栏"期末未缴查补税额"："本月数"反映纳税人接受纳税检查后应在本期期末缴纳而未缴纳的查补增值税额。按表中所列公式计算填写，"本年累计"与"本月数"相同。

当然，我们在填写申报表时，并不是每个项目都要填写。下列几种情况是不需要填写的。

① 没有发生的项目。

② 有些项目是填报之前通过初始化取得的。

③ 有些项目是通过计算自动生成的。

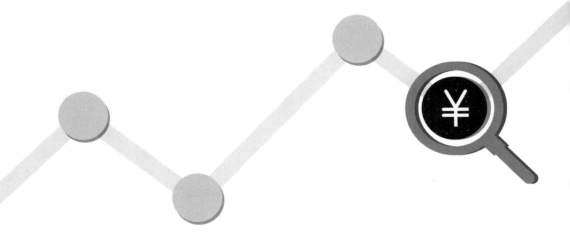

第 5 章

企业所得税纳税实务

企业所得税是企业纳税申报的主要税种之一，它不像增值税那样与企业的营收直接挂钩，它与企业的经营成果直接挂钩。认识企业所得税，认清它与应纳税所得额之间的关系，掌握企业所得税申报表及汇算清缴，才能正确地缴纳企业所得税。

5.1 解读企业所得税

企业所得税和增值税是纳税人最重要的两个税种，但它们有着本质的区别。前者是对纳税人的经营所得进行征税，后者是对纳税人经营环节的增值部分进行征税。相比增值税而言，企业所得税只有在企业盈利了之后才能征收，而增值税不管企业盈利与否都必须征收。

5.1.1 认识企业所得税

（1）什么是企业所得税

企业所得税是对我国内资企业和经营单位的生产经营所得和其他所得征收的一种税。企业所得税的纳税人即所有实行独立经济核算的中华人民共和国境内的内资企业或其他组织，包括以下6类：①国有企业；②集体企业；③私营企业；④联营企业；⑤股份制企业；⑥有生产经营所得和其他所得的其他组织。

企业所得税的征税对象是纳税人的所得，包括销售货物所得、提供劳务所得、转让财产所得、股息红利所得、利息所得、租金所得、特许权使用费所得、接受捐赠所得和其他所得。

企业所得税是指对中华人民共和国境内的企业（居民企业及非居民企业）和其他取得收入的组织以其生产经营所得为课税对象所征收的一种所得税。作为企业所得税纳税人，其应依照《中华人民共和国企业所得税法》缴纳企业所得税。但个人独资企业及合伙企业除外，这两类企业征收个人所得税即可，避免重复征税。

（2）税前扣除项目

1）工资薪金

根据《国家税务总局关于企业工资薪金及职工福利费扣除问题的通知》（国税函〔2009〕3号）文件，企业"合理工资薪金"是指企业按照股东大会、董事会、薪酬委员会或者相关管理机构制定的工资薪金制度规定实际发放给员工的工资薪金。

2）社会保险费

根据《中华人民共和国企业所得税法实施条例》第三十五、三十六条的规定，企业依照国务院有关主管部门或者省级人民政府规定的范围和标准为职工缴纳的基本养老保险费、基本医疗保险费、失业保险费、工伤保险费、生育保险费等基本社会保险费和住房公积金，准予扣除。企业按照国家有关规定为特殊工种职工支付的人身安全保险费和国务院财政、税务主管部门规定可以扣除的其他商业保险费，准予扣除。根据《财政部、国家税务总局关于补充养老保险费、补充医疗保险费有关企业所得税政策问题的通知》（财税〔2009〕27号），企业依据国家有关政策规定，为在本企业任职或者受雇的全体员工支付的补充养老保险费、补充医疗保险费，分别在不超过职工工资总额5%标准内的部分，在计算应纳税所得额时准予扣除；超过的部分，不予扣除。

3）借款费用

根据《中华人民共和国企业所得税法实施条例》第三十七条的规定，企业在生产经营活动中发生的合理的不需要资本化的借款费用，准予扣除。

4）利息支出

根据《中华人民共和国企业所得税法实施条例》第三十八条的规定，非金融企业向金融企业借款的利息支出、金融企业的各项存款利息支出和同业拆借利息支出、企业经批准发行债券的利息支出，准予扣除；非金融企业向非金融企业借款的利息支出，不超过按照金融企业同期同类贷款利率计算的数额部分，准予扣除。

5）职工福利费、工会经费、职工教育经费

根据《中华人民共和国企业所得税法实施条例》的规定：企业发生的职工福利费支出，不超过工资薪金总额14%的部分，准予扣除。企业拨缴的工会经费，不超过工资薪金总额2%的部分，准予扣除。企业发生的职工教育经费支出，不超过工资薪金总额2.5%的部分，准予扣除；超过部分，准予在以后纳税年度结转扣除。高新技术企业发生的职工教育经费支出，不超过工资薪金总额8%的部分，准予在计算企业所得税应纳税所得额时扣除；超过部分，准予在以后纳税年度结转扣除。

6）业务招待费

根据《中华人民共和国企业所得税法实施条例》第四十三条的规定，企业发生的与生产经营活动有关的业务招待费支出，按照发生额的60%扣除，但最高不得超过当年销售（营业）收入的5‰。

7）广告费和业务宣传费

根据《中华人民共和国企业所得税法实施条例》第四十四条的规定，企业发生的符合条件的广告费和业务宣传费支出，不超过当年销售（营业）收入15%的部分，准予扣除；超过部分，准予在以后纳税年度结转扣除。对于化妆品制造与销售、医药制造和饮料制造（不含酒类制造）企业发生的广告费和业务宣传费支出，不超过当年销售（营业）收入30%的部分，准予扣除；超过部分，准予在以后纳税年度结转扣除。烟草企业发生的烟草广告费和业务宣传费支出，一律不得在计算应纳税所得额时扣除。

8）公益性捐赠支出

根据《中华人民共和国企业所得税法》第九条的规定，企业发生的公益性捐赠支出，在年度利润总额12%以内的部分，准予在计算应纳税所得额时扣除；超过年度利润总额12%的部分，准予结转以后3年内在计算应纳税所得额时扣除。

（3）企业所得税申报和缴纳流程

企业所得税申报和缴纳流程大致可分为以下几步。

① 计算企业的各项收入。

② 计算企业的各项成本费用。

③ 计算企业的税前利润。

④ 计算企业的应纳所得税额。

⑤ 通过所得税汇算清缴，缴纳企业所得税。

5.1.2　企业所得税的缴纳

（1）企业所得税的征收方式

目前，企业所得税征收方式有以下两种方式。

1）查账征收方式征收企业所得税

适用于账簿健全，财务核算规范，正确计算盈亏，依法办理纳税申报，达到查账征收方式的企业标准的。其计算公式如下。

应纳税所得额＝利润总额＋纳税调整增加额－纳税调整减少额－以前年度亏损－免税所得

2）核定征收方式征收企业所得税

核定征收是指税务机关按照一定的标准、程序和方法，预先核定纳税人的应税所得率，由纳税人根据纳税年度内的收入总额或成本费用等项目的实际发生额，按预先核定的应税所得率计算缴纳企业所得税的办法。

实行核定应税所得率征收办法的，应纳所得税额的计算公式如下。

应纳所得税额＝应纳税所得额×适用税率

应纳税所得额的计算如下。

① 在能够正确核算（查实）收入总额的情况下：

应纳税所得额＝收入总额×应税所得率

② 在能够正确核算（查实）成本费用总额，但不能正确核算（查实）收入总额的情况下：

应纳税所得额＝成本费用支出额÷（1－应税所得率）×应税所得率

（2）企业所得税与流转税的区别

一般来说，流转税是以一个月作为一个纳税期间，按月申报流转税。税款清算通过每月的申报来完成。企业所得税则不同，企业所得税是以月或季度为单位，每月或季度终了进行本月或本季度的企业所得税申报。但是本月或本季度申报了，并不表示对于企业所得税的税金缴纳进行清算了。真正的企业所得税申报是在每年的年末结束到次年的5月末之前，对上一年度的企业所得税进行汇算清缴，以此来确定企业实际需要缴纳的企业所得税额。

为什么要进行汇算清缴呢？因为企业所得税计算复杂，而流转税计算简单。要核定企业的应纳税所得额，必须对企业全年的经营成果进行综合分析，然后按照税法的规定来进行。而且对于企业所得税考虑要全面，它是以企业利润为税基的。企业盈利了，须缴纳企业所得税；企业亏损了，无须缴纳，而且亏损额可以在以后的5年内弥补。这就有效防止了企业经营水平不均衡时，出现多缴企业所得税的现象。

5.2　应纳税所得额的计算

企业所得税的应纳税所得额是计算企业所得税的依据。它不完全是企业的利润，还在利润基础之上进行调整，最后确定税收利润。

5.2.1　利润及利润分配表及其填写要求

（1）利润及利润分配表

一般地，企业年终都必须编制利润及利润分配表，如表5-1所示。

表5-1　利润及利润分配表

编制单位：　　年　月　日　　　　　　　　　　　　　　　　　　　单位：元

项目	本月数	本年累计数
一、营业收入		
减：营业成本		
税金及附加		
其中：消费税		
营业税		
城市维护建设税		
资源税		

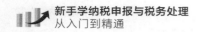
续表

项目	本月数	本年累计数
土地增值税		
城镇土地使用税、房产税、车船税、印花税		
教育费附加、矿产资源补偿费、排污费		
销售费用		
其中：商品维修费		
广告费和业务宣传费		
管理费用		
其中：开办费		
业务招待费		
研究费用		
环境保护税		
财务费用		
其中：利息费用（收入以"−"号填列）		
加：投资收益（损失以"−"号填列）		
二、营业利润（亏损以"−"号填列）		
加：营业外收入		
其中：政府补助		
减：营业外支出		
其中：坏账损失		
无法收回的长期债券投资损失		
无法收回的长期股权投资损失		
自然灾害等不可抗力因素造成的损失		
税收滞纳金		
三、利润总额（亏损总额以"−"号填列）		
减：所得税费用		
四、净利润（净亏损以"−"号填列）		
加：年初未分配利润		
其他转入		
五、可供分配的利润		
减：提取法定盈余公积		
提取法定公益金		
提取职工奖励及福利基金		
提取储备基金		

项目	本月数	本年累计数
提取企业发展基金		
利润归还投资		
六、可供投资者分配的利润		
减：应付优先股股利		
提取任意盈余公积		
应付普通股股利		
转作资本（或股本）的普通股股利		
七、未分配利润		

会计人员每个月终都会对企业本月的经营业绩进行期间损益结转。填写表5-1时，只需根据企业账务处理的期间损益结转逐项填写，便可计算出企业的利润总额。

（2）利润分配表的填写要求

表5-1中，上半部分为利润表，下半部分为利润分配表。这两个表格有时合二为一，有时也会分开填写。表格填写内容如表5-2所示。

表5-2　利润分配表的填写要求

项目	填写要求
一、净利润	"净利润"项目，根据"本年利润"账户年终结转入"利润分配－未分配利润"账户的发生额填列。如为净亏损，应以负数填列，且其数字与利润表中"本年累计数"栏的"净利润"项目一致
加：年初未分配利润	"年初未分配利润""未分配利润"项目，分别根据"利润分配－未分配利润"账户的年初、年末余额填列
其他转入	"其他转入"项目，应根据"利润分配"账户所属该明细账户的本年贷方发生额填列
二、可供分配的利润	可供分配的利润＝净利润＋年初未分配利润＋其他转入
减：提取法定盈余公积	该项目应根据"利润分配"账户所属该明细账户的本年借方发生额填列
提取法定公益金	该项目应根据"利润分配"账户所属该明细账户的本年借方发生额填列
提取职工奖励及福利基金	该项目应根据"利润分配"账户所属该明细账户的本年借方发生额填列
提取储备基金	该项目应根据"利润分配"账户所属该明细账户的本年借方发生额填列
提取企业发展基金	该项目应根据"利润分配"账户所属该明细账户的本年借方发生额填列

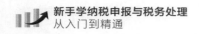

续表

项目	填写要求
利润归还投资	该项目应根据"利润分配"账户所属该明细账户的本年借方发生额填列
三、可供投资者分配的利润	可供投资者分配的利润＝可供分配的利润－（提取法定盈余公积＋提取法定公益金＋提取职工奖励及福利基金＋提取储备基金＋提取企业发展基金＋利润归还投资）
减：应付优先股股利	该项目应根据"利润分配"账户所属该明细账户的本年借方发生额填列
提取任意盈余公积	该项目应根据"利润分配"账户所属该明细账户的本年借方发生额填列
应付普通股股利	该项目应根据"利润分配"账户所属该明细账户的本年借方发生额填列
转作资本（或股本）的普通股股利	各项目应根据"利润分配"账户所属该明细账户的本年借方发生额填列
四、未分配利润	未分配利润＝可供投资者分配的利润－［应付优先股股利＋提取任意盈余公积＋应付普通股股利＋转作资本（或股本）的普通股股利］

财务报表上的利润，是根据权责发生制的原理进行编制的。税法上规定的应纳税所得额，是以企业的财务报表上的利润为基础，根据税法的相关规定，对利润总额进行调整而得来的。这些调整就是依照税法与财务的认定的不同标准来确定的。

5.2.2 企业所得税纳税申报表及核定征收与查账征收

（1）企业所得税纳税申报表

企业开展所得税申报，必须通过填写企业所得税纳税申报表进行。企业所得税季度申报表分为A类和B类。A类属于查账征收方式，B类属于核定征收方式。

查账征收企业：应纳所得税额＝应纳税所得额×适用所得税税率25%。此类企业要求会计账簿健全，会计核算正规。

核定征收企业：应纳税所得额＝收入总额×核定征收率

应纳所得税额＝应纳税所得额×适用所得税税率25%

实例1

优税机械设备有限公司2018年年末利润总额为1000万元。该年度职工工资总额为200万元，职工福利费为35万元，问优税机械设备有限公司该年度的企业所得税应纳税所得额是多少？

分析：本例中，该公司账载职工福利费为35万元。按照税法规定，职工福利费

不能超过工资总额的14%。该公司工资总额为200万元，那么准予扣除的职工福利费为200×14%＝28万元。职工福利费多出7万元，不予税前扣除。那么优税机械设备有限公司2018年度的应纳税所得额为1000＋35－28＝1007万元。

企业所得税纳税申报表（A类）如表5-3所示。

表5-3　中华人民共和国企业所得税月（季）度预缴纳税申报表（A类）

税款所属期间：　　　年　　月　　日　至　　年　　月　　日

纳税人识别号（统一社会信用代码）：　　☐☐☐☐☐☐☐☐☐☐☐☐☐☐☐☐☐☐

纳税人名称：　　　　　　　　　　　　　　　金额单位：人民币元（列至角分）

预缴方式	☐ 按照实际利润额预缴	☐ 按照上一纳税年度应纳税所得额平均额预缴	☐ 按照税务机关确定的其他方法预缴
企业类型	☐ 一般企业	☐ 跨地区经营汇总纳税企业总机构	☐ 跨地区经营汇总纳税企业分支机构
预缴税款计算			
行次	项目		本年累计金额
1	营业收入		
2	营业成本		
3	利润总额		
4	加：特定业务计算的应纳税所得额		
5	减：不征税收入		
6	减：免税收入、减计收入、所得减免等优惠金额（填写A201010）		
7	减：固定资产加速折旧（扣除）调减额（填写A201020）		
8	减：弥补以前年度亏损		
9	实际利润额（3＋4－5－6－7－8）\按照上一纳税年度应纳税所得额平均额确定的应纳税所得额		
10	税率（25%）		
11	应纳所得税额（9×10）		
12	减：减免所得税额（填写A201030）		
13	减：实际已缴纳所得税额		
14	减：特定业务预缴（征）所得税额		
15	本期应补（退）所得税额（11－12－13－14）\税务机关确定的本期应纳所得税额		
汇总纳税企业总分机构税款计算			
16	总机构填报	总机构本期分摊应补（退）所得税额（17＋18＋19）	
17		其中：总机构分摊应补（退）所得税额（15×总机构分摊比例＿＿%）	

汇总纳税企业总分机构税款计算			
18	总机构填报	财政集中分配应补（退）所得税额（15×财政集中分配比例__%）	
19		总机构具有主体生产经营职能的部门分摊所得税额（15×全部分支机构分摊比例__%×总机构具有主体生产经营职能部门分摊比例__%）	
20	分支机构填报	分支机构本期分摊比例	
21		分支机构本期分摊应补（退）所得税额	
附报信息			
高新技术企业	□是 □否	科技型中小企业	□是 □否
技术入股递延纳税事项	□是 □否		
按季度填报信息			
季初从业人数		季末从业人数	
季初资产总额（万元）		季末资产总额（万元）	
国家限制或禁止行业	□是 □否	小型微利企业	□是 □否

谨声明：本纳税申报表是根据国家税收法律法规及相关规定填报的，是真实的、可靠的、完整的。

纳税人（签章）：　　年　　月　　日

经办人：
经办人身份证号：
代理机构签章：
代理机构统一社会信用代码：

受理人：
受理税务机关（章）：
受理日期：　　年　　月　　日

表5-3是在纳税人会计利润总额的基础上，加减纳税调整等金额后计算出纳税调整后所得。

（2）核定征收与查账征收

《国家税务总局关于印发〈企业所得税核定征收办法（试行）〉的通知》（国税发〔2008〕30号）第三条第一款规定："纳税人具有下列情形之一的，核定征收企业所得税：（一）依照法律、行政法规的规定可以不设置账簿的；（二）依照法律、行政法规的规定应当设置但未设置账簿的；（三）擅自销毁账簿或者拒不提供纳税资料的；（四）虽设置账簿，但账目混乱或者成本资料、收入凭证、费用凭证残缺不全，难以查账的；（五）发生纳税义务，未按照规定的期限办理纳税申报，经税务机关责令限期申报，逾期仍不申报的；（六）申报的计税依据明显偏低，又无正当理由的。"

《国家税务总局关于印发〈企业所得税核定征收办法（试行）〉的通知》（国税发〔2008〕30号）第三条第二款规定："特殊行业、特殊类型的纳税人和一定规模以上的纳税人不适用本办法。上述特定纳税人由国家税务总局另行明确。"

《国家税务总局关于企业所得税核定征收若干问题的通知》（国税函〔2009〕377号）第一条规定："国税发〔2008〕30号文件第三条第二款所称'特定纳税人'包括以下类型的企业：（一）享受《中华人民共和国企业所得税法》及其实施条例和国务院规定的一项或几项企业所得税优惠政策的企业（不包括仅享受《中华人民共和国企业所得税法》第二十六条规定免税收入优惠政策的企业、第二十八条规定的符合条件的小型微利企业）；（二）汇总纳税企业；（三）上市公司；（四）银行、信用社、小额贷款公司、保险公司、证券公司、期货公司、信托投资公司、金融资产管理公司、融资租赁公司、担保公司、财务公司、典当公司等金融企业；（五）会计、审计、资产评估、税务、房地产估价、土地估价、工程造价、律师、价格鉴证、公证机构、基层法律服务机构、专利代理、商标代理以及其他经济鉴证类社会中介机构；（六）国家税务总局规定的其他企业。"

根据《国家税务总局关于企业所得税核定征收若干问题的通知》（国税函〔2009〕377号）第一条第（六）项的规定，对其中达不到查账征收条件的企业核定征收企业所得税，并促使其完善会计核算和财务管理，达到查账征收条件后要及时转为查账征收。因此，会计核算和财务管理健全后，要转为查账征收。

此外，还有另一种情况，当核定征收企业的利润率超过了核定征收的比率，就必须申请转为查账征收了。

实例2

河春广告公司为核定征收企业，主管税务机关核定其所得税税率为2%。2018年年底，河春广告公司的利润率为20%。按照企业所得税税率2%来测算，企业利润率应在8%。显然，河春广告公司的利润率远远超过了主管税务机关测定的利润率。所以，河春广告公司应申请为查账征收。

5.3　企业所得税汇算清缴

汇算清缴是指所得税和某些其他实行预缴税款办法的税种，在年度终了后的税款汇总结算清缴工作。所得税及其他税种，一般都按照纳税人全年的应税收入额作为计征依据，在年度终了后，按全年的应税收入额，依据适用税率计算征税。为了保证税款及时、均衡入库，实际工作一般采用分月或分季预缴税款，年终汇算清缴，多退少补。分月或分季预缴，一般是先按照纳税人月或季度的课税依据计算应纳税款，但与全年结算的课税依据不可能完全一致。所以年度终了后，必须依据纳税人的财务结算进行汇总计算，清缴税款，对已预缴的税款实行多退少补。

（1）汇算清缴的时间

《中华人民共和国企业所得税法》第五十四条第三款规定："企业应当自年度终了之日起五个月内，向税务机关报送年度企业所得税纳税申报表，并汇算清缴，结清应缴应退税款。"

（2）汇算清缴的关键

汇算清缴的关键包括：①收入的确认，新税法在收入确认上引用了公允价值概念；②费用的扣除，新税法在费用扣除上引用了合理性与相关性的原则；③纳税调整，会计制度与税法规定存在差异。会计报表所列的利润总额是按照会计制度计算而来，应纳税所得额未必等于利润总额，要按照税法规定进行调整。

（3）汇算清缴的对象

汇算清缴的对象有两个：一是实行查账征收的企业；二是实行核定应税所得率的企业。企业无论盈利或亏损，是否在减免期内，均应按规定进行汇算清缴。

实行核定定额征收企业所得税的企业，不进行汇算清缴。

5.4 企业所得税汇算清缴申报表主表

企业所得税汇算清缴是指纳税人依照有关法律法规及其他规定，自行计算本纳税年度应纳税所得额和应纳所得税额。根据月度或季度预缴企业所得税的数额，确定该纳税年度应补或退的税额。填写企业所得税年度的纳税申报表，向主管税务机关办理企业所得税年度纳税申报，提供税务机关要求提供的有关资料，结清该年度企业所得税税款的行为。

企业所得税汇算清缴申报表主表如表5-4所示。

表5-4　A100000中华人民共和国企业所得税年度纳税申报表（A类）

行次	类别	项目	金额
1	利润总额计算	一、营业收入（填写A101010\101020\103000）	—
2		减：营业成本（填写A102010\102020\103000）	—
3		减：税金及附加	
4		减：销售费用（填写A104000）	—
5		减：管理费用（填写A104000）	—
6		减：财务费用（填写A104000）	—

行次	类别	项目	金额
7	利润总额计算	减：资产减值损失	
8		加：公允价值变动收益	
9		加：投资收益	
10		二、营业利润（1-2-3-4-5-6-7+8+9）	—
11		加：营业外收入（填写A101010\101020\103000）	—
12		减：营业外支出（填写A102010\102020\103000）	—
13		三、利润总额（10+11-12）	—
14	应纳税所得额计算	减：境外所得（填写A108010）	—
15		加：纳税调整增加额（填写A105000）	—
16		减：纳税调整减少额（填写A105000）	—
17		减：免税、减计收入及加计扣除（填写A107010）	—
18		加：境外应税所得抵减境内亏损（填写A108000）	—
19		四、纳税调整后所得（13-14+15-16-17+18）	—
20		减：所得减免（填写A107020）	—
21		减：弥补以前年度亏损（填写A106000）	—
22		减：抵扣应纳税所得额（填写A107030）	—
23		五、应纳税所得额（19-20-21-22）	—
24	应纳税额计算	税率（25%）	25%
25		六、应纳所得税额（23×24）	—
26		减：减免所得税额（填写A107040）	—
27		减：抵免所得税额（填写A107050）	—
28		七、应纳税额（25-26-27）	—
29		加：境外所得应纳所得税额（填写A108000）	—
30		减：境外所得抵免所得税额（填写A108000）	—
31		八、实际应纳所得税额（28+29-30）	—
32		减：本年累计实际已缴纳的所得税额	
33		九、本年应补（退）所得税额（31-32）	—
34		其中：总机构分摊本年应补（退）所得税额（填写A109000）	
35		财政集中分配本年应补（退）所得税额（填写A109000）	
36		总机构主体生产经营部门分摊本年应补（退）所得税额（填写A109000）	

5.5 企业所得税汇算清缴申报表附表

5.5.1 一般企业收入明细表

该表主要是反映企业的各项收入。该表将企业的收入分为两类，即营业收入和营业外收入。而营业收入又被分为3类，即主营业务收入、其他业务收入和视同销售收入。这种分类是根据企业的实际情况及财税规定来制订的。该表适用于除金融企业、事业单位和民间非营利组织外的企业填报。纳税人应根据国家统一会计制度的规定，填报"主营业务收入""其他业务收入"和"营业外收入"，如表5-5所示。

表5-5　一般企业收入明细表

行次	项目	金额
1	一、营业收入	
2	（一）主营业务收入	
3	1.销售商品收入	
4	其中：非货币性资产交换收入	
5	2.提供劳务收入	
6	3.建造合同收入	
7	4.让渡资产使用权收入	
8	5.其他	
9	（二）其他业务收入	
10	1.销售材料收入	
11	其中：非货币性资产交换收入	
12	2.出租固定资产收入	
13	3.出租无形资产收入	
14	4.出租包装物和商品收入	
15	5.其他	
16	二、营业外收入	
17	（一）非流动资产处置利得	
18	（二）非货币性资产交换利得	
19	（三）债务重组利得	
20	（四）政府补助利得	
21	（五）盘盈利得	
22	（六）捐赠利得	
23	（七）罚没利得	
24	（八）确实无法偿付的应付款项	

行次	项目	金额
25	（九）汇兑收益	
26	（十）其他	

5.5.2　一般企业成本支出明细表

该表主要是反映企业的各项成本。所有的成本被分为两类，即营业成本和营业外支出。该表适用于除金融企业、事业单位和民间非营利组织外的企业填报。纳税人应根据国家统一会计制度的规定，填报"主营业务成本""其他业务成本"和"营业外支出"，如表5-6所示。

表5-6　一般企业成本支出明细表

行次	项目	金额
1	一、营业成本（2+9）	
2	（一）主营业务成本（3+5+6+7+8）	
3	1.销售商品成本	
4	其中：非货币性资产交换成本	
5	2.提供劳务成本	
6	3.建造合同成本	
7	4.让渡资产使用权成本	
8	5.其他	
9	（二）其他业务成本（10＋12＋13＋14＋15）	
10	1.销售材料成本	
11	其中：非货币性资产交换成本	
12	2.出租固定资产成本	
13	3.出租无形资产成本	
14	4.包装物出租成本	
15	5.其他	
16	二、营业外支出（17＋18＋19＋20＋21＋22＋23＋24＋25＋26）	
17	（一）非流动资产处置损失	
18	（二）非货币性资产交换损失	
19	（三）债务重组损失	
20	（四）非常损失	
21	（五）捐赠支出	
22	（六）赞助支出	
23	（七）罚没支出	
24	（八）坏账损失	
25	（九）无法收回的债券股权投资损失	
26	（十）其他	

5.5.3 期间费用明细表

该表主要反映企业的各项费用。期间费用包括管理费用、销售费用和财务费用，可根据会计账务的实际情况填写。

纳税人应根据企业会计准则、小企业会计准则，以及企业会计、分行业会计制度的规定，填报"销售费用""管理费用"和"财务费用"等项目。期间费用明细表如表5-7所示。

表5-7 期间费用明细表

行次	项目	销售费用	其中：境外支付	管理费用	其中：境外支付	财务费用	其中：境外支付
		1	2	3	4	5	6
1	一、职工薪酬		×		×	×	×
2	二、劳务费					×	×
3	三、咨询顾问费					×	×
4	四、业务招待费		×		×	×	×
5	五、广告费和业务宣传费		×		×	×	×
6	六、佣金和手续费						
7	七、资产折旧摊销费		×		×	×	×
8	八、财产损耗、盘亏及毁损损失		×		×	×	×
9	九、办公费		×		×	×	×
10	十、董事会费		×		×	×	×
11	十一、租赁费					×	×
12	十二、诉讼费				×	×	×
13	十三、差旅费		×		×	×	×
14	十四、保险费		×		×	×	×
15	十五、运输、仓储费					×	×
16	十六、修理费					×	×
17	十七、包装费		×		×	×	×
18	十八、技术转让费					×	×
19	十九、研究费用					×	×
20	二十、各项税费		×		×	×	×
21	二十一、利息收支	×	×	×	×		
22	二十二、汇兑差额	×	×	×	×		
23	二十三、现金折扣	×	×	×	×		×
24	二十四、党组织工作经费	×	×		×	×	×
25	二十五、其他						
26	合计（1+2+3+…25）						

5.5.4　纳税调整项目明细表及税前扣除标准

填列纳税调整项目明细表是根据其中各个项目的勾稽关系，将企业的财务利润总额调整为企业的应纳税所得额的重要步骤，如表5-8所示。

表5-8　纳税调整项目明细表

行次	项目	账载金额	税收金额	调增金额	调减金额
		1	2	3	4
1	一、收入类调整项目（2+3+…8+10+11）	×	×		
2	（一）视同销售收入（填写A105010）	×			×
3	（二）未按权责发生制原则确认的收入（填写A105020）				
4	（三）投资收益（填写A105030）				
5	（四）按权益法核算长期股权投资，对初始投资成本调整，确认收益	×	×	×	
6	（五）交易性金融资产初始投资调整	×	×		×
7	（六）公允价值变动净损益		×		
8	（七）不征税收入	×	×		
9	其中：专项用途财政性资金（填写A105040）	×	×		
10	（八）销售折扣、折让和退回				
11	（九）其他				
12	二、扣除类调整项目（13+14+…24+26+27+28+29+30）	×	×		
13	（一）视同销售成本（填写A105010）	×		×	
14	（二）职工薪酬（填写A105050）				
15	（三）业务招待费支出				×
16	（四）广告费和业务宣传费支出（填写A105060）	×	×		
17	（五）捐赠支出（填写A105070）				
18	（六）利息支出				
19	（七）罚金、罚款和被没收财物的损失		×		×
20	（八）税收滞纳金、加收利息		×		×

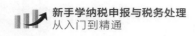
续表

行次	项目	账载金额 1	税收金额 2	调增金额 3	调减金额 4
21	（九）赞助支出		×		×
22	（十）与未实现融资收益相关在当期确认的财务费用				
23	（十一）佣金和手续费支出				×
24	（十二）不征税收入用于支出所形成的费用	×	×		×
25	其中：专项用途财政性资金用于支出所形成的费用（填写A105040）	×	×		×
26	（十三）跨期扣除项目				
27	（十四）与取得收入无关的支出		×		×
28	（十五）境外所得分摊的共同支出	×	×		
29	（十六）党组织工作经费				
30	（十七）其他				
31	三、资产类调整项目（32＋33＋34＋35）	×	×		
32	（一）资产折旧、摊销（填写A105080）				
33	（二）资产减值准备金		×		
34	（三）资产损失（填写A105090）				
35	（四）其他				
36	四、特殊事项调整项目（37＋38＋…＋42）	×	×		
37	（一）企业重组及递延纳税事项（填写A105100）				
38	（二）政策性搬迁（填写A105110）	×	×		
39	（三）特殊行业准备金（填写A105120）				
40	（四）房地产开发企业特定业务计算的纳税调整额（填写A105010）	×			
41	（五）有限合伙企业法人合伙方应分得的应纳税所得额				
42	（六）其他	×	×		
43	五、特别纳税调整应税所得	×	×		
44	六、其他	×	×		
45	合计（1＋12＋31＋36＋43＋44）	×	×		

表5-8主要是对企业的会计利润进行的调整。按照税法的规定，遵循税务口径，将收入和支出调整为合乎税收要求的收支，计算出税收利润。该表由纳税人根据税法、相关税收规定，以及国家统一会计制度的规定，填报企业所得税涉税事项的会计处理、税务处理，以及纳税调整情况。具体的税前扣除标准如表5-9所示。

表5-9　企业所得税税前扣除标准

费用类别	扣除标准/限额比例	说明事项（限额比例的计算基数，其他说明事项）
职工福利费	14%	工资薪金总额
职工教育经费	2.5%	工资薪金总额；超过部分，准予在以后纳税年度结转扣除
	8%	经认定的技术先进型服务企业
	全额扣除	软件生产企业的职工培训费用
职工工会经费	2%	工资薪金总额；工会组织开具的"工会经费收入专用收据"和凭税务机关代收工会经费凭据扣除
业务招待费	60%，5‰	发生额的60%，销售或营业收入的5‰；股权投资业务企业分回的股息、红利及股权转让收入可作为收入计算基数
广告费和业务宣传费	15%	当年销售（营业）收入，超过部分向以后结转
	30%	当年销售（营业）收入；化妆品制作、医药制造、饮料制造（不含酒类制造）企业
	不得扣除	烟草企业的烟草广告费
捐赠支出	12%	年度利润（会计利润）总额；公益性捐赠；有捐赠票据，名单内所属年度内可扣除，会计利润≤0不能算限额
住房公积金	据实	规定范围内
税收滞纳金	不得扣除	
各类基本社会保障性缴款	据实	规定范围内（"五险一金"：基本养老保险费、基本医疗保险费、失业保险费、工伤保险费、生育保险费等基本社会保险费和住房公积金）
补充养老保险	5%	工资总额
补充医疗保险	5%	工资总额

5.5.5　未按权责发生制确认收入纳税调整明细表

该表是对企业未按权责发生制确认的收入进行调整，按权责发生制（实际上是税法规定）计算应该确认的收入，将差额计入调整金额，得到按权责发生制的收入计算纳税。该表适用于会计处理按权责发生制确认收入、税收规定未按权责发生制确认收入需纳税调整的纳税人填报，如表5-10所示。

表5-10 未按权责发生制确认收入纳税调整明细表

行次	项目	合同金额（交易金额）	账载金额		税收金额		纳税调整金额
			本年	累计	本年	累计	
		1	2	3	4	5	6（4-2）
1	一、跨期收取的租金、利息、特许权使用费收入						
2	（一）租金						
3	（二）利息						
4	（三）特许权使用费						
5	二、分期确认收入						
6	（一）分期收款方式销售货物收入						
7	（二）持续时间超过12个月的建造合同收入						
8	（三）其他分期确认收入						
9	三、政府补助递延收入						
10	（一）与收益相关的政府补助						
11	（二）与资产相关的政府补助						
12	（三）其他						
13	四、其他未按权责发生制确认收入						
14	合计						

5.5.6 投资收益纳税调整明细表

该表适用于发生投资收益纳税调整项目的纳税人及从事股权投资业务的纳税人填报。纳税人根据税法和会计制度的规定，填报投资收益的会计处理、税法规定，以及纳税调整情况。发生持有期间投资收益，并按税法规定为减免税收入的（如国债利息收入等），该表不做调整。投资收益纳税调整明细表如表5-11所示。

表5-11　投资收益纳税调整明细表

行次	项目	持有收益			处置收益							纳税调整金额 11 (3＋10)
		账载金额 1	税收金额 2	纳税调整金额 3 (2−1)	会计确认的处置收入 4	税收计算的处置收入 5	处置投资的账面价值 6	处置投资的计税基础 7	会计确认的处置所得或处置损失 8 (4−6)	税收计算的处置所得 9 (5−7)	纳税调整金额 10 (9−8)	
1	一、交易性金融资产											
2	二、可供出售金融资产											
3	三、持有至到期投资											
4	四、衍生工具											
5	五、交易性金融负债											
6	六、长期股权投资											
7	七、短期投资											
8	八、长期债券投资											
9	九、其他											
10	合计											

5.5.7 职工薪酬支出及纳税调整明细表

纳税人根据税法等相关规定，以及国家统一企业会计制度，剔除不符合税前扣除标准的费用项目，做出纳税调整。此外，纳税人只要发生相关支出，不论是否纳税调整，均需填报，职工薪酬支出及纳税调整明细表如表5-12所示。

表5-12　职工薪酬支出及纳税调整明细表

行次	项目	账载金额	实际发生额	税收规定扣除率	以前年度累计结转扣除额	税收金额	纳税调整金额	累计结转以后年度扣除额
		1	2	3	4	5	6 (1−5)	7 (2＋4−5)
1	一、工资薪金支出			×	×			×
2	其中：股权激励			×	×			×
3	二、职工福利费支出				×			×
4	三、职工教育经费支出			×				
5	其中：按税收规定比例扣除的职工教育经费							
6	按税收规定全额扣除的职工培训费用				×			×
7	四、工会经费支出				×			×
8	五、各类基本社会保障性缴款			×	×			×
9	六、住房公积金			×	×			×
10	七、补充养老保险				×			×
11	八、补充医疗保险				×			×
12	九、其他			×	×			×
13	合计（1＋3＋4＋7＋8＋9＋10＋11＋12）			×				

5.5.8　广告费和业务宣传费跨年度纳税调整明细表

计算企业的应纳税所得额时，广告费和业务宣传费不能全额扣除，需进行调整。对于超出扣除标准的费用，必须剔除（见表5-9）。广告费和业务宣传费跨年度纳税调整明细表如表5-13所示。

表5-13　广告费和业务宣传费跨年度纳税调整明细表

行次	项目	金额
1	一、本年广告费和业务宣传费支出	
2	减：不允许扣除的广告费和业务宣传费支出	
3	二、本年符合条件的广告费和业务宣传费支出	
4	三、本年计算广告费和业务宣传费扣除限额的销售（营业）收入	
5	乘：税收规定扣除率	
6	四、本企业计算的广告费和业务宣传费扣除限额	
7	五、本年结转以后年度扣除额	
8	加：以前年度累计结转扣除额	
9	减：本年扣除的以前年度结转额	
10	六、按照分摊协议归集至其他关联方的广告费和业务宣传费	
11	按照分摊协议从其他关联方归集至本企业的广告费和业务宣传费	
12	七、本年广告费和业务宣传费支出纳税调整金额	
13	八、累计结转以后年度扣除额	

该表适用于发生广告费和业务宣传费纳税调整项目（含广告费和业务宣传费结转）的纳税人填报。广告费和业务宣传费税前扣除标准为当年销售（营业）收入的15%扣除，超过部分向以后结转。但化妆品制作、医药制造、饮料制造（不含酒类制造）等企业的扣除标准为当年销售（营业）收入的30%，烟草企业的烟草广告费不得税前扣除。

纳税人根据税法及相关会计制度，填报广告费和业务宣传费会计处理、税收规定，以及跨年度纳税调整情况。

5.5.9 捐赠支出及纳税调整明细表

该表适用于发生捐赠支出（含捐赠支出结转）的纳税人填报。纳税人根据税法、《财政部、国家税务总局、民政部关于公益性捐赠税前扣除有关问题的通知》（财税〔2008〕160号）等相关规定，以及国家统一企业会计制度，填报捐赠支出会计处理、税收规定的税前扣除额、捐赠支出结转额，以及纳税调整额（扣除标准参见表5-9）。纳税人发生相关支出（含捐赠支出结转），无论是否纳税调整，均应填报该表。捐赠支出及纳税调整明细表如表5-14所示。

表5-14　捐赠支出及纳税调整明细表

行次	项目	账载金额	以前年度结转可扣除的捐赠额	按税收规定计算的扣除限额	税收金额	纳税调增金额	纳税调减金额	可结转以后年度扣除的捐赠额
		1	2	3	4	5	6	7
1	一、非公益性捐赠		×	×	×		×	×
2	二、全额扣除的公益性捐赠		×	×		×	×	×
3	三、限额扣除的公益性捐赠							
4	前三年度（　　年）	×		×	×	×	×	
5	前二年度（　　年）	×		×	×	×	×	
6	前一年度（　　年）	×		×	×	×	×	
7	本　年（　　年）		×				×	
8	合计							

5.5.10 资产折旧、摊销及纳税调整明细表

该表主要用于填写企业的年度资产折旧、摊销的情况，且根据税务认定标准填写折旧和摊销的税前调整情况等。关于资产折旧和摊销，税务机关认定的摊销方法一般为平均年限法。一般来说，若没有税务部门特批的，企业都要采用平均年限法，否则就要进行税前扣除调整。

资产折旧、摊销及纳税调整明细表如表5-15所示。

表5-15　资产折旧、摊销及纳税调整明细表

行次	项目	账载金额			资产计税基础	税收金额			累计折旧、摊销额	纳税调整金额
		资产原值	本年折旧、摊销额	累计折旧、摊销额		税收折旧额	享受加速折旧政策的资产按税收一般规定计算的折旧、摊销额	加速折旧统计额		
		1	2	3	4	5	6	7 (5-6)	8	9 (2-5)
1	一、固定资产（2+3+4+5+6+7）						×	×		
2	（一）房屋、建筑物						×	×		
3	（二）飞机、火车、轮船、机器、机械和其他生产设备						×	×		
4	（三）与生产经营活动有关的器具、工具、家具等						×	×		
5	（四）飞机、火车、轮船以外的运输工具						×	×		
6	（五）电子设备						×	×		
7	（六）其他						×	×		

续表

行次	项目	账载金额			税收金额					纳税调整金额
		资产原值	本年折旧、摊销额	累计折旧、摊销额	资产计税基础	税收折旧额	享受加速折旧政策的资产按税收一般规定计算的折旧、摊销额	加速折旧统计额	累计折旧、摊销额	纳税调整金额
		1	2	3	4	5	6	7 (5-6)	8	9 (2-5)
8	（一）重要行业固定资产加速折旧（不含一次性扣除）									×
9	其中：享受固定资产加速折旧及一次性扣除政策的资产加速折旧额大于一般折旧额的部分									×
10	（三）允许一次性扣除的固定资产（11+12+13）									×
11	（四）技术进步、更新换代固定资产									×
12	（五）常年强震动、高腐蚀固定资产									×
13	（六）外购软件折旧									×
14	（七）集成电路企业生产设备						×	×		×
15	二、生产性生物资产（16+17）					×	×	×		
16	（一）林木类					×	×	×		
17	（二）畜类					×	×	×		

102

续表

	项目				
18	三、无形资产（19＋20＋21＋22＋23＋24＋25＋27）			×	×
19	（一）专利权			×	×
20	（二）商标权			×	×
21	（三）著作权			×	×
22	（四）土地使用权			×	×
23	（五）非专利技术			×	×
24	（六）特许权使用费			×	×
25	（七）软件			×	×
26	其中：享受企业外购软件加速摊销政策			×	
27	（八）其他			×	×
28	四、长期待摊费用（29＋30＋31＋32＋33）			×	×
29	（一）已足额提取折旧的固定资产的改建支出			×	×
30	（二）租入固定资产的改建支出			×	×
31	（三）固定资产的大修理支出			×	×
32	（四）开办费			×	×
33	（五）其他			×	×
34	五、油气勘探投资			×	×
35	六、油气开发投资			×	×
36	合计（1＋18＋28＋34＋35）			×	×
附列资料	全民所有制改制资产评估增值政策资产			×	

该表适用于发生资产折旧、摊销的纳税人。无论是否纳税调整，均须填报。

5.5.11 资产损失税前扣除及纳税调整明细表

资产损失是指企业在生产经营活动中实际发生的、与取得应税收入有关的资产损失，包括现金损失，存款损失，坏账损失，贷款损失，股权投资损失，固定资产和存货的盘亏、报废、损毁、变质或被盗损失，自然灾害等不可抗力因素造成的损失以及其他损失。资产损失税前扣除及纳税调整明细表如表5-16所示。

表5-16　资产损失税前扣除及纳税调整明细表

行次	项目	资产损失的账载金额	资产处置收入	赔偿收入	资产计税基础	资产损失的税收金额	纳税调整金额
		1	2	3	4	5 （4-2-3）	6 （1-5）
1	一、现金及银行存款损失					—	—
2	二、应收及预付款项坏账损失					—	—
3	其中：逾期三年以上的应收款项损失					—	—
4	逾期一年以上的小额应收款项损失					—	—
5	三、存货损失					—	—
6	其中：存货盘亏、报废、损毁、变质或被盗损失					—	—
7	四、固定资产损失					—	—
8	其中：固定资产盘亏、丢失、报废、损毁或被盗损失					—	—
9	五、无形资产损失					—	—
10	其中：无形资产转让损失					—	—
11	无形资产被替代或超过法律保护期限形成的损失					—	—
12	六、在建工程损失					—	—
13	其中：在建工程停建、报废损失					—	—
14	七、生产性生物资产损失					—	—
15	其中：生产性生物资产盘亏、非正常死亡、被盗、丢失等产生的损失					—	—

行次	项目	资产损失的账载金额	资产处置收入	赔偿收入	资产计税基础	资产损失的税收金额	纳税调整金额
		1	2	3	4	5（4-2-3）	6（1-5）
16	八、债权性投资损失（17+22）	—	—	—	—	—	—
17	（一）金融企业债权性投资损失（18+21）	—	—	—	—	—	—
18	1.符合条件的涉农和中小企业贷款损失						
19	其中：单户贷款余额300万元（含）以下的贷款损失					—	
20	单户贷款余额300万元至1000万元（含）的贷款损失					—	—
21	2.其他债权性投资损失					—	—
22	（二）非金融企业债权性投资损失					—	—
23	九、股权（权益）性投资损失						
24	其中：股权转让损失						
25	十、通过各种交易场所、市场买卖债券、股票、期货、基金以及金融衍生产品等发生的损失						
26	十一、打包出售资产损失						
27	十二、其他资产损失						
28	合计（1+2+5+7+9+12+14+16+23+25+26+27）	—	—	—	—		
29	其中：分支机构留存备查的资产损失					—	—

该表适用于发生资产损失税前扣除项目及纳税调整项目的纳税人填报。

5.5.12　企业所得税弥补亏损明细表

税法规定，企业当年度的亏损额，可以在以后的5个年度内弥补。"企业所得税弥补亏损明细表"所列的正是本纳税年度及之前5个年度发生的税前尚未弥补的亏损额。如果税务机关认定企业当年度是盈利的，但之前留存的亏损额大于当年盈利，则企业仍处于累计亏损，那么企业不需要缴纳企业所得税。企业所得税弥补亏损明细表如表5-17所示。

该表填报纳税人根据税法，在本纳税年度及本纳税年度前5个可弥补亏损年度的

表5-17 企业所得税弥补亏损明细表

行次	项目	年度	当年境内所得额	分立转出的亏损额	合并、分立转入的亏损额		弥补亏损企业类型	当年亏损额	当年待弥补的亏损额	用本年度所得额弥补的以前年度亏损额		当年可结转以后年度弥补的亏损额
					可弥补年限5年	可弥补年限10年				使用境内所得弥补	使用境外所得弥补	
		1	2	3	4	5	6	7	8	9	10	11
1	前十年度											
2	前九年度											
3	前八年度											
4	前七年度											
5	前六年度											
6	前五年度											
7	前四年度											
8	前三年度											
9	前二年度											
10	前一年度											
11	本年度											
12	可结转以后年度弥补的亏损额合计											

可弥补亏损所得，合并、分立转入（转出）可弥补的亏损额，当年可弥补的亏损额，以前年度亏损已弥补额，本年度实际弥补的以前年度亏损额，可结转以后年度弥补的亏损额。纳税人弥补以前年度亏损时，应按照"先到期亏损先弥补、同时到期亏损先发生的先弥补"的原则处理。

5.5.13　免税、减计收入及加计扣除优惠明细表

该表适用于享受免税收入、减计收入和加计扣除优惠的纳税人填报。纳税人享受上述税收优惠规定时，应分别填报本年发生的免税收入、减计收入和加计扣除优惠情况。免税、减计收入及加计扣除优惠明细表如表5-18所示。

表5-18　免税、减计收入及加计扣除优惠明细表

行次	项目	金额
1	一、免税收入（2＋3＋6＋7＋…＋16）	
2	（一）国债利息收入免征企业所得税	
3	（二）符合条件的居民企业之间的股息、红利等权益性投资收益免征企业所得税（填写A107011）	
4	其中：内地居民企业通过沪港通投资且连续持有H股满12个月取得的股息红利所得免征企业所得税（填写A107011）	
5	内地居民企业通过深港通投资且连续持有H股满12个月取得的股息红利所得免征企业所得税（填写A107011）	
6	（三）符合条件的非营利组织的收入免征企业所得税	
7	（四）符合条件的非营利组织（科技企业孵化器）的收入免征企业所得税	
8	（五）符合条件的非营利组织（国家大学科技园）的收入免征企业所得税	
9	（六）中国清洁发展机制基金取得的收入免征企业所得税	
10	（七）投资者从证券投资基金分配中取得的收入免征企业所得税	
11	（八）取得的地方政府债券利息收入免征企业所得税	
12	（九）中国保险保障基金有限责任公司取得的保险保障基金等收入免征企业所得税	
13	（十）中央电视台的广告费和有线电视费收入免征企业所得税	
14	（十一）中国奥委会取得北京冬奥组委支付的收入免征企业所得税	
15	（十二）中国残奥会取得北京冬奥组委分期支付的收入免征企业所得税	
16	（十三）其他	
17	二、减计收入（18＋19＋23＋24）	
18	（一）综合利用资源生产产品取得的收入在计算应纳税所得额时减计收入	
19	（二）金融、保险等机构取得的涉农利息、保费减计收入（20＋21＋22）	
20	1.金融机构取得的涉农贷款利息收入在计算应纳税所得额时减计收入	

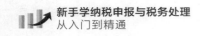
续表

行次	项目	金额
21	2. 保险机构取得的涉农保费收入在计算应纳税所得额时减计收入	
22	3. 小额贷款公司取得的农户小额贷款利息收入在计算应纳税所得额时减计收入	
23	（三）取得铁路债券利息收入减半征收企业所得税	
24	（四）其他	
25	三、加计扣除（26＋27＋28＋29＋30）	
26	（一）开发新技术、新产品、新工艺发生的研究开发费用加计扣除（填写A107012）	
27	（二）科技型中小企业开发新技术、新产品、新工艺发生的研究开发费用加计扣除（填写A107012）	
28	（三）企业为获得创新性、创意性、突破性的产品进行创意设计活动而发生的相关费用加计扣除	
29	（四）安置残疾人员所支付的工资加计扣除	
30	（五）其他	
31	合计（1＋17＋25）	

需要注意的是，该表各行次填报的金额均为本年累计金额，即纳税人截至本税款所属期末，按照税收规定计算的免税收入、减计收入、加计扣除等税收优惠政策的本年累计减免金额。

5.5.14　研发费用加计扣除优惠明细表

根据税收法规，科技型中小企业开展研发活动中实际发生的研发费用，未形成无形资产计入当期损益的，在按规定据实扣除的基础上，2017年1月1日至2019年12月31日，再按照实际发生额的75%在税前加计扣除。研发费用加计扣除优惠明细表如表5-19所示。

表5-19　研发费用加计扣除优惠明细表

行次	项目	金额（数量）
1	本年可享受研发费用加计扣除项目数量	
2	一、自主研发、合作研发、集中研发（3＋7＋16＋19＋23＋34）	—
3	（一）人员人工费用（4＋5＋6）	—
4	1. 直接从事研发活动人员工资薪金	
5	2. 直接从事研发活动人员五险一金	
6	3. 外聘研发人员的劳务费用	
7	（二）直接投入费用（8＋9＋10＋11＋12＋13＋14＋15）	—
8	1. 研发活动直接消耗材料费用	
9	2. 研发活动直接消耗燃料费用	

行次	项目	金额（数量）
10	3. 研发活动直接消耗动力费用	
11	4. 用于中间试验和产品试制的模具、工艺装备开发及制造费	
12	5. 用于不构成固定资产的样品、样机及一般测试手段购置费	
13	6. 用于试制产品的检验费	
14	7. 用于研发活动的仪器、设备的运行维护、调整、检验、维修等费用	
15	8. 通过经营租赁方式租入的用于研发活动的仪器、设备租赁费	
16	（三）折旧费用（17＋18）	—
17	1. 用于研发活动的仪器的折旧费	
18	2. 用于研发活动的设备的折旧费	
19	（四）无形资产摊销（20＋21＋22）	—
20	1. 用于研发活动的软件的摊销费用	
21	2. 用于研发活动的专利权的摊销费用	
22	3. 用于研发活动的非专利技术（包括许可证、专有技术、设计和计算方法等）的摊销费用	
23	（五）新产品设计费等（24＋25＋26＋27）	—
24	1. 新产品设计费	
25	2. 新工艺规程制定费	
26	3. 新药研制的临床试验费	
27	4. 勘探开发技术的现场试验费	
28	（六）其他相关费用（29＋30＋31＋32＋33）	—
29	1. 技术图书资料费、资料翻译费、专家咨询费、高新科技研发保险费	
30	2. 研发成果的检索、分析、评议、论证、鉴定、评审、评估、验收费用	
31	3. 知识产权的申请费、注册费、代理费	
32	4. 职工福利费、补充养老保险费、补充医疗保险费	
33	5. 差旅费、会议费	
34	（七）经限额调整后的其他相关费用	
35	二、委托研发（36＋37＋39）	—
36	（一）委托境内机构或个人进行研发活动所发生的费用	
37	（二）委托境外机构进行研发活动发生的费用	
38	其中：允许加计扣除的委托境外机构进行研发活动发生的费用	
39	（三）委托境外个人进行研发活动发生的费用	

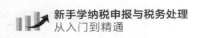

续表

行次	项目	金额（数量）
40	三、年度研发费用小计（2＋36×80%＋38）	—
41	（一）本年费用化金额	
42	（二）本年资本化金额	
43	四、本年形成无形资产摊销额	
44	五、以前年度形成无形资产本年摊销额	
45	六、允许扣除的研发费用合计（41＋43＋44）	—
46	减：特殊收入部分	
47	七、允许扣除的研发费用抵减特殊收入后的金额（45－46）	—
48	减：当年销售研发活动直接形成产品（包括组成部分）对应的材料部分	
49	减：以前年度销售研发活动直接形成产品（包括组成部分）对应材料部分结转金额	
50	八、加计扣除比例（%）	
51	九、本年研发费用加计扣除总额（47－48－49）×50	—
52	十、销售研发活动直接形成产品（包括组成部分）对应材料部分结转以后年度扣减金额（当47－48－49≥0，本行＝0；当47－48－49＜0，本行＝47－48－49的绝对值）	—

该表适用于享受研发费用加计扣除优惠（含结转）的纳税人填报。允许加计扣除的研发费用包括"人员人工费用""直接投入费用""折旧费用""无形资产摊销""新产品设计费、新工艺规程制定费、新药研制的临床试验费、勘探开发技术的现场试验费""其他相关费用"6大项，研发活动分为自主研发、合作研发、集中研发和委托研发4大类。前3类研发活动发生的研发费用可以按照发生额的100%归集，而委托研发则按照研发活动发生费用的80%作为加计扣除基数。

5.5.15　所得减免优惠明细表

所得减免优惠明细表如表5-20所示。

该表适用于享受所得减免优惠的纳税人填报。《中华人民共和国企业所得税法实施条例》第一百零二条规定："企业同时从事适用不同企业所得税待遇的项目的，其优惠项目应当单独计算所得，并合理分摊企业的期间费用；没有单独计算的，不得享受企业所得税优惠。"企业所得税年度汇算清缴时，注意以下4个问题。

① 合理分摊办法和比例的选择，可以按照投资额、收入额、资产总额和人员工资等参数确定。一经确定，不得随意变更。

② 企业取得的政府补助，会计处理无论采用总额法还是净额法，均不得参与优惠项目的分配。

表5-20 所得减免优惠明细表

行次	减免项目	项目名称(1)	优惠事项名称(2)	优惠方式(3)	项目收入(4)	项目成本(5)	相关税费(6)	应分摊期间费用(7)	纳税调整额(8)	项目所得额 免税项目(9)	项目所得额 减半项目(10)	减免所得额 11(9+10×50%)
1	一、农、林、牧、渔业项目			×								—
2			×							—	—	—
3		小计	×	×	—	—	—	—	—	—	—	—
4	二、国家重点扶持的公共基础设施项目											
5			×	×						—	—	—
6		小计	×	×	—	—	—	—	—	—	—	—
7	三、符合条件的环境保护、节能节水项目		×	×						—	—	—
8									—	—	—	
9		小计	×	×	—	—	—	—	—	—	—	—
10	四、符合条件的技术转让项目		×	×						×	×	×
11			×	×						×	×	×
12		小计	×	×	—	—	—	—	—			
13	五、清洁发展机制项目		×							—		
14			×	×							—	
15		小计	×	×	—	—	—	—	—	—	—	—

续表

行次	减免项目	项目名称 1	优惠事项名称 2	优惠方式 3	项目收入 4	项目成本 5	相关税费 6	应分摊期间费用 7	纳税调整额 8	项目所得额 免税项目 9	项目所得额 减半项目 10	减免所得额 11（9+10×50%）
16	六、符合条件的节能服务公司实施的合同能源管理项目		×									
17			×	×	—	—	—	—	—	—	—	—
18		小计	×	×		—	—	—	—	—	—	—
19	七、线宽小于130纳米的集成电路生产项目		×	×	—	—	—	—	—	—	—	—
20			×	×								
21		小计	×	×								
22	八、线宽小于65纳米或投资额超过150亿元的集成电路生产项目		×	×								
23			×	×								
24		小计	×	×	—	—	—	—	—	—	—	—
25												
26	九、其他		×	×								
27		小计	×	×	—	—	—	—	—	—	—	—
28	合计	×	×	×	—	—	—	—	—	—	—	—

③ 优惠项目与应税项目的盈亏可以相互抵补。

④ 纳税人根据税法及相关税收政策规定，填报本年发生的所得减免优惠情况，本期纳税调整后所得（表A100000第19行）为负数的不需填报本表。

5.5.16　减免所得税优惠明细表

减免所得税优惠明细表由享受减免所得税优惠的纳税人填报，如表5-21所示。

表5-21　减免所得税优惠明细表

行次	项目	金额
1	一、符合条件的小型微利企业减免企业所得税	
2	二、国家需要重点扶持的高新技术企业减按15%的税率征收企业所得税（填写A107041）	—
3	三、经济特区和上海浦东新区新设立的高新技术企业在区内取得的所得定期减免企业所得税（填写A107041）	—
4	四、受灾地区农村信用社免征企业所得税	
5	五、动漫企业自主开发、生产动漫产品定期减免企业所得税	
6	六、线宽小于0.8微米（含）的集成电路生产企业减免企业所得税（填写A107042）	
7	七、线宽小于0.25微米的集成电路生产企业减按15%率征收企业所得税（填写A107042）	
8	八、投资额超过80亿元的集成电路生产企业减按15%率征收企业所得税（填写A107042）	
9	九、线宽小于0.25微米的集成电路生产企业减免企业所得税（填写A107042）	
10	十、投资额超过80亿元的集成电路生产企业减免企业所得税（填写A107042）	
11	十一、新办集成电路设计企业减免企业所得税（填写A107042）	
12	十二、国家规划布局内集成电路设计企业可减按10%的税率征收企业所得税（填写A107042）	
13	十三、符合条件的软件企业减免企业所得税（填写A107042）	
14	十四、国家规划布局内重点软件企业可减按10%的税率征收企业所得税（填写A107042）	
15	十五、符合条件的集成电路封装、测试企业定期减免企业所得税（填写A107042）	
16	十六、符合条件的集成电路关键专用材料生产企业、集成电路专用设备生产企业定期减免企业所得税（填写A107042）	
17	十七、经营性文化事业单位转制为企业的免征企业所得税	
18	十八、符合条件的生产和装配伤残人员专门用品企业免征企业所得税	

行次	项目	金额
19	十九、技术先进型服务企业减按15%的税率征收企业所得税	
20	二十、服务贸易类技术先进型服务企业减按15%的税率征收企业所得税	
21	二十一、设在西部地区的鼓励类产业企业减按15%的税率征收企业所得税	
22	二十二、新疆困难地区新办企业定期减免企业所得税	
23	二十三、新疆喀什、霍尔果斯特殊经济开发区新办企业定期免征企业所得税	
24	二十四、广东横琴、福建平潭、深圳前海等地区的鼓励类产业企业减按15%税率征收企业所得税	
25	二十五、北京冬奥组委、北京冬奥会测试赛赛事组委会免征企业所得税	
26	二十六、线宽小于130纳米的集成电路生产企业减免企业所得税（填写A107042）	
27	二十七、线宽小于65纳米或投资额超过150亿元的集成电路生产企业减免企业所得税（填写A107042）	
28	二十八、其他	
29	二十九、减：项目所得额按法定税率减半征收企业所得税叠加享受减免税优惠	
30	三十、支持和促进重点群体创业就业企业限额减征企业所得税（30.1+30.2）	—
30.1	（一）下岗失业人员再就业	
30.2	（二）高校毕业生就业	
31	三十一、扶持自主就业退役士兵创业就业企业限额减征企业所得税	
32	三十二、民族自治地方的自治机关对本民族自治地方的企业应缴纳的企业所得税中属于地方分享的部分减征或免征（□免征□减征：减征幅度____%）	
33	合计（1+2+…+28-29+30+31+32）	—

纳税人根据税法和相关税收政策规定，填报本年享受减免所得税优惠情况。企业同时享受项目所得减税和定期减免税双重优惠时，其应税所得需要分为减税项目所得及其他所得两部分分别计算应纳税款：一是享受项目所得减税优惠后的应税项目所得部分按法定税率征税；二是其他所得按减免适用税率征税。

5.5.17 高新技术企业优惠情况及明细表

具有高新技术企业资格的纳税人均需填报"高新技术企业优惠情况及明细表"。

符合条件的纳税人按照《国家税务总局关于发布修订后的〈企业所得税优惠政策事项办理办法〉的公告》（国家税务总局公告2018年第23号）规定办理备案即可申报享受高新技术企业税收优惠政策。2015年，税务总局全面取消对企业所得税优惠事项的审批管理，一律实行备案管理。该办法通过简化办税流程、精简涉税资料、统一管理要求，为企业能够及时、精准享受到所得税优惠政策创造了条件、提供了便利。

但是，该办法强化了留存备查资料管理。留存备查资料是指与企业享受优惠事项有关的合同、协议、凭证、证书、文件、账册、说明等资料，用于证实企业是否符合相关优惠事项规定的条件。由于企业情况不同，留存备查资料难以全部列示，因此该办法将留存备查资料分为主要留存备查资料和其他留存备查资料。企业应当按照《企业所得税优惠事项管理目录》列示的清单归集和整理主要留存备查资料，其他留存备查资料则由企业根据享受优惠事项的情况自行归集，以助于税务机关在后续管理时能够作出准确判断。

《国家税务总局关于实施高新技术企业所得税优惠政策有关问题的公告》（国家税务总局公告2017年第24号）第一条规定："企业获得高新技术企业资格后，自高新技术企业证书注明的发证时间所在年度起申报享受税收优惠，并按规定向主管税务机关办理备案手续。企业的高新技术企业资格期满当年，在通过重新认定前，其企业所得税暂按15%的税率预缴，在年底前仍未取得高新技术企业资格的，应按规定补缴相应期间的税款。"

高新技术企业优惠情况及明细表如表5-22所示。

表5-22　高新技术企业优惠情况及明细表

	税收优惠基本信息					
1	企业主要产品（服务）发挥核心支持作用的技术所属范围	国家重点支持的高新技术领域	一级领域			
2			二级领域			
3			三级领域			
	税收优惠有关情况					
4	收入指标	一、本年高新技术产品（服务）收入（5+6）				
5		其中：产品（服务）收入				
6		技术性收入				
7		二、本年企业总收入（8-9）				
8		其中：收入总额				
9		不征税收入				
10		三、本年高新技术产品（服务）收入占企业总收入的比例（4÷7）				
11	人员指标	四、本年科技人员数				
12		五、本年职工总数				
13		六、本年科技人员占企业当年职工总数的比例（11÷12）				
14	研发费用指标	高新研发费用归集年度	本年度	前一年度	前二年度	合计
			1	2	3	4
15		七、归集的高新研发费用金额（16+25）	—	—	—	—

		税收优惠有关情况				
16		（一）内部研究开发投入 （17＋…＋22＋24）	—	—	—	—
17		1. 人员人工费用				
18		2. 直接投入费用				
19		3. 折旧费用与长期待摊费用				
20		4. 无形资产摊销费用				
21		5. 设计费用				
22		6. 装备调试费与实验费用				
23	研发 费用 指标	7. 其他费用				
24		其中：可计入研发费用的其他 费用				
25		（二）委托外部研发费用 ［（26＋28）×80%］	—			
26		1. 境内的外部研发费				
27		2. 境外的外部研发费				
28		其中：可计入研发费用的境外 的外部研发费				
29		八、销售（营业）收入				
30		九、三年研发费用占销售（营业）收入的比例 （15行4列÷29行4列）				
31	减免	十、国家需要重点扶持的高新技术企业减征企业所得税				
32	税额	十一、经济特区和上海浦东新区新设立的高新技术企业定期减免税额				

5.5.18 税额抵免优惠明细表

该表适用于享受专用设备投资额抵免优惠（含结转）的纳税人填报，其他纳税人不适用。

《中华人民共和国企业所得税法实施条例》第一百条规定，企业购置并实际使用《环境保护专用设备企业所得税优惠目录》《节能节水专用设备企业所得税优惠目录》和《安全生产专用设备企业所得税优惠目录》规定的环境保护、节能节水、安全生产等专用设备的，该专用设备的投资额的10%可以从企业当年的应纳税额中抵免；当年不足抵免的，可以在以后5个纳税年度结转抵免。

享受上述企业所得税优惠政策的企业，应当实际购置并自身实际投入使用环境保护、节能节水、安全生产等专用设备；企业购置上述专用设备在5年内转让、出租的，应当停止享受企业所得税优惠，并补缴已经抵免的企业所得税税款。税额抵免优惠明细表如表5-23所示。

5.5.19　境外所得税收抵免明细表

该表适用于取得境外所得的纳税人填报。可抵免境外所得税税额是指企业来源于中国境外的所得依照中国境外税收法律及相关规定应当缴纳并已实际缴纳的企业所得税性质的税款。但不包括的有①按照境外所得税法律及相关规定属于错缴或错征的境外所得税税款；②按照税收协定规定不应征收的境外所得税税款；③因少缴或迟缴境外所得税而追加的利息、滞纳金或罚款；④境外所得税纳税人或者其利害关系人从境外征税主体得到实际返还或补偿的境外所得税税款；⑤按照我国企业所得税法及其实施条例规定，已经免征我国企业所得税的境外所得负担的境外所得税税款；⑥按照国务院财政、税务主管部门有关规定已经从企业境外应纳税所得额中扣除的境外所得税税款。境外所得税收抵免明细表如表5-24所示。

5.5.20　境外所得纳税调整后所得明细表

该表适用于取得境外所得的纳税人填报。填报本年来源于或发生于不同国家、地区的所得按照税收规定计算的境外所得纳税调整后所得。对于境外所得税收抵免方式选择"不分国家（地区）不分项"的纳税人，也应按照规定计算可抵免境外所得税税额，并按国（地区）别逐行填报。境外所得纳税调整后所得明细表如表5-25所示。

5.5.21　境外分支机构弥补亏损明细表

该表适用于取得境外所得的纳税人填报。填报境外分支机构本年及以前年度发生的税前尚未弥补的非实际亏损额和实际亏损额、结转以后年度弥补的非实际亏损额和实际亏损额，并按国（地区）别逐行填报。

国家税务总局公告2010年第1号第三条规定，企业在同一纳税年度的境内外所得加总为正数的，其境外分支机构发生的亏损，由于结转弥补的限制而发生的未予弥补的部分（以下称为非实际亏损额），今后在该分支机构的结转弥补期限不受5年期限制。即

① 如果企业当期境内外所得盈利额与亏损额加总后和为零或正数，则其当年度境外分支机构的非实际亏损额可无限期向后结转弥补。

② 如果企业当期境内外所得盈利额与亏损额加总后和为负数，则以境外分支机构的亏损额超过企业盈利额部分的实际亏损额，按《中华人民共和国企业所得税法》第十八条规定的期限进行亏损弥补，未超过企业盈利额部分的非实际亏损额仍可无限期向后结转弥补。

表5-23 税额抵免优惠明细表

行次	项目	年度(1)	本年抵免前应纳税额(2)	本年允许抵免的专用设备投资额(3)	本年可抵免税额(3×10%)(4)	以前年度已抵免额 前五年度(5)	前四年度(6)	前三年度(7)	前二年度(8)	前一年度(9)	小计(10)(5+…+9)	本年实际抵免的各年度税额(11)	可结转以后年度抵免的税额(12)(4-10-11)
1	前五年度												×
2	前四年度					×							
3	前三年度					×	×						
4	前二年度					×	×	×					
5	前一年度					×	×	×	×				
6	本年度					×	×	×	×	×	×		×
7	本年实际抵免税额合计												
8	可结转以后年度抵免的税额合计												
9	专用设备投资情况 本年允许抵免的环境保护专用设备投资额												
10	本年允许抵免的节能节水的专用设备投资额												
11	本年允许抵免的安全生产专用设备投资额												

表5-24　A108000 境外所得税收抵免明细表

行次	国家(地区)	境外税前所得	境外所得纳税调整后所得	弥补境外以前年度亏损	境外应纳税所得额	抵减境内亏损	抵减境内亏损后的境外应纳税所得额	税率	境外所得应纳税额	境外所得可抵免税额	境外所得抵免限额	本年可抵免境外所得税额	未超过境外所得税抵免限额的余额	本年可抵免以前年度未抵免境外所得税额	按低于12.5%的实际税率计算的抵免额	按12.5%计算的抵免额	按25%计算的抵免额	小计	境外所得抵免所得税额合计
														本年可抵免以	按简易办法计算				
	1	2	3	4	5 (3-4)	6	7 (5-6)	8	9 (7×8)	10	11	12	13 (11-12)	14	15	16	17	18 (15+16+17)	19 (12+14+18)
1																			
2																			
3																			
4																			
5																			
6																			
7																			
8																			
9																			
10 合计																			

表5-25　A108010 境外所得纳税调整后所得明细表

行次	国家(地区)	境外税后所得								境外所得可抵免的所得税额				境外税前所得	境外分支机构收入与支出纳税调整额	境外分支机构调整分摊扣除的有关成本费用	境外所得对应调整的相关成本费用支出	境外所得调整后所得
		分支机构营业利润所得	股息、红利等权益性投资所得	利息所得	租金所得	特许权使用费所得	财产转让所得	其他所得	小计	直接缴纳的所得税额	间接负担的所得税额	享受税收饶让抵免税额	小计					
	1	2	3	4	5	6	7	8	9 (2+…+8)	10	11	12	13 (10+11+12)	14 (9+10+11)	15	16	17	18 (14+15−16−17)
1																		
2																		
3																		
4																		
5																		
6																		
7																		
8																		
9																		
10	合计																	

表5-26　境外分支机构弥补亏损明细表

行次	国家（地区）	非实际亏损额的弥补			实际亏损额的弥补			
		以前年度结转尚未弥补的非实际亏损额	本年发生的非实际亏损额	本年弥补的以前年度非实际亏损额	结转以后年度弥补的非实际亏损额	以前年度结转尚未弥补的实际亏损额	本年发生的实际亏损额	本年弥补的以前年度实际亏损额	结转以后年度弥补的实际亏损额
	1	2	3	4	5 (2+3-4)	6	7	8	9
1					—				
2					—				
3					—				
4					—				
5					—				
6					—				
7					—				
8					—				
9					—				
10	合计				—				

企业应对境外分支机构的实际亏损额与非实际亏损额不同的结转弥补情况做好记录。

境外分支机构弥补亏损明细表如表5-26所示。

5.5.22　企业所得税汇总纳税分支机构所得税分配表

该表适用于跨地区经营汇总纳税的总机构填报。纳税人应根据税法等规定计算总分机构每一纳税年度应缴的企业所得税额、总机构和分支机构应分摊的企业所得税额。对于仅在同一省（自治区、直辖市和计划单列市）内设立不具有法人资格分支机构的企业，根据本省（自治区、直辖市和计划单列市）汇总纳税分配办法在总机构和各分支机构分配企业所得税额的，填报该表。企业所得税汇总纳税分支机构所得税分配表如表5-27所示（见下页）。

企业所得税汇总纳税分支机构所得税分配表由总公司填写，由分公司根据分配表进行企业所得税季度预缴申报。当年新成立的分公司，当年不参加企业所得税分配，因此不需要这个分配表。

 ## 5.6 资产的计税基础

5.6.1　一般规定

资产的计税基础是指企业收回资产账面价值过程中，计算应纳税所得额时按照税法规定可以自应税经济利益中抵扣的金额。资产的计税基础的一般规定如下。

企业资产包括固定资产、生物资产、无形资产、长期待摊费用、投资资产、存货等，一般以历史成本为计税基础。历史成本就是企业取得该项资产时实际发生的支出。

企业持有各项资产期间，若资产发生增值或者减值，除国务院财政、税务主管部门规定可以确认损益外，不得调整该资产的计税基础。

资产的计税基础＝未来可税前列支的金额

某一资产负债表日的计税基础＝成本－以前期间已税前列支的金额

表5-27 企业所得税汇总纳税分支机构所得税分配表

税款所属期间： 年 月 日至 年 月 日

总机构名称（盖章）：

总机构统一社会信用代码（纳税人识别号）： 金额单位：元（列至角分）

应纳所得税额		总机构分摊所得税额		总机构财政集中分配所得税额			分支机构分摊所得税额	
分支机构情况	分支机构统一社会信用代码（纳税人识别号）	分支机构名称	三项因素			分配比例	分配所得税额
			营业收入	职工薪酬	资产总额		
	合计						

实例3

效成企业于2016年年末以750万元购入一项生产用固定资产，按照该项固定资产的预计使用情况，效成企业在会计核算时估计其使用寿命为5年，计税时，按照适用税法规定，其最低折旧年限为10年。该企业计税时按照10年计算确定可税前扣除的折旧额。假定会计与税收均按年限平均法计列折旧，净残值均为零。

分析：2017年该项固定资产按照12个月计提折旧。本例中假定固定资产未发生减值。该项固定资产在2017年12月31日的账面价值为750－750÷5＝600万元；该项固定资产在2017年12月31日的计税基础为750－750÷10＝675万元。该项固定资产的账面价值600万元与其计税基础675万元之间产生的75万元差额，在未来期间会减少企业的应纳税所得额。

5.6.2　特殊规定

（1）企业重组交易有关资产

除财政税务机关另有规定外，企业在重组过程中，应当在交易发生时确认有关资产的转让所得或者损失，相关资产应当按照交易价格重新确定计税基础。

（2）公益性团体接受捐赠的资产

公益性社会团体和县级以上人民政府及其组成部门和直属机构在接受捐赠时，捐赠资产的价值，按以下原则确认。

① 接受捐赠的货币性资产，应当按照实际收到的金额计算。

② 接受捐赠的非货币性资产，应当以其公允价值计算。捐赠方在向公益性社会团体和县级以上人民政府及其组成部门和直属机构捐赠时，应当提供注明捐赠非货币性资产公允价值的证明。如果不能提供上述证明，公益性社会团体和县级以上人民政府及其组成部门和直属机构不得向其开具公益性捐赠票据。

（3）公益性群众团体接受捐赠的资产

资产价值按以下原则确认。

① 接受捐赠的货币性资产，应当按照实际收到的金额计算。

② 接受捐赠的非货币性资产，应当以其公允价值计算。捐赠方在向公益性群众团体捐赠时，应当提供注明捐赠非货币性资产公允价值的证明。如果不能提供上述证明，公益性群众团体不得向其开具公益性捐赠票据或者"非税收入一般缴款书"收据联。

（4）售后回租资产

根据现行企业所得税法及有关收入确定的规定，融资性售后回租业务中，承租人出售资产的行为，不确认为销售收入，对融资性租赁的资产，仍按承租人出售前原账面价值作为计税基础计提折旧。租赁期间，承租人支付的属于融资利息的部分，作为企业财务费用在税前扣除。

5.7　企业重组的所得税处理

5.7.1　企业重组的概念

相对于日常经营活动，企业重组是指企业在日常经营活动之外发生的法律结构或经济结构的重大改变的交易。

就经营实质而言，企业重组是对企业资金、技术、劳动力等资源要素进行重新配置，重新构筑经营模式，以适应市场需要，提升企业核心竞争力的行为。就法律形式而言，企业重组是企业股权和债权等系列资产和债务的转让和再投资。企业重组法律关系实际上就是一系列合同关系的多重组合。

5.7.2 企业重组基本类型

企业重组类型主要包括法律形式改变、债务重组、股权收购、资产收购以及企业合并分立等。

（1）法律形式改变

法律形式改变是指企业注册名称、住所以及企业组织形式的简单改变，如拟上市企业将有限公司变更为股份有限公司。

（2）债务重组

债务重组是当债务人发生财务困难时，债权人按照与债务人之间达成的书面协议或法院裁定，就债务人的债务作出让步的事项。

（3）股权收购

股权收购是指收购企业为了实现对被收购企业的控制权，而购买被收购企业的股权。收购企业支付对价的形式包括股权支付、非股权支付以及二者的混合。

股权支付即以本企业或本企业控股企业的股权、股份作为支付对价；非股权支付即以本企业的现金、银行存款、应收账款、存货、固定资产等非股权资产以及承担债务等作为支付对价。

（4）资产收购

资产收购是指受让方购买转让方实质经营性资产的交易。

资产收购与股权收购的最大不同点在于，受让方是支付对价直接取得转让方的实质经营性资产而非其股权。实质经营性资产是指企业用于从事生产经营活动、与产生经营收入直接相关的资产，包括经营所用各类资产、企业拥有的商业信息和技术、经营活动产生的应收款项、投资资产等。资产收购中，受让方支付的对价形式与股权收购中收购企业支付对价的形式相同。

（5）企业合并与企业分立

企业合并是指被合并企业将其全部资产和负债转让给合并企业，被合并企业取得由合并企业所支付的股权或非股权对价，实现两个或两个以上的企业的依法合并。

企业分立是指被分立企业将部分或全部资产分立转让给现存或新设的企业，被分立企业取得分立企业的股权或非股权对价，实现企业的依法分立。

5.7.3 企业重组所得税的一般性税务处理

企业重组所得税的一般性税务处理，按公允价值确认资产的转让所得或损失，按公允价值确认资产或负债的计税基础。若企业法律形式改变，由法人转变为非法人组织，或将登记注册地转移至中华人民共和国境外（包括港澳台地区），适用一般性税务处理方法进行清算。若企业发生其他法律形式简单改变的，可直接变更税务登记，除另有规定外，有关企业所得税纳税事项由变更后企业承继，但因住所发生变化而不符合税收优惠条件的除外。

5.7.4 企业重组的特殊性税务处理方法

（1）适用特殊性税务处理的条件

① 具有合理的商业目的，且不以减少、免除或者推迟缴纳税款为主要目的。

② 被收购、合并或分立部分的资产或股权比例符合规定的比例。

③ 企业重组后的连续12个月内不改变重组资产原来的实质性经营活动。

④ 重组交易对价中涉及股权支付金额符合规定比例。

⑤ 企业重组中取得股权支付的原主要股东，在重组后连续12个月内，不得转让所取得的股权。

（2）特殊性税务处理的规定

可以选择采用特殊性税务处理的情形，如表5-28所示。

表5-28　特殊性税务处理的情形

特殊情形	相关规定
债务重组	债务重组确认的应纳税所得额占该企业当年应纳税所得额50%以上，可以在5个纳税年度内，均匀计入各年度的应纳税所得额
股权收购	收购企业购买的股权不低于被收购企业全部股权的50%，且收购企业在该股权收购发生时的股权支付金额不低于其交易支付总额的85%
资产收购	受让企业收购的资产不低于转让企业全部资产的50%，且受让企业在该资产收购发生时的股权支付金额不低于其交易支付总额的85%
合并	企业股东在该企业合并发生时取得的股权支付金额不低于其交易支付总额的85%，以及同一控制下且不需要支付对价的企业合并
分立	被分立企业所有股东按原持股比例取得分立企业的股权，分立企业和被分立企业均不改变原来的实质经营活动，且被分立企业股东在该企业分立发生时取得的股权支付金额不低于其交易支付总额的85%

5.8　特别纳税调整

5.8.1　特别纳税调整制度内容

特别纳税调整与一般纳税调整是相对应的。税务部门出于实施反避税目的，对纳税人特定纳税事项所做的各项税务调整，称作特殊纳税调整，具体包括针对纳税人转让定价、资本弱化、避税港避税以及其他避税情况所进行的税务调整。一般纳税调整是基于企业的日常经营，而特别纳税调整则是基于企业存在关联交易，违背独立交易原则的"特别情况"。

特别纳税调整，也被称为反避税。特别纳税调整制度的内容包括税务机关对企业的转让定价、预约定价安排、成本分摊协议、受控外国企业、资本弱化以及一般反避税等特别纳税调整事项的管理。

独立交易原则是指没有关联关系的交易各方，按照公平成交价格和营业常规进行业务往来遵循的原则，即完全独立的无关联关系的企业或者个人，依据市场条件下所采用的计价标准或者价格来处理其相互之间的收入和费用分配的原则。

（1）转让定价管理

转让定价管理是指税务机关按照《中华人民共和国企业所得税法》（2018修正）第六章和《中华人民共和国税收征收管理法》（2015修正）第三十六条的有关规定，对企业与其关联方之间的业务往来是否符合独立交易原则进行审核评估和调查调整等工作的总称。

（2）预约定价安排管理

预约定价安排管理是指税务机关按照《中华人民共和国企业所得税法》（2018修正）第四十二条和《中华人民共和国税收征收管理法实施细则》（2016修订）第五十三条的规定，对企业提出的未来年度关联交易的定价原则和计算方法进行审核评估，并与企业协商达成预约定价安排等工作的总称。

（3）成本分摊协议管理

成本分摊协议管理是指税务机关按照《中华人民共和国企业所得税法》（2018修正）第四十一条的规定，对企业与其关联方签署的成本分摊协议是否符合独立交易原则进行审核评估和调查调整等工作的总称。

（4）受控外国企业管理

受控外国企业管理是指税务机关按照《中华人民共和国企业所得税法》（2018修正）第四十五条的规定，对受控外国企业不作利润分配或减少分配进行审核评估和调查，并对归属于我国居民企业所得进行调整等工作的总称。

（5）资本弱化管理

资本弱化管理是指税务机关按照《中华人民共和国企业所得税法》（2018修正）第四十六条的规定，对企业接受关联方债权性投资与企业接受的权益性投资的比例是否符合规定比例或独立交易原则进行审核评估和调查调整等工作的总称。

（6）一般反避税管理

一般反避税管理是指税务机关按照《中华人民共和国企业所得税法》（2018修正）第四十七条的规定，对企业实施其他不具有合理商业目的的安排而减少其应纳税收入或所得额进行审核评估和调查调整等工作的总称。

5.8.2 《特别纳税调整实施办法（试行）》主体适用范围

特别纳税调整从主体而言，仅适用于应当缴纳企业所得税的主体，不适用于不缴纳企业所得税、仅缴纳个人所得税的主体。具体来讲，特别纳税调整适用于以下情况：①应当缴纳企业所得税的主体之间发生的避税行为；②应当缴纳企业所得税的主体与不应当缴纳企业所得税的主体之间发生的避税行为。特别纳税调整不适用于不应当缴纳企业所得税的主体之间所发生的避税行为。

个人独资企业、合伙企业、个体工商户以及个人之间所发生的避税行为不适用特别纳税调整。从事避税行为的一方必须是应当缴纳企业所得税的企业以及其他取得收入的组织。

5.8.3 特别纳税调整中的保密制度

纳税人涉税保密信息是指税务机关在税收征收管理工作中依法制作或者采集的，以一定形式记录、保存的涉及纳税人商业秘密和个人隐私的信息。其主要包括纳税人的技术信息、经营信息和纳税人、主要投资人及经营者不愿公开的个人事项。纳税人的税收违法行为信息不属于保密信息范围。

税务机关和税务人员应依法为纳税人保密涉税信息。除下列情形外，不得向外部门、社会公众或个人提供。①按照法律、法规的规定应予公布的信息；②法定第三方依法查询的信息；③纳税人自身查询的信息；④经纳税人同意公开的信息。

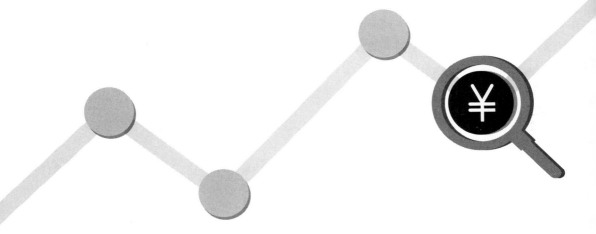

第**6**章

消费税纳税实务

消费税是调节性税种，不具有普遍性，它是对特定行为及特定消费品征收的一种税，很多会计人员在现实中未必遇到。其实它涉及的领域也很广泛，只要是与消费品相关的行业，都须缴纳消费税。它与增值税不同的是，增值税是价外税，消费税是价内税。

6.1 解读消费税

6.1.1 认识消费税

消费税并没有增值税那么普遍，很多会计干了一辈子，都可能不涉及消费税。为什么呢？因为消费税具有调节的功能，并非增值税那样各行各业都征收。

（1）什么是消费税

消费税是1994年税制改革在流转税中新设置的一个税种。消费税是以消费品的流转额作为征税对象的各种税收的统称，是政府向消费品征收的税项，可从批发商或零售商处征收。消费税是典型的间接税。

消费税的纳税人是我国境内生产、委托加工、零售和进口《中华人民共和国消费税暂行条例》（2008修订）规定的应税消费品的单位和个人。

（2）消费税的特点

消费税是对特定的消费品和消费行为在特定的环节征收的一种税。消费税具有以下几个特点。

① 消费税征税项目具有选择性。消费税以税法规定的特定产品为征税对象，即国家根据产业政策和消费政策的要求，有目的有重点地对一些消费品征收消费税，以限制某些特殊消费品的消费需求。

② 消费税是价内税，是价格的组成部分。消费税和增值税不同，增值税是价外税，不构成产品的价格。消费税和营业税一样，构成了产品的价格。由于只在应税消费品的生产、委托加工和进口环节纳税，在以后的批发、零售等环节，价款中已包含消费税，不用再缴纳消费税。税款最终由消费者承担。

③ 不同产品设计不同税率，同一产品同等纳税。税率、税额具有差别性，可以根据消费品的不同种类、档次（豪华程度、结构性能）或者消费品中某一物质成分的含量，以及消费品的市场供求状况、价格水平、国家的产业政策和消费政策等情况，对消费品制定高低不同的税率、税额。

④ 消费税征收环节具有单一性。我国消费税的纳税环节确定在生产环节（金银首饰除外），具有较大的隐蔽性，容易被消费者所接受，可减少消费税对社会的影响。同时，为了避免重复征税，在应税消费品脱离生产环节进入流通领域后，就不再征收，具有征收环节单一性的特点。

⑤ 消费税税收负担最终都转嫁到消费者身上。也就是说，消费税无论是在哪

个环节征收，也无论是实行价内征收还是价外征收，消费品中所含的消费税最终要转嫁到消费者身上。有些消费税，直接由消费者负担，比如就消费行为征收的筵席税。

⑥ 消费税实行从价定率和从量定额以及从价从量复合计征3种方法征税。也就是说，它可以根据每一课税对象的不同特点，选择不同的征收方法，既可以采取对消费品指定单位税额依消费品的数量实行从量定额的征收方法，也可以采取对消费品或消费行为制定比例税率依消费品或消费行为的价格从价定率的征收方法。

实行从量定额：应纳税额 ＝ 销售数量 × 单位税额

实行从价定率：应纳税额 ＝ 销售额 × 适用税率

（3）消费税的作用

消费税是在对货物普遍征收增值税的基础上，选择少数消费品再征收的一个税种，主要是为了调节产品结构，引导消费方向，保证国家财政收入。消费税的作用主要表现为：

① 引导消费方向，调整消费结构。消费税是一种间接税，税负可以转嫁，通过消费税调节可以平抑过高或超前的消费需求，引导消费方向，促使消费者形成符合时代性要求的消费观念和消费习惯。

② 体现国家产业政策，促进产业结构合理。政府通过调节消费税影响市场价格，而价格又影响着消费者的消费选择和生产企业的生产成本，进而最终影响消费和产业结构的调整。

③ 调节可支配收入，缓解社会分配不均。征收消费税可以减少部分消费者的实际购买力，调节个人可支配的实际收入，实现平衡社会收入与财富的功能。

④ 稳定税源，增加财政收入。消费税税源比较稳定，是政府收入的重要来源，为财政收入提供保障。一些发达国家的消费税收入占税收总收入的20%～30%，发展中国家为30%～40%。

6.1.2　消费税的征收范围及税目

（1）消费税征收范围

"消费税是为了调整产品结构，引导消费方向，在对货物征收了增值税的基础上，选择特定消费品再征收的一项税。"

现行消费税的征收范围主要包括烟、酒、化妆品、贵重首饰及珠宝玉石、鞭炮、焰火、成品油、摩托车、小汽车、高尔夫球及球具、高档手表、游艇、木制一次性筷子、实木地板、铅蓄电池、涂料等税目。一些税目还可以划分若干子目。

（2）消费税税目

目前消费税共有15个税目，主要是高档奢侈品、稀有资源、有害消费品等。消费税税目税率表如表6-1所示。

表6-1 消费税税目税率表

税目	税率
一、烟	
1. 卷烟	
（1）甲类卷烟［调拨价70元（不含增值税）/条以上（含70元）］	56%加0.003元/支
（2）乙类卷烟［调拨价70元（不含增值税）/条以下］	36%加0.003元/支
（3）商业批发	11%加0.005元/支
2. 雪茄烟	36%
3. 烟丝	30%
二、酒	
1. 白酒	20%加0.5元/500克（或者500毫升）
2. 黄酒	240元/吨
3. 啤酒	
（1）甲类啤酒	250元/吨
（2）乙类啤酒	220元/吨
4. 其他酒	10%
三、化妆品	15%
四、贵重首饰及珠宝玉石	
1. 金银首饰、铂金首饰和钻石及钻石饰品	5%
2. 其他贵重首饰和珠宝玉石	10%
五、鞭炮、焰火	15%
六、成品油	
1. 汽油	
（1）含铅汽油	1.52元/升
（2）无铅汽油	1.52元/升
2. 柴油	1.20元/升
3. 航空煤油	1.20元/升
4. 石脑油	1.52元/升
5. 溶剂油	1.52元/升
6. 润滑油	1.52元/升
7. 燃料油	1.20元/升
七、摩托车	
1. 气缸容量（排气量，下同）在250毫升（含250毫升）以下的	3%

税目	税率
2. 气缸容量在250毫升以上的	10%
八、小汽车	
1. 乘用车	
（1）气缸容量（排气量，下同）在1.0升（含1.0升）以下的	1%
（2）气缸容量在1.0升以上至1.5升（含1.5升）的	3%
（3）气缸容量在1.5升以上至2.0升（含2.0升）的	5%
（4）气缸容量在2.0升以上至2.5升（含2.5升）的	9%
（5）气缸容量在2.5升以上至3.0升（含3.0升）的	12%
（6）气缸容量在3.0升以上至4.0升（含4.0升）的	25%
（7）气缸容量在4.0升以上的	40%
2. 中轻型商用客车	5%
3. 超豪华小汽车	按子税目1和子税目2的规定征收，零售环节10%
九、高尔夫球及球具	10%
十、高档手表	20%
十一、游艇	10%
十二、木制一次性筷子	5%
十三、实木地板	5%
十四、铅蓄电池	4%
十五、涂料	4%

（3）消费税税目解释

对于以上15个税目的应税产品，还有一些具体规定应当掌握。

① 酒精不再征收消费税。

② 化妆品是指一般化妆品，不包括舞台、戏剧、影视演员化妆用的上妆油、卸妆油、油彩。

③ 出国人员免税商店销售的金银首饰征收消费税。

④ 鞭炮、焰火中不包括体育上用的发令纸、鞭炮药引线。

⑤ 航空煤油的消费税暂缓征收。

⑥ 小汽车类不包括电动汽车、沙滩车、雪地车、卡丁车、高尔夫车。

⑦ 取消气缸容量250毫升（不含）以下的小排量摩托车消费税。

⑧ 高尔夫球及球具包括所有高尔夫球运动的专用设备。

⑨ 高档手表，每只不含增值税销售价格≥10000元。

⑩ 游艇是指长度在8米和90米之间，内置发动机的水上移动设备。

⑪ 2015年12月31日前对铅蓄电池缓征消费税；自2016年1月1日起，对铅蓄电池按4%税率征收消费税。

（4）计量单位换算标准

按从量定额征税的项目，如黄酒、啤酒和成品油，应对其计量单位进行换算，换算标准如表6-2所示。

表6-2　从量定额征税计量单位换算标准

品名	换算标准	品名	换算标准
黄酒	1吨＝962升	石脑油	1吨＝1385升
啤酒	1吨＝988升	溶剂油	1吨＝1282升
汽油	1吨＝1388升	润滑油	1吨＝1126升
柴油	1吨＝1176升	燃料油	1吨＝1015升
航空煤油	1吨＝1246升		

当企业的经营业务涉及生产、委托加工和进口这些消费税的应税消费品时，必须在业务发生时缴纳消费税。

消费税的征收是单环节的，只需要在生产、委托加工和进口时缴纳即可。消费税又是一种价内税，也就是说，纳税人缴纳消费税后，在出售这些消费税的应税消费品时，其不含增值税的销售额中包含了纳税人已经缴纳的消费税。

注意特殊规定：对于金银首饰、钻石及钻石饰品、铂金首饰，其消费税的缴纳在零售环节，由零售商缴纳消费税；卷烟的消费税的缴纳在其批发环节，由卷烟的批发商缴纳消费税。

6.2　消费税计算

6.2.1　生产外销的消费税计算

消费税不同于增值税，增值税是按销售额计算，消费税不完全以销售额来计算。生产产品直接对外销售的消费税有3种计算方法，如表6-3所示。

表6-3　直接对外销售应纳消费税的计算

计税方法	计税依据	适用范围	计税公式
1. 从价定率计税	销售额	除列举项目之外的应税消费品	应纳税额＝销售额×比例税率
2. 从量定额计税	销售数量	列举3种：啤酒、黄酒、成品油	应纳税额＝销售数量×定额税率
3. 复合计税	销售额、销售数量	列举2种：白酒、卷烟	应纳税额＝销售额×比例税率＋销售数量×定额税率

下面分别就3种计税方法进行消费税计算。

（1）从价定率的消费税计算

1）销售额的基本规定

生产外销的应税消费品的销售额，等于销售应税消费品的全部价款和价外费用，含消费税税款（价内税），但不含增值税税款（价外税）。价外费用的内容与增值税规定相同，诸如储备费、装卸费、手续费、品牌使用费等，需要向购买方收取的各种费用。

但不包括以下内容：①同时符合两项条件的代垫运输费用：一是承运部门的运输费用发票开具给购买方的；二是纳税人将该项发票转交给购买方的。②同时符合3项条件代为收取的政府性基金或者行政事业性收费：一是由国务院或者财政部批准设立的政府性基金，由国务院或者省级人民政府及其财政、价格主管部门批准设立的行政事业性收费；二是收取时开具省级以上财政部门印制的财政票据；三是所收款项全额上缴财政。

其他的价外费用，无论是否属于纳税人的收入，均应并入销售额计算征税。

2）含增值税销售额的换算

若销售额中含有增值税，应当从含税销售额中扣除增值税，然后计算消费税。

应税消费品的销售额 = 含增值税的销售额 ÷ （1 + 增值税税率）

实例1

李彤化妆品生产企业为增值税一般纳税人。2019年6月13日向某大型商场销售高档化妆品一批，开具增值税专用发票，取得不含增值税销售额10万元，增值税税率为13%，增值税额为1.3万元；6月25日向某单位销售高档化妆品一批，开具普通发票，取得含增值税销售额2.26万元。计算李彤化妆品生产企业上述业务应缴纳的消费税额（消费税税率为15%）。

正确答案：高档化妆品应税销售额 = 10 + 2.26 ÷ （1 + 13%） = 12 （万元）

应纳消费税额 = 12 × 15% = 1.8 （万元）

3）含包装物的销售额换算

① 应税消费品连同包装一起销售的，并入应税消费品的销售额中征收消费税。

② 包装物随同产品销售，不作价只收取押金，且单独核算的，若逾期未退押金的，计算消费税。

③ 包装物既作价随同产品销售，又收取押金，凡逾期未归还的，押金均并入销售额中计算消费税。

（2）从量定额的消费税计算

计算消费税时，有些税目不以应税商品的销售额为计算基础，而是以应税商品的销售量作为计税基础的。适用对象主要包括啤酒、黄酒、成品油。

从量定额的计税公式：应纳税额＝销售数量×定额税率

> **实例2**
>
> 李彤化妆品生产企业2019年4月发生以下业务：9日销售高档化妆品30箱，每箱不含税价350元；18日销售同类化妆品100箱，每箱不含税价420元。当月以130箱同类化妆品与某公司换取精油。李彤化妆品生产企业当月应纳消费税为多少？
>
> 正确答案：高档化妆品应纳消费税＝（30×350＋100×420＋130×420）×15%＝16065（元）

（3）复合计税征收的消费税计算

复合计税是指既根据征税对象的实物量又根据其价值量征税。换句话说，复合征收就是从价定率和从量定额相结合，将两种方法计算的应纳税额加到一起为该应税消费品的应纳税额。我国目前只对卷烟和白酒采用复合计税方法。

1）复合计税公式

应纳税额＝应税消费品的销售额×比例税率＋应税消费品的销售数量×定额税率

2）复合计税的优缺点

主要优点：一是可以广辟税源，能够充分而有弹性地满足国家财政需要；二是便于发挥各个税种特定的经济调节作用，可以全面体现国家政策；三是征税范围较为广阔，有利于实现公平税负目标。

主要缺点：从价税额与从量税额的比例难以确定。

> **实例3**
>
> 素芳白酒生产企业为增值税一般纳税人，2019年4月销售粮食白酒100吨，取得不含增值税的销售额300万元。计算素芳白酒生产企业4月应缴纳的消费税额。
>
> 说明：白酒从量的标准是0.5元/斤；适用消费税税率为20%。
>
> 正确答案：应纳税额＝100×2000×0.5＋3000000×20%＝700000（元）

6.2.2　委托加工的消费税计算

委托加工的应税消费品是指由委托方提供原料和主要材料，交受托方加工，并支付受托方加工费和代垫部分辅助材料费，采用委托方式加工的应税消费品。

（1）委托加工消费税的计算

委托加工的应税消费品，应按照受托方的同类消费品的销售价格计算纳税；没有同类消费品销售价格的，按照组成计税价格计算纳税。

实行从价定率办法，计算纳税的组成计税价格计算公式如下。

组成计税价格＝（材料成本＋加工费）÷（1－比例税率）

比例税率就是税法规定的该应税消费品的消费税税率。

（2）委托加工消费税的处理

根据规定，消费税的征税环节是在生产环节而非流通环节，也就是说生产多少就征收多少。消费税实行的是从价计征，而销售额比生产成本更具有客观性，所以对于一般货物来说，是按照销售额征收消费税。需要强调的是，在销售时征收消费税，并未改变消费税在生产环节征税的本质。所以消费税的纳税义务人只有工业企业，没有商业企业。

委托加工收回外加工的商品时：

① 如果直接用于销售的，由于收回的物资已在生产环节即委托加工阶段征税，因此收回物资销售时，不再属于生产环节而处于待流通阶段，不再属于消费税应税货物。收回物资已缴的消费税，应当计入收回物资的成本中。注意：由于收回物资的生产不是由企业自行完成的，因此不能将消费税税金记入"税金及附加"科目，而应当计入收回物资的成本。

② 如果需要用于连续生产的，那么，包括委托加工阶段和收回后的继续生产阶段，均属于生产环节，应当就整个生产环节征税。这时收回物资已征的消费税应当记入"应缴消费税"科目的借方，以便在完成上述整个生产环节后，在销售时计算应缴纳消费税时抵减已缴的部分，避免重复纳税。这与增值税的抵扣办法有些类似。

实例4

　　彩云企业为增值税一般纳税人，2018年5月接受某烟厂委托加工烟丝，彩云企业自行提供烟叶的成本为35000元，代垫辅助材料2000元（不含税），发生加工支出4000元（不含税）。彩云企业当月允许抵扣的进项税额为340元。烟丝的成本利润率为5%。计算彩云企业应纳的增值税和消费税。

　　正确答案：应税消费品的组成价格＝（35000＋2000＋4000）×（1＋5%）÷（1－30%）＝61500（元）

　　彩云企业应纳增值税＝61500×17%－340＝10115（元）

　　应纳消费税＝61500×30%＝18450（元）

6.2.3 自产自用的消费税计算

（1）自产自用应税消费品的处理

消费税实行单环节征税。纳税人自产自用的应税消费品，用于连续生产应税消费品的，不用缴纳消费税；只有用于其他方面，在移送使用时须缴纳消费税。

用于连续生产应税消费品是指作为生产最终应税消费品的直接材料并构成最终产品实体的应税消费品；用于其他方面的应税消费品是指纳税人用于生产非应税消费品和在建工程、管理部门、非生产机构、提供劳务，以及用于馈赠、赞助、集资、广告、样品、职工福利、奖励等方面的应税消费品。

自产自用应税消费品依据其用途，是否进行税务处理如表6-4所示。

表6-4 自产自用应税消费品的用途及税务处理

自产自用应税消费品的用途	消费税税务处理
用于本企业连续生产应税消费品	×
用于连续生产非应税消费品	√
用于其他方面：馈赠、赞助、集资、广告、样品、职工福利、奖励等	√

由于自产自用情况下难以确定消费税应税销售额，因此我国税收法律法规规定，在计算自产自用消费税应税消费品的销售额时，使用组成计税价格来确定，或参考同类消费品的销售价，或根据一定的成本利润率倒推价格。

（2）自产自用应税消费品的计算

税法规定，纳税人自产自用的应税消费品，凡用于其他方面的，应当于移动使用时纳税。计算公式如下。

① 实行从价定率计税的：应纳消费税 = 销售额 × 税率。

② 实行从量定额计税的：应纳消费税 = 销售数量 × 单位税额。

③ 实行复合计税的：应纳消费税 = 销售数量 × 单位税额 + 销售额 × 税率。

实行从价定率计税或复合计税（从价部分）的，按以下顺序确定销售额。

① 有同类消费品销售价格的，按照纳税人生产的同类消费品的销售价格计算纳税。其应纳税额计算公式如下。

应纳税额 = 同类消费品销售单价 × 自产自用数量 × 适用税率

② 无同类消费品销售价格的，按组成计税价格计算纳税。其计算公式如下。

组成计税价格 = （成本 + 利润）÷（1 - 消费税税率）

　　　　　　 = 成本 × （1 + 成本利润率）÷（1 - 消费税税率）

应纳税额 = 组成计税价格 × 适用税率

6.2.4　进口货物的消费税计算

（1）进口消费税计算方法

《中华人民共和国消费税暂行条例实施细则》第八条规定，纳税人进口的应税消费品，其纳税义务的发生时间，为报送进口的当天；第九条规定，进口的应税消费品，为海关核定的应税消费品进口征税数量，申报进入中华人民共和国海关境内的应税消费品均应缴纳消费税。

进口货物的收货人或办理报关手续的单位和个人，为进口货物消费税的纳税义务人。进口货物消费税的应纳税额的计算公式如下。

组成计税价格 ＝（关税完税价格 ＋ 关税）÷（1 － 消费税税率）

应纳税额 ＝ 组成计税价格 × 消费税税率

根据国内市场相同或类似货物进口是否需要缴纳进口环节消费税，分为以下两种情况。

① 如不需要缴纳进口环节消费税，完税价格的计算公式如下。

完税价格 ＝ 国内市场批发价格 ÷（1 ＋ 进口关税税率 ＋ 进口费用利润比率）

② 如需要缴纳进口环节消费税，还应从完税价格中扣除。完税价格的计算公式如下。

完税价格 ＝ 国内市场批发价格 ÷［（1 ＋ 进口关税税率 ＋ 进口费用利润比率）＋（1 ＋ 进口关税税率）÷（1 － 消费税税率）× 消费税税率］

（2）进口货物的成交价格的要求

① 对买方处置或者使用进口货物不予限制，但是法律、行政法规定实施的限制，对货物销售地域的限制和对货物价格无实质性影响的限制除外。

② 进口货物的价格不得受到使该货物成交价格无法确定的条件或者因素的影响。

③ 卖方不得直接或者间接获得因买方销售、处置或者使用进口货物而产生的任何收益，或者虽然有收益但是能够按照《中华人民共和国海关审定进出口货物完税价格办法》第十一条第一款第（四）项的规定作出调整。

④ 买卖双方之间没有特殊关系，或者虽然有特殊关系但是按照《中华人民共和国海关审定进出口货物完税价格办法》第十七条的规定未对成交价格产生影响。

进口货物成交价格无法确定，或申报价格经海关审查研究不能接受的，海关依次按下列方法估定完税价格。

① 相同货物成交价格法，即以被估货物从同一出口国家或者地区购进的相同货物的成交价格作为被估货物完税价格的依据。

上述"相同货物"是指在所有方面都相同的货物，包括物理或化学性质、质量和信誉，但是表面上的微小差别或包装判别允许存在。

② 类似货物成交价格法，即以被估货物从同一出口国家或者地区购进的类似货物的成交价格作为被估货物完税价格的依据。

上述"类似货物"是指具有类似原理和结构、类似组成材料，并有同样的使用价值，而且在功能上与商业上可以互换的货物。

③ 国际市场价格倒扣法，即以进口货物的相同或类似货物在国际市场上公开的成交价格为该进口货物的完税价格。

④ 国内市场价格倒扣法，即以国内相同或类似货物的市场批发价格估定。具体方法为：进口货物在国内输入地点的市场上，相同或类似货物的市场批发价格，扣除进口关税、所应缴纳的进口环节消费税（如果需要缴纳的话）以及进口后的正常运输、储存、营业费用及利润以后的价格作为完税价格。这里的进口关税是按照优惠税率计算的关税。由于货物进口后的正常费用，各种货物参差不齐，难以正确计算，通常将各项费用和利润（简称进口费用利润）酌定为到岸价格的20%。

根据上述规定，我们也可以得到用国内市场倒扣法计算关税完税价格的计算公式，根据国内市场相同或类似货物进口是否需要缴纳进口环节消费税，分为以下两种情况。

第一，如不需要缴纳进口环节消费税，完税价格的计算公式如下。

完税价格＝国内市场批发价格÷［1＋进口关税税率＋进口费用利润比率（20%）］

第二，如需要缴纳进口环节消费税，还应从完税价格中扣除。完税价格的计算公式如下。

完税价格＝国内市场批发价格÷［1＋进口关税税率＋进口费用利润比率（20%）＋（1＋进口关税税率）÷（1－消费税税率）×消费税税率］

 ## 6.3 出口应税消费品退（免）税的计算

纳税人出口应税消费品与已纳增值税出口货物一样，国家都是给予退（免）税优惠的。

税法规定，对于出口应税消费品，免征消费税；国务院另有规定的除外（国家限制出口的应税消费品）。

6.3.1 出口退税率的规定

计算出口应税消费品应退消费税的税率或单位税额，依据《中华人民共和国消费税暂行条例》所附《消费税税目税率表》（已调表）执行。这是退（免）消费税与退（免）增值税的一个重要区别。

当出口的货物是应税消费品时，其退还增值税要按规定的退税率计算，其退还消费税则是按应税消费品所使用的消费税税率计算。企业应将不同消费税税率的出口应税消费品分开核算和申报，凡划分不清适用税率的，一律从低适用税率计算应退消费税税额。

6.3.2　出口应税消费品退（免）税政策

出口应税消费品退（免）消费税在政策上分为以下3种情况。

① 出口免税并退税。适用这个政策的是，有出口经营权的外贸企业购进应税消费品直接出口，以及外贸企业受其他外贸企业委托代理出口应税消费品。值得注意的是，外贸企业只有接受其他外贸企业委托，代理出口应税消费品才可以办理退税；外贸企业受其他企业委托（主要是非生产性的商贸企业）代理出口应税消费品是不予退（免）税的。这与增值税的出口退（免）税政策规定一样。

② 出口免税不退税。有出口经营权的生产性企业自营出口或生产企业委托外贸企业代理出口自产的应税消费品，依据其实际出口数量免征消费税，不予办理退还消费税。

③ 出口不予免税不退税。除生产企业、外贸企业外的其他企业，具体是指一般商贸企业，这类企业委托外贸企业代理出口应税消费品，一律不予退（免）税。

6.3.3　出口应税消费品退税额的计算

外贸企业从生产企业购进货物直接出口或受其他外贸企业委托代理出口应税消费品的应退消费税税款，分两种情况处理。

① 属于从价定率计征消费税的应税消费品，应依照外贸企业从工厂购进货物时征收消费税的价格计算应退消费税税款，其退税公式如下。

应退消费税税款 = 出口货物的工厂销售额 × 税率

上式中的"销售额"为不含增值税的销售额。如果是含增值税销售额，应换算为不含增值税销售额。

② 属于从量定额计算消费税的应税消费品，应以货物购进和报关出口的数量计算应退消费税税款，其退税公式如下。

应退消费税税款 = 出口数量 × 单位税额

6.3.4　出口应税消费品办理退（免）税后的管理

出口的应税消费品办理退税后，发生退关，或者国外退货进口时予以免税的，报关出口者必须及时向其所在地主管税务机关申报补缴已退的消费税税款。

纳税人直接出口的应税消费品办理免税后，发生退关或国外退货进口时已予以免税的，经所在地主管税务机关批准，可暂不办理补税，待其转为国内销售时，再向其主管税务机关申报补缴消费税。

6.3.5　消费税应纳税额计算的注意事项

① 以外购或委托加工收回石脑油为原料生产乙烯或其他化工产品，在同一生产过程中既可以生产出乙烯或其他化工产品等非应税消费品，同时又生产出裂解汽油等应税消费品的，外购或委托加工收回石脑油允许抵扣的已纳税款计算公式如下。

当期准予扣除外购石脑油已纳税款＝当期准予扣除外购石脑油数量×收率×单位税额×30%

当期准予扣除的委托加工成品油已纳税款＝当期准予扣除的委托加工石脑油已纳税款×收率

其中：

收率＝当期应税消费品产出量÷生产当期应税消费品所有原料投入数量×100%

② 对当期投入生产的原材料可抵扣的已纳消费税大于当期应纳消费税的情形，在目前消费税纳税申报表未增加上期留抵消费税填报栏目的情况下，采用按当期应纳消费税的数额申报抵扣，不足抵扣部分结转下一期申报抵扣的方式处理。

 ## 6.4　消费税纳税申报

6.4.1　消费税的缴纳时限

不同的税种都有着不同的纳税申报规定，消费税也有其独特的要求。我们先了解一下消费税缴纳时限的相关规定。

① 消费税的纳税期限分别为1日、3日、5日、10日、15日、1个月或者1个季度。纳税人的具体纳税期限，由主管税务机关根据纳税人应纳税额的大小分别核定；不能按照固定期限纳税的，可以按次纳税。

② 纳税人以1个月或者1个季度为一个纳税期的，自期满之日起15日内申报纳税；以1日、3日、5日、10日或者15日为一个纳税期的，自期满之日起5日内预缴税

款，于次月1日起15日内申报纳税并结清上月应纳税款。

③ 纳税人进口应税消费品，应当自海关填发海关进口消费税专用缴款书之日起15日内缴纳税款。

6.4.2　消费税申报机构的相关规定

① 纳税人销售的应税消费品，以及自产自用的应税消费品，除另有规定外，应当向纳税人机构所在地或居住地的税务机关申报纳税。

② 委托加工的应税消费品，除受托方为个人外，由受托方向机构所在地或居住地的主管税务机关解缴消费税税款。

③ 进口应税消费品，应当向在应税消费品报关的所在海关进行申报纳税。

6.4.3　消费税纳税义务的相关规定

① 纳税人销售应税消费品的，按不同的销售结算方式分别为：采取赊销和分期收款结算方式的，为书面合同约定的收款日期的当天，书面合同没有约定收款日期或者无书面合同的，为发出应税消费品的当天；采取预收货款结算方式的，为发出应税消费品的当天；采取托收承付和委托银行收款方式的，为发出应税消费品并办妥托收手续的当天；采取其他结算方式的，为收讫销售款或者取得索取销售款凭据的当天。

② 纳税人自产自用应税消费品的，为移送使用的当天。

③ 纳税人委托加工应税消费品的，为纳税人提货的当天。

④ 纳税人进口应税消费品的，为报关进口的当天。

6.4.4　填写消费税纳税申报表

进行纳税申报，必须填写申报表。消费税同样如此。在进行消费税的纳税申报时，需要使用消费税纳税申报表。根据不同的税目，消费税的纳税申报所使用的消费税申报表是不同的。以酒类为例，酒类的消费税纳税申报表分别如表6-5 ~ 表6-8所示。

表6-5　酒类应税消费品消费税纳税申报表

税款所属期：　　年　　月　　日　　至　　年　　月　　日

纳税人名称（公章）：　　　　　　纳税人识别号：□□□□□□□□□□□□□□□□□□□□

填表日期：　　年　　月　　日　　　　　　　　　　金额单位：元（列至角分）

项目 应税 消费品名称	适用税率		销售数量	销售额	应纳税额
	定额税率	比例税率			
粮食白酒	0.5元/斤	20%			

续表

项目 应税消费品名称	适用税率		销售数量	销售额	应纳税额
	定额税率	比例税率			
薯类白酒	0.5元/斤	20%			
啤酒	250元/吨	—			
啤酒	220元/吨	—			
黄酒	240元/吨	—			
其他酒	—	10%			
合计	—	—			

本期准予抵减税额：	**声明**
本期减（免）税额：	此纳税申报表是根据国家税收法律的规定填报的，我确定它是真实的、可靠的、完整的。
期初未缴税额：	经办人（签章）： 财务负责人（签章）： 联系电话：
本期缴纳前期应纳税额：	（如果你已委托代理人申报，请填写）
本期预缴税额：	授权声明
本期应补（退）税额：	
期末未缴税额：	为代理一切税务事宜，现授权_____（地址： ） 为本纳税人的代理申报人，任何与本申报表有关的往来文件，都可寄予此人。 授权人签章：

以下由税务机关填写

受理人（签章）：　　受理日期：　　年　　月　　日　　受理税务机关（章）：

表6-6　本期准予抵减税额计算表

税款所属期：　　年　　月　　日　至　　年　　月　　日

纳税人名称（公章）：　　　　纳税人识别号：□□□□□□□□□□□□□□□□□□□□

填表日期：　　年　　月　　日　　　　　　　　单位：吨、元（列至角分）

一、当期准予抵减的外购啤酒液已纳税款计算
1.期初库存外购啤酒液数量：
2.当期购进啤酒液数量：
3.期末库存外购啤酒液数量：
4.当期准予抵减的外购啤酒液已纳税款：
二、当期准予抵减的葡萄酒已纳税款：
三、本期准予抵减税款合计：

　　附：准予抵减消费税凭证明细

续表

	号码	开票日期	数量	单价	定额税率（元/吨）
啤酒 （增值税专用 发票）					
	合计	—		—	—
	号码	开票日期	数量	完税价格	税款金额
葡萄酒（海关 进口消费税专 用缴款书）					
	合计	—			

表6-7　本期代收代缴税额计算表

税款所属期：　　　年　　月　　日　至　　　年　　月　　日

纳税人名称（公章）：　　　　　纳税人识别号：□□□□□□□□□□□□□□□□□□□□

填表日期：　　　年　　月　　日　　　　　　　　　金额单位：元（列至角分）

项目＼应税消费品名称		粮食 白酒	薯类 白酒	啤酒	啤酒	黄酒	其他酒	合计
适用 税率	定额税率	0.5元/斤	0.5元/斤	250元/吨	220元/吨	240元/吨	—	—
	比例税率	20%	20%	—	—	—	10%	—
受托加工数量								—
同类产品 销售价格						—		—
材料成本							—	—
加工费							—	—
组成计税价格						—	—	—
本期代收代缴 税款								

表6-8 生产经营情况表

税款所属期：　　年　月　日　至　年　月　日

纳税人名称（公章）：　　　　　纳税人识别号：□□□□□□□□□□□□□□□□□□□□

填表日期：　　年　月　日　　　　　　　　　　　金额单位：元（列至角分）

项目 ＼ 应税消费品名称	粮食白酒	薯类白酒	啤酒（适用税率250元/吨）	啤酒（适用税率220元/吨）	黄酒	其他酒
生产数量						
销售数量						
委托加工收回酒类应税消费品直接销售数量						
委托加工收回酒类应税消费品直接销售额						
出口免税销售数量						
出口免税销售额						

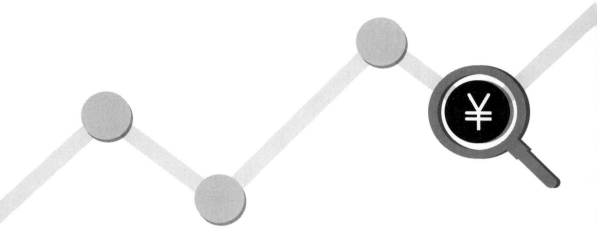

第 **7** 章

个人所得税纳税实务

　　2018年8月国家对个税做了重大调整，个税与每个人真正关联起来。无论是上班族，还是个体，或者老板、股东，任何收入都与个税有关。正因为个税有着广泛的群众基础，个税改革才深入人心，成了每个人关心不尽的话题。

7.1 解读个人所得税

个人所得税法是调整征税机关与自然人（居民、非居民个人）之间在个人所得税的征纳与管理过程中所发生的社会关系的法律规范的总称。

英国是最早开征个人所得税的国家。1799年英国开始试行差别税率征收个人所得税，到了1874年个人所得税才成为英国一个固定的税种。我国于1980年开征个人所得税。2018年6月19日，《中华人民共和国个人所得税法修正案（草案）》提请第十三届全国人大常委会第三次会议审议，这是个人所得税法自1980年出台以来第七次大修。

7.1.1　认识个人所得税

（1）什么是个人所得税

个人所得税是国家对本国公民、居住在本国境内的个人所得和境外个人来源于本国的所得征收的一种所得税。

（2）个人所得税的征税对象

我国个人所得税的纳税义务人是在中国境内居住有所得的人，以及不在中国境内居住而从中国境内取得所得的个人，包括中国国内公民，以及港、澳、台同胞和在华取得所得的外籍人员。

在中国境内有住所或无住所而在境内居住满1年的个人，是居民纳税义务人，应当承担无限纳税义务，即就其在中国境内和境外取得的所得，依法缴纳个人所得税；在中国境内无住所又不居住或者无住所而在境内居住不满1年的个人，是非居民纳税义务人，承担有限纳税义务，仅就其从中国境内取得的所得，依法缴纳个人所得税。

（3）个人所得税的起征点

2018年8月31日，第十三届全国人大常委会第五次会议表决通过了《关于修改〈中华人民共和国个人所得税法〉的决定》，决定自2019年1月1日起施行，但"起征点"提高至每月5000元等部分减税政策，从2018年10月1日起先行实施。

7.1.2　个人所得税的税目

个人所得税的税目可分为3大类：劳务所得、经营所得、其他所得。

个人所得税的税目又可分为11小类，具体为：

① 工资、薪金所得；

② 个体工商户的生产经营所得；

③ 对企事业单位的承包经营、承租经营所得；

④ 劳务报酬所得；

⑤ 稿酬所得；

⑥ 特许权使用费所得；

⑦ 利息、股息、红利所得；

⑧ 财产租赁所得；

⑨ 财产转让所得；

⑩ 偶然所得；

⑪ 其他所得。

7.1.3　个人所得税的扣缴方式

① 居民个人的综合所得，以每一纳税年度的收入额减除费用60000元，以及专项扣除、专项附加扣除和依法确定的其他扣除后的余额，为应纳税所得额。

② 非居民个人的工资、薪金所得，以每月收入额减除费用5000元后的余额为应纳税所得额；劳务报酬所得、稿酬所得、特许权使用费所得，以每次收入额为应纳税所得额。

③ 经营所得，以每一纳税年度的收入总额减除成本、费用以及损失后的余额，为应纳税所得额。

④ 财产租赁所得，每次收入不超过4000元的，减除费用800元，4000元以上的，减除20%的费用，其余额为应纳税所得额。

⑤ 财产转让所得，以转让财产的收入额减除财产原值和合理费用后的余额，为应纳税所得额。

⑥ 利息、股息、红利所得和偶然所得，以每次收入额为应纳税所得额。

劳务报酬所得、稿酬所得、特许权使用费所得以收入减除20%的费用后的余额为收入额。稿酬所得的收入额减按70%计算。

7.1.4　简析新个人所得税法

新个人所得税法是指2018年8月31日经第十三届全国人大常委会第五次会议表决通过的《关于修改〈中华人民共和国个人所得税法〉的决定》（以下简称新个税法）。

（1）新个税法的具体内容

与以往的个人所得税法相比较，新个税法修正的主要内容包括：

① 提升了个税起征点，由原来的每月3500元提到了每月5000元（每年6万元）。

② 首次将工资薪金、劳务报酬、稿酬和特许权使用费4项劳动性所得实行综合征税。

③ 首次增加了子女教育支出、继续教育支出、大病医疗支出、住房贷款利息和住房租金等专项附加扣除。这是本次修正案最大的亮点。

④ 首次增加反避税条款，针对个人不按独立交易原则转让财产、在境外避税地避税、实施不合理商业安排获取不当税收利益等避税行为，赋予税务机关按合理方法进行纳税调整的权力。

⑤ 扩大3%、10%、20%三档低档税率税距，缩小30%、35%、45%高档税率税距，扩大低级税率税距有利于减轻中低收入者阶层的税负，缩小高档税率税距增加高收入群体的税负，这有利于缩小收入差距，完善国民收入分配，从而有望扭转"低收高税""高收低税"等税负不公平的现象。

⑥ 明确了应纳税所得额的计算方法。财产租赁所得每次收入不超过4000元的，减除费用800元，4000元以上的，减除20%的费用，其余额为应纳税所得额。财产转让所得以转让财产的收入额减除财产原值和合理费用后的余额，为应纳税所得额。利息、股息、红利所得，偶然所得和其他所得，以每次收入额为应纳税所得额。稿酬所得的收入额按照所取得收入的70%计算。

（2）明确个税的税率

① 综合所得，适用3%至45%的超额累进税率。

② 经营所得，适用5%至35%的超额累进税率。

③ 利息、股息、红利所得，财产租赁所得，财产转让所得，偶然所得和其他所得，适用比例税率，税率为20%。

（3）多措施防偷税漏税

个税草案提到，有3类情形，税务机关有权按照合理方法进行纳税调整，包括：个人与其关联方之间的业务往来，不符合独立交易原则且无正当理由；居民个人控制的，或者居民个人和居民企业共同控制的设立在实际税负明显偏低的国家（地区）的企业，无合理经营需要，对应当归属于居民个人的利润不作分配或者减少分配；个人实施其他不具有合理商业目的的安排而获取不当税收利益。税务机关可作出纳税调整，需要补征税款的，应当补征税款，并依法加收利息。

7.1.5　新个人所得税法的改革亮点及人性关怀

（1）新个税法的改革亮点

2018年8月31日的个税调整，有几大亮点特别引人注目，这几大亮点也是紧跟形势合理谋划所作出的重要决策。

1）普通工薪阶层受益

个税改革一直是人们关注的重点。个税起征点提高至5000元，对于月应纳税所得额原先在3500～5000元的个人来说，受益是最大的。在国家税务总局制定的《个人所得税自行纳税申报办法（试行）》中规定，年所得12万元是包括了所有的收入，除基本的工资、薪金外，还包括稿酬所得，劳务报酬所得，利息、股息、红利所得，财产租赁所得、财产转让所得等，都需申报。本次个税起征点上调至5000元之后，绝大多数工薪阶层受益。

2）优化调整税率结构

一是综合所得税率。以现行工资、薪金所得税率（3%至45%的7级超额累进税率）为基础，将按月计算应纳税所得额调整为按年计算，并优化调整部分税率的级距。二是经营所得税率。以现行个体工商户的生产、经营所得和对企事业单位的承包经营、承租经营所得税率为基础，保持5%至35%的5级税率不变，适当调整各档税率的级距，其中最高档税率级距下限从10万元提高至50万元。

3）堵塞个人税收漏洞

目前，个人运用各种手段逃避个人所得税的现象时有发生。针对个人不按独立交易原则转让财产、在境外避税地避税、实施不合理商业安排获取不当税收利益等避税行为，新个税法赋予税务机关按合理方法进行纳税调整的权力，规定税务机关作出纳税调整，需要补征税款的，应当补征税款，并依法加收利息。此外，为保障个人所得税改革的顺利实施，草案还明确了非居民个人征税办法，并进一步健全了与个人所得税改革相适应的税收征管制度。

4）设立专项附加扣除

在提高综合所得基本减除费用标准，明确现行的个人基本养老保险、基本医疗保险、失业保险、住房公积金等专项扣除项目以及依法确定的其他扣除项目继续执行的同时，增加规定子女教育支出、继续教育支出、大病医疗支出、住房贷款利息和住房租金等与人民群众生活密切相关的专项附加扣除。专项附加扣除考虑了个人负担的差异性，更符合个人所得税基本原理，有利于税制公平。

（2）新个税法的人性关怀

1）综合征税更趋公平

综合所得基本减除费用标准，即通常说的"起征点"提高至每月5000元计算，且将11类中的4类，即工资薪金、劳务报酬、稿酬和特许权使用费4项劳动性所得纳入综合征税范围，适用统一的超额累进税率。相比分类征税，综合征税更显公平。

2）赡养老人支出可抵税

专项附加扣除，这个看似专业的术语和每个人息息相关，也是个人所得税法第七次大修的一个亮点。

今后计算个税，在扣除基本减除费用标准和"三险一金"等专项扣除外，还可以享受子女教育支出、继续教育支出、大病医疗支出、住房贷款利息和住房租金等专项附加扣除。

值得关注的是，新个税法将社会关注度较高的赡养老人支出，扩充计入专项附加扣除范围。允许赡养老人支出税前扣除，旨在弘扬尊老孝老的传统美德，充分考虑我国人口老龄化日渐加快，工薪阶层独生子女家庭居多、赡养老人负担较重等实际情况。这未必是老年朋友的有力保障，但为敬老养老提供了税法支持。

3）尊重知识鼓励创作

稿酬纳税改革是新个税法个税改革的重点内容，也是社会关注的焦点。稿酬所得需要长期智力投入，在税负上应给予一定优惠。这是对知识的尊重，对文化的呼吁。新个税法规定，劳务报酬所得、稿酬所得、特许权使用费所得以收入减除20%的费用后的余额为收入额。其中，稿酬所得的收入额减按70%计算。如以10万元稿酬为例，将先减除20%，以80000元为收入额纳入综合收入，之后按照70%即56000元计算个税。

7.2 个人所得税计算

7.2.1 综合所得

综合所得采用7级超额累进税率，实行按月综合征收。具体税率表如表7-1所示。

表7-1 综合所得个人所得税税率表

级数	全年应纳税所得额	税率（%）	速算扣除数
1	不超过36000元的	3	0
2	超过36000元至144000元的部分	10	2520
3	超过144000元至300000元的部分	20	16920
4	超过300000元至420000元的部分	25	31920
5	超过420000元至660000元的部分	30	52920
6	超过660000元至960000元的部分	35	85920
7	超过960000元的部分	45	181920

7.2.2　经营所得

经营所得采用5级超额累进税率，实行按年综合征收。具体税率表如表7-2所示。

表7-2　经营所得个人所得税税率表

级数	应纳税所得额（含税）	税率（%）	速算扣除数
1	不超过30000元的部分	5	0
2	超过30000元到90000元的部分	10	1500
3	超过90000元至300000元的部分	20	10500
4	超过300000元至500000元的部分	30	40500
5	超过500000元的部分	35	65500

7.2.3　利息、股息、红利等及其他所得

对利息、股息、红利所得，偶然所得，其他所得，遗产继承所得和接受捐赠所得等非劳动所得采用20%的比例税率，分项按月（或按次）征收，不作任何扣除，并对一次性收入畸高的实行加成征收。对一次性收入超过100万元不超过500万元的，加五成征收；对一次性收入超过500万元的，加十成征收。

7.3　新个人所得税的专项附加扣除

新的个税政策，针对一些特别项目支出的抵扣，充分体现了个税改革人性化特色。通过新个税政策的实施，对于满足条件的人员，能够在现有基础上减少缴税的额度。先来看一下这些政策的具体内容。

7.3.1　子女教育费用支出的税金扣除

纳税人的子女从满3岁起，若入学的话，那么每月便可以抵扣1000元，全年可抵扣12000元。抵扣的方式既可以选择夫妻双方中的一方100%扣除，也可以夫妻各自扣除50%。子女教育专项扣除细则如表7-3所示。

表7-3　子女教育专项扣除细则

扣除项目	扣除需满足的条件	扣除标准			
子女教育	学前教育（3岁至小学前）	1.2万元/年	0.1万元/月	100%扣除	50%扣除
	义务教育（小学、初中教育）				

扣除项目	扣除需满足的条件	扣除标准			
子女教育	高中阶段教育（普通高中、中等教育、技工教育）	1.2万元/年	0.1万元/月	100%扣除	50%扣除
	高等教育（大学专科、大学本科、硕士研究生、博士研究生教育）				

7.3.2 继续教育费用支出的税金扣除

纳税人接受继续教育的费用，也在抵扣范围内。继续教育分两种情况：一是国内的学历教育，每月可扣除400元；二是技能教育，在取得相应证书的当年进行全年累计扣除，可扣除3600元。继续教育专项扣除细则如表7-4所示。

表7-4 继续教育专项扣除细则

扣除项目	扣除需满足的条件	扣除标准		备注
		年度	月度	
继续教育	在中国境内接受学历（学位）继续教育期间	4800元/年	400元/月	扣除期限不能超过48个月
	接受技能人员职业资格继续教育、专业技术人员职业资格继续教育的支出，在取得相关证书的当年	3600元/年	—	
	接受本科及以下学历（学位）继续教育	4800元/年	400元/月	可以选择由其父母扣除，也可以选择由本人扣除

7.3.3 大病医疗费用支出的税金扣除

纳税人发生大病医疗时，其支出也可以扣除。具体要求比较高，除报销部分以外，个人支出超过了1.5万元，才准许抵扣。其具体的标准如表7-5所示。

表7-5 大病医疗费用支出专项扣除细则

扣除项目	扣除标准		备注
大病医疗	扣除医保报销后个人负担（指医保目录范围内的自付部分）累计超过15000元的部分	在80000元限额内据实扣除	可以选择由本人或者其配偶扣除
			未成年子女发生的医药费用支出可以选择由其父母一方扣除

7.3.4　住房贷款利息支出的税金扣除

假若纳税人拥有了首套住房，且支付月供，那么纳税人便可以享受住房贷款利息支出的税金扣除政策，每月可扣除1000元。这里需要说明的是，这项政策只对首套房有效，第二套及以上套数的住房则不能享受该政策。其具体的标准如表7-6所示。

表7-6　住房贷款利息支出专项扣除细则

扣除项目	扣除需满足的条件	扣除标准		备注
		年度	月度	
住房贷款利息	发生的首套住房贷款利息支出	1.2万元/年	1000元/月	扣除期限最长不超过240个月
	夫妻双方婚前各自拥有首套住房，且发生贷款利息支出			可以选择一方按100%扣除，也可以按双方各自50%扣除

7.3.5　住房租金支付的税金扣除

如果纳税人当前没有住房且租房住，那么便可以享受到住房租金支付的税金扣除政策，政策中针对不同的城市设定了不同的抵扣额度标准，具体如表7-7所示。

表7-7　住房租金支付专项扣除细则

扣除项目	扣除需满足的条件	扣除标准		备注
		年度	月度	
住房租金	在直辖市、省会（首府）城市、计划单列市以及国务院确定的其他城市租房的	1.8万元/年	1500元/月	1. 纳税人的配偶在纳税人的主要工作城市有自有住房的，视同纳税人在主要工作城市有自有住房
	除上述城市外市辖区户籍人口超过100万人的城市	1.32万元/年	1100元/月	2. 市辖区户籍人口，以国家统计局公布的数据为准
	除上述两项以外的其他城市	0.96万元/年	800元/月	

7.3.6　赡养老人支出的税金扣除

如果父母超过了60岁，纳税人便可以享受到赡养老人支出的税金扣除政策。国家对独生子女和非独生子女设置了不同的扣除标准，但扣除总额度标准都是一样的。非独生子女，按照独生子女的标准进行均摊或者是协商分摊便可，具体标准如表7-8所示。

表7-8 赡养老人支出专项扣除细则

扣除项目	扣除需满足的条件	扣除标准		备注
		年度	月度	
赡养老人	纳税人为独生子女的	2.4万元/年	2000元/月	
	纳税人为非独生子女的	分摊	分摊	赡养人均摊或者约定分摊，每人分摊的额度不能超过每月1000元

注：被赡养人是指年满60岁的父母，以及子女均已去世的年满60岁的祖父母、外祖父母。

7.4 新个人所得税的5个重要变化

7.4.1 提高了普惠工薪阶层的减除费用标准

我国税收制度改革2018年伊始就已经开始迈出脚步：一脚坚定地踏向减税，另一脚则是优化税制结构，推动地方税体系构建。

那么，2018年全国人大公布的《中华人民共和国个人所得税法修正案（草案）》的主要变化有哪些呢？

新个税法提高了基本减除费用标准。随着我国人口红利的消失，人口成本正在逐步提高，原有的减除费用标准已与当今实际工资标准和物价水准等情况不相吻合。从2018年10月1日起，基本减除费用标准，也就是俗称的起征点，从原来每人每月3500元提高至5000元（每人每年6万元），这给工薪阶层带来了福音，也符合当下国内生活水准的现状。

7.4.2 扩大了具有调节意义的税率级距

社会结构要稳定，一定是一个橄榄形状，中产阶级是整个社会最稳定的力量。因此，有必要对个税进行一个大的调整，让普通人少缴税，让富人阶层多缴税，才能起到调节收入分配的作用。

具体来说，调整税率级距，对于中等收入人群来说，减税力度明显。如3%税率的级距，起征点往上的3000元部分，都按3%征税。

7.4.3 增加了更富人性价值的扣除项目

2018年10月的个税改革首次设立专项附加扣除，围绕与群众生活密切相关的支出领域，在现行税法基本养老、医疗、失业保险金和住房公积金税前扣除的基础上，额外增加子女教育、继续教育、大病医疗、住房贷款利息或住房租金、赡养老人6项专项附加扣除，进一步增强税制的公平合理性。

7.4.4　具有尊重性和导向性的额外优惠

个人所得税法修订后，增加了稿酬所得等项目的费用扣除。该项政策是在保留分项扣除的基础上，扩大了基本扣除，减税效应更大，有利于降低人力资本的税收负担，促进我国科技成果的转化以及人力资本的形成，有利于促进经济增长。此外，职务科技成果转化还可获得个税应纳税所得额减半征收等税收优惠。

7.4.5　综合征税与分类征税并行

我国个人所得税法修订后，对工资薪金、劳务报酬、稿酬、特许权使用费采用综合计征的方式，对股息红利、财产转让所得、财产租赁所得等其他税目依然采用分类计征的方式，逐步建立起综合与分类相结合的税制。从税制公平的角度看，综合计征能够平衡不同收入来源但收入水平一致的纳税人的税负，即税法所说的横向公平，使同等收入的人缴纳同等税额的税收。

 ## 7.5　个人所得税纳税申报

7.5.1　工资、薪金所得

（1）工资、薪金所得计算方法

工资、薪金所得是指个人因任职或受雇而取得的工资、薪金、奖金、年终加薪、劳动分红、津贴、补贴以及与任职、受雇有关的其他所得。

工资、薪金以每月收入额减除费用扣除标准后的余额为应纳税所得额。适用7级超额累进税率（3%至45%）计缴个人所得税。

（2）工资、薪金所得计算公式

工资、薪金所得计算公式如下。

应纳税所得额＝税前工资收入金额－五险一金（个人缴纳部分）－费用减除额－5000

扣减的5000元叫起征点，或免征额，是指在起征点以下的工资、薪金所得，将免缴个人所得税。

个人所得税实行超额累进税率。超额累进税率是指把同一计税基数划分为相应等级，适用各等级的税率分别计算税额，各等级税额之和便是应纳个人所得税额。也就是说，个人所得税的计算，不是工资、薪金所得直接减去起征点来计算，它要分成7个等级。工资、薪金所得超过起征点后，在不同等级按不同的税率计算税金，然后将各等级计算的税金相加，得出应纳税额。

（3）速算扣除法

速算扣除数是指为解决超额累进税率分级计算税额的复杂性，而预先计算出的一个数据。直白地说，就是应纳税所得额乘上其对应的税率后，再减去其速算扣除数。进行速算扣除时，也要考虑免征额。计算公式如下。

应纳税额＝应纳税所得额×税率－速算扣除数

（4）工资、薪金所得的申报流程

工资、薪金所得的申报并不在电子税务网上直接进行，而是进入自然人税收管理系统申报。具体步骤如下。

① 下载安装自然人税收管理系统，安装过程中注意密码的设置和初始密码的填写，安装后登录。

② 点击"人员信息采集"后，点击"添加"，之后，页面会弹出填写框，输入员工的信息，包括姓名、身份证号码。

③ 录入好员工信息后，返回到"人员信息采集"页面，就可以看到刚刚录入的员工信息，然后选中员工信息条，点击"报送"。当身份证验证状态显示"验证通过"后，就说明员工信息采集成功。

④ 员工信息采集成功后，填写申报表。点击主界面的"扣缴所得税报告表填写"之后，页面会弹出工资薪金录入界面，点击"添加"。

⑤ 点击"添加"后，页面会弹出工资录入对话框，录入员工的工资信息。员工的工资信息录入成功后，在工资录入界面，会显示自己刚刚录入的员工工资信息条。

⑥ 返回到申报系统主界面，点击"申报表报送"，页面会弹出报送选择，勾选报告表，点击"发送申报"。

⑦ 点击"发送申报"后，页面会弹出密码输入对话框，输入申报密码，点击"确认"。然后，页面会弹出申报反馈信息，如果显示申报成功，则使用自然人税收管理系统申报个人所得税就完成了。

7.5.2　经营所得

（1）经营所得计算方法

新个税法将原"个体工商户的生产、经营所得"和"对企事业单位的承包经营、承租经营所得"合并为"经营所得",表述更为科学。经营所得是指个体工商户、个人独资企业、合伙企业等非法人组织(不包括法人分支机构)从事工业、手工业、建筑业、交通运输业、商业、饮食业、服务业、修理业以及其他行业生产、经营取得的所得。

新个税法中对经营所得并没有进行准确细致的划分,我们可以通过图7-1来说明经营所得的定义及覆盖范围。

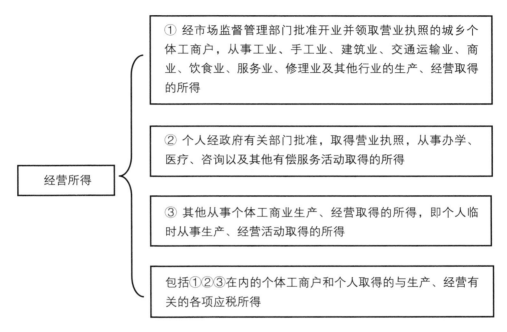

图7-1　经营所得的覆盖范围

(2)经营所得计算公式

经营所得,以每一纳税年度的收入总额减除成本、费用以及损失后的余额,为应纳税所得额。计算公式如下。

应纳税所得额 = 年度收入总额 - 成本、费用、税金及损失

个体工商户的收入总额包括销售货物收入、提供劳务收入、转让财产收入、利息收入、租金收入、接受捐赠收入、其他收入。上述其他收入包括个体工商户资产溢余收入、逾期一年以上的未退包装物押金收入、确实无法偿付的应付款项、已作坏账损失处理后又收回的应收款项、债务重组收入、补贴收入、违约金收入、汇兑收益等。

成本、费用、税金及损失包括:

① 成本,是指个体工商户在生产经营活动中发生的销售成本、销货成本、业务支出以及其他耗费。

② 费用，是指个体工商户在生产经营活动中发生的销售费用、管理费用和财务费用，已经计入成本的有关费用除外。

③ 税金，是指个体工商户在生产经营活动中发生的除个人所得税和允许抵扣的增值税以外的各项税金及其附加。《个体工商户个人所得税计税办法（2018修正）》第三十条规定："个体工商户代其从业人员或者他人负担的税款，不得税前扣除。"

④ 损失，是指个体工商户在生产经营活动中发生的固定资产和存货的盘亏、毁损、报废损失，转让财产损失、坏账损失、自然灾害等不可抗力因素造成的损失以及其他损失。

个体工商户发生的损失，减除责任人赔偿和保险赔款后的余额，参照财政部、国家税务总局有关企业资产损失税前扣除的规定扣除。

个体工商户已经作为损失处理的资产，在以后纳税年度又全部收回或者部分收回时，应当计入收回当期的收入。

⑤ 其他支出，是指除成本、费用、税金、损失外，个体工商户在生产经营活动中发生的与生产经营活动有关的、合理的支出。

以下是个体工商户成本、费用、税金及损失不予扣除的项目。

① 资本性支出，包括：为购置和建造固定资产、无形资产以及其他资产的支出，对外投资的支出。

② 被没收的财物、缴纳的罚款。

③ 缴纳的个人所得税，以及各种税收的滞纳金、罚金和罚款。

④ 各种赞助支出。

⑤ 自然灾害或者意外事故损失有赔偿的部分。

⑥ 分配给投资者的股利。

⑦ 用于个人的家庭的支出。

⑧ 与生产经营无关的其他支出。

⑨ 国家税务总局规定不准扣除的其他支出。

个体工商户生产经营活动中应当分别核算生产经营费用和个人、家庭费用。对混用难以分清的费用，其40%视为生产有关费用准予扣除。

个体工商户纳税年度发生的亏损，准予向以后年度结转，用以后年度的生产经营所得弥补，但结转年限最长不得超过5年。

（3）速算扣除法

在计算应纳税所得额时，也可以采用速算扣除法，这样可以简化计算个税的办法。计算公式如下。

应纳税所得额 = 收入总额 × 应税所得率

或：应纳所得税额 = 应纳税所得额 × 适应税率 − 速算扣除数

（4）经营所得的申报流程

进入自然人税收管理系统扣缴客户端，当单位类型是个体工商户、个人独资企业和合伙企业这3种类型之一时，系统上方会显示生产经营申报通道，点击"生产经营"进入可进行经营所得季度申报、缴款等操作。

填写"个人所得税经营所得纳税申报表（A表）"（以下简称A表，还有B表和C表，根据不同情形填写不同表格），具体内容填写说明请参考国家税务总局公告2019年第7号文件规定。填写无误后点击"保存"，系统校验通过会弹出"投资者预缴申报记录保存成功"提示框，点击"确定"即可。

点击"网上报税"，再点击"网上申报"，进入申报表报送界面，勾选纳税人后点击"发送申报"和"获取反馈"查看申报结果，显示申报成功即可。若需修改申报数据，可重新点击"预缴纳税申报"，再点击"启动更正"修改数据后进行更正申报，启动更正后企业所有投资人均需重新申报。

A表、B表和C表的格式如表7-9、表7-10、表7-11所示。

表7-9　个人所得税经营所得纳税申报表（A表）

税款所属期：　　　年　　月　　日　至　　年　　月　　日

纳税人姓名：

纳税人识别号：□□□□□□□□□□□□□□□□□□　　金额单位：人民币元（列至角分）

被投资 单位信息	名称		纳税人识别号 （统一社会信用代码）	
征收方式	□查账征收（据实预缴） □核定应税所得率征收 □税务机关认可的其他方式_____		□查账征收（按上年应纳税所得额预缴） □核定应纳税所得额征收	

项目	行次	金额/比例
一、收入总额	1	
二、成本费用	2	
三、利润总额（3＝1−2）	3	
四、弥补以前年度亏损	4	
五、应税所得率（%）	5	
六、合伙企业个人合伙人分配比例（%）	6	
七、允许扣除的个人费用及其他扣除（7＝8＋9＋14）	7	
（一）投资者减除费用	8	
（二）专项扣除（9＝10＋11＋12＋13）	9	
1.基本养老保险费	10	

续表

项目	行次	金额/比例
2. 基本医疗保险费	11	
3. 失业保险费	12	
4. 住房公积金	13	
（三）依法确定的其他扣除（14＝15＋16＋17）	14	
1.	15	
2.	16	
3.	17	
八、应纳税所得额	18	
九、税率（%）	19	
十、速算扣除数	20	
十一、应纳税额（21＝18×19－20）	21	
十二、减免税额（附报"个人所得税减免税事项报告表"）	22	
十三、已缴税额	23	
十四、应补/退税额（24＝21－22－23）	24	

谨声明：本表是根据国家税收法律法规及相关规定填报的，是真实的、可靠的、完整的。

纳税人签字：　　　年　　月　　日

经办人： 经办人身份证件号码： 代理机构签章： 代理机构统一社会信用代码：	受理人： 受理税务机关（章）： 受理日期：　年　　月　　日

A表适用于查账征收和核定征收的个体工商户业主、个人独资企业投资人、合伙企业个人合伙人、承包承租经营者个人以及其他从事生产、经营活动的个人在中国境内取得经营所得，办理个人所得税预缴纳税申报时，向税务机关报送。

合伙企业有两个或者两个以上个人合伙人的，应分别填报本表。

表7-10　个人所得税经营所得纳税申报表（B表）

税款所属期：　　年　　月　　日　至　　年　　月　　日

纳税人姓名：

纳税人识别号：□□□□□□□□□□□□□□□□□　　金额单位：人民币元（列至角分）

被投资单 位信息	名称		纳税人识别号 （统一社会信用代码）	
项目			行次	金额/比例
一、收入总额			1	
其中：国债利息收入			2	
二、成本费用（3＝4＋5＋6＋7＋8＋9＋10）			3	
（一）营业成本			4	

项目	行次	金额/比例
（二）营业费用	5	
（三）管理费用	6	
（四）财务费用	7	
（五）税金	8	
（六）损失	9	
（七）其他支出	10	
三、利润总额（11 = 1 - 2 - 3）	11	
四、纳税调整增加额（12 = 13 + 27）	12	
（一）超过规定标准的扣除项目金额（13 = 14 + 15 + 16 + 17 + 18 + 19 + 20 + 21 + 22 + 23 + 24 + 25 + 26）	13	
1. 职工福利费	14	
2. 职工教育经费	15	
3. 工会经费	16	
4. 利息支出	17	
5. 业务招待费	18	
6. 广告费和业务宣传费	19	
7. 教育和公益事业捐赠	20	
8. 住房公积金	21	
9. 社会保险费	22	
10. 折旧费用	23	
11. 无形资产摊销	24	
12. 资产损失	25	
13. 其他	26	
（二）不允许扣除的项目金额（27 = 28 + 29 + 30 + 31 + 32 + 33 + 34 + 35 + 36）	27	
1. 个人所得税税款	28	
2. 税收滞纳金	29	
3. 罚金、罚款和被没收财物的损失	30	
4. 不符合扣除规定的捐赠支出	31	
5. 赞助支出	32	
6. 用于个人和家庭的支出	33	
7. 与取得生产经营收入无关的其他支出	34	
8. 投资者工资薪金支出	35	
9. 其他不允许扣除的支出	36	
五、纳税调整减少额	37	
六、纳税调整后所得（38 = 11 + 12 - 37）	38	
七、弥补以前年度亏损	39	

续表

项目	行次	金额/比例
八、合伙企业个人合伙人分配比例（%）	40	
九、允许扣除的个人费用及其他扣除（41＝42＋43＋48＋55）	41	
（一）投资者减除费用	42	
（二）专项扣除（43＝44＋45＋46＋47）	43	
1. 基本养老保险费	44	
2. 基本医疗保险费	45	
3. 失业保险费	46	
4. 住房公积金	47	
（三）专项附加扣除（48＝49＋50＋51＋52＋53＋54）	48	
1. 子女教育	49	
2. 继续教育	50	
3. 大病医疗	51	
4. 住房贷款利息	52	
5. 住房租金	53	
6. 赡养老人	54	
（四）依法确定的其他扣除（55＝56＋57＋58＋59）	55	
1. 商业健康保险	56	
2. 税延养老保险	57	
3.	58	
4.	59	
十、投资抵扣	60	
十一、准予扣除的个人捐赠支出	61	
十二、应纳税所得额（62＝38－39－41－60－61）或 [62＝（38－39）×40－41－60－61]	62	
十三、税率（%）	63	
十四、速算扣除数	64	
十五、应纳税额（65＝62×63－64）	65	
十六、减免税额（附报"个人所得税减免税事项报告表"）	66	
十七、已缴税额	67	
十八、应补/退税额（68＝65－66－67）	68	

谨声明：本表是根据国家税收法律法规及相关规定填报的，是真实的、可靠的、完整的。

纳税人签字：　　年　　月　　日

经办人：	受理人：
经办人身份证件号码：	
代理机构签章：	受理税务机关（章）：
代理机构统一社会信用代码：	受理日期：　　年　　月　　日

　　B表适用于个体工商户业主、个人独资企业投资人、合伙企业个人合伙人、承包

承租经营者个人以及其他从事生产、经营活动的个人在中国境内取得经营所得，且实行查账征收的，在办理个人所得税汇算清缴纳税申报时，向税务机关报送。

合伙企业有两个或者两个以上个人合伙人的，应分别填报本表。

表7-11 个人所得税经营所得纳税申报表（C表）

税款所属期： 年 月 日至 年 月 日

纳税人姓名：

纳税人识别号：□□□□□□□□□□□□□□□□□□ 金额单位：人民币元（列至角分）

被投资单位信息			单位名称	纳税人识别号（统一社会信用代码）	投资者应纳税所得额
	汇总地				
	非汇总地	1			
		2			
		3			
		4			
		5			

项目	行次	金额/比例
一、投资者应纳税所得额合计	1	
二、应调整的个人费用及其他扣除（2=3+4+5+6）	2	
（一）投资者减除费用	3	
（二）专项扣除	4	
（三）专项附加扣除	5	
（四）依法确定的其他扣除	6	
三、应调整的其他项目	7	
四、调整后应纳税所得额（8=1+2+7）	8	
五、税率（%）	9	
六、速算扣除数	10	
七、应纳税额（11=8×9−10）	11	
八、减免税额（附报"个人所得税减免税事项报告表"）	12	
九、已缴税额	13	
十、应补/退税额（14=11−12−13）	14	

谨声明：本表是根据国家税收法律法规及相关规定填报的，是真实的、可靠的、完整的。

纳税人签字： 年 月 日

经办人：	受理人：
经办人身份证件号码：	
代理机构签章：	受理税务机关（章）：
代理机构统一社会信用代码：	受理日期： 年 月 日

C表适用于个体工商户业主、个人独资企业投资人、合伙企业个人合伙人、承包承租经营者个人以及其他从事生产、经营活动的个人在中国境内两处以上取得经营所得，办理合并计算个人所得税的年度汇总纳税申报时，向税务机关报送。

7.5.3　劳务报酬所得

劳务报酬所得与工资、薪金所得有着本质区别，存在雇佣与被雇佣关系的为工资、薪金所得，不存在雇佣与被雇佣关系的为劳务报酬所得。

劳务报酬所得是指个人从事设计、装潢、安装、制图、化验、测试、医疗、法律、会计、咨询、讲学、新闻、广播、翻译、审稿、书画、雕刻、影视、录音、录像、演出、表演、广告、展览、技术服务、介绍服务、经纪服务、代办服务以及其他劳务取得的所得。

（1）劳务报酬的应纳税所得额

① 居民个人的综合所得，以每一纳税年度的收入额减除费用6万元以及专项扣除、专项附加扣除和依法确定的其他扣除后的余额，为应纳税所得额。

② 非居民个人的工资、薪金所得，以每月收入额减除费用5000元后的余额为应纳税所得额；劳务报酬所得、稿酬所得、特许权使用费所得，以每次收入额为应纳税所得额。

（2）劳务报酬的税率

劳务报酬所得，适用综合所得个人所得税3%至45%的超额累进税率。

（3）劳务报酬个人所得税的计算

劳务报酬所得、稿酬所得、特许权使用费所得以收入减除20%的费用后的余额为收入额。然后与工资、薪金所得，稿酬所得，特许权使用费所得合并在一起按新税率计算缴纳个税。

（4）劳务报酬申报流程

劳务报酬所得属于综合所得的内容，其申报流程按综合所得的申报流程进行。

7.5.4　稿酬所得

稿酬是智力劳动的成果。稿酬所得是指个人因其作品以图书、报刊形式出版、发表而取得的所得。将稿酬所得独立划归一个征税项目，而对不以图书、报刊形式出版、发表的翻译、审稿、书画所得归为劳务报酬所得，主要是考虑了出版、发表作品的特殊性。

（1）稿酬税收优惠

2018年的个人所得税法修正案中，对纳税人取得的稿酬等收入，允许扣除相关成本费用。修改后的个人所得税法规定，允许劳务报酬、稿酬、特许权使用费3类收入在扣除20%的费用后计算纳税。也就是说，按照原收入额打8折后计算纳税。同时，为鼓励创作，稿酬所得在允许扣除20%费用的基础上，进一步给予再减按70%计算的优惠。两项因素叠加，稿酬收入实际上相当于按5.6折计算纳税。也就是100元的稿酬收入，按照56元来计算纳税。

（2）稿酬所得的界定

从个人所得税法规定来看，稿酬所得需有"图书""报刊"形式的实际出版、发表为前提。那么从互联网、微信公众号、公司内部报刊取得的稿酬，显然不在税法规定的稿酬所得之列。至于如何征税，税法尚未明确，需跟主管税局沟通。

（3）适用税率

稿酬所得，适用3%至45%的综合所得个人所得税税率表（如表7-1所示）。在稿酬所得超过起征点5000元后，须缴纳个人所得税。

（4）应纳所得税额的确定

稿酬所得，以每次出版、发表取得的收入为一次。计算公式如下：

稿酬所得 = 每次稿酬收入 × （1 − 20%） × 70%

应纳个人所得税 = 稿酬所得 × 税率 − 速算扣除数

如何界定每次的"次"，应注意两方面的内容。

① 个人每次以图书、报刊方式出版、发表同一作品（文字作品、书画作品、摄影作品以及其他作品），不论出版单位是预付还是分笔支付稿酬，或者加印该作品后再付稿酬，均应合并其稿酬所得按一次计征个人所得税。

在两处或两处以上出版、发表或再版同一作品而取得稿酬所得，则可分别各处取得的所得或再版所得按分次所得计征个人所得税。

② 个人的同一作品在报刊上连载，应合并其因连载而取得的所有稿酬所得为一次，按税法规定计征个人所得税。在其连载之后又出书取得稿酬所得，或先出书后连载取得稿酬所得，应视同再版稿酬分次计征个人所得税。

（5）稿酬所得申报流程

稿酬所得属于综合所得的内容，其申报流程按综合所得的申报流程进行。

7.5.5　特许权使用费所得

特许权使用费所得是指个人提供专利权、商标权、著作权、非专利技术以及其他特许权的使用权取得的所得；提供著作权的使用权取得的所得，不包括稿酬所得。

（1）应纳税所得额的确定

特许权使用费的计算口径，是以一项特许权的一次使用费作为一次个人所得税的申报纳税口径。如果某一个纳税人拥有多项特许权，并且分别多次收取使用费，则应按照每项特许权的每一次收取的使用费来分别进行申报纳税。

（2）适用税率

特许权使用费所得，适用3%至45%的综合所得个人所得税税率表（如表7-1所示）。在特许权使用费所得超过起征点5000元后，须缴纳个人所得税。

（3）特许权使用费所得与稿酬所得

特许权使用费所得与稿酬所得不同点在于：

① 提供著作权的使用权取得的所得，不包括稿酬的所得；

② 对于作者将自己的文字作品手稿原件或复印件公开拍卖（竞价）取得的所得，属于提供著作权的使用所得，故应按特许权使用费所得项目征收个人所得税；

③ 个人取得特许权的经济赔偿收入，应按特许权使用费所得应税项目缴纳个人所得税，税款由支付赔款的单位或个人代扣代缴。

（4）特许权使用费申报流程

特许权使用费属于综合所得的内容，其申报流程按综合所得的申报流程进行。

7.5.6　财产租赁所得

财产租赁所得是指个人出租建筑物、土地使用权、机器设备、车船以及其他财产取得的所得。

个人取得的财产转租收入，属于财产租赁所得的征税范围，由财产转租人缴纳个人所得税。

（1）应纳税所得额

财产租赁所得是以一个月内取得的租金收入为一次缴纳个人所得税。财产租赁所得按照定额与比例相结合的方法扣除费用。

财产租赁所得，每次收入不超过4000元的，减除费用800元；4000元以上的，减除20%的费用，其余额为应纳税所得额。

（2）适用税率

财产租赁所得的正常税率是20%。

（3）允许扣除项目

个人出租财产取得的财产租赁收入，在计算缴纳个人所得税时，应依次扣除以下费用。

① 财产租赁过程中缴纳的税费。

② 由纳税人负担的该出租财产实际开支的修缮费用。

③ 税法规定的费用扣除标准。

（4）财产租赁所得申报流程

财产租赁所得属于分类所得的内容，其申报流程与综合所得的申报流程基本一样，只是填报时，填写"分类所得申报"，而不是"综合所得申报"。

7.5.7　财产转让所得

财产转让所得是指个人转让有价证券、股权、建筑物、土地使用权、机器设备、车船以及其他财产取得的所得。

（1）计征方法

财产转让所得的计征方法是按次计征。

（2）应纳税所得额

以转让财产取得的收入额减除财产原值和合理费用后的余额，为应纳税所得额。

（3）适用税率及应纳税额

财产转让所得的正常税率是20%。

财产转让所得的应纳税额 =（收入总额 – 财产原值 – 合理费用）× 20%

（4）财产原值及合理费用

财产原值包括：

① 有价证券：为买入价以及买入时按照规定缴纳的有关费用；

② 建筑物：为建造费或购进价格以及其他有关费用；

③ 土地使用权：为取得土地使用权所支付的金额、开发土地的费用以及其他有关费用；

④ 机器设备、车船：为购进价格、运输费、安装费以及其他有关费用；

⑤ 其他财产：参照以上方法确定。

⑥ 纳税义务人未提供完整、准确的财产原值凭证的，不能正确计算财产原值的，由主管税务机关核定其财产原值。

财产转让所得计税时允许扣除的合理费用是指卖出财产时按规定支付的有关费用。

（5）财产转让所得申报流程

财产转让所得属于分类所得的内容，其申报流程与财产租赁所得为同一张报表，其申报流程也按分类所得进行申报。

7.5.8　利息、股息、红利等及其他所得

（1）应纳税所得额

利息、股息、红利所得，偶然所得和其他所得，是以每次收入额为应纳税所得额。利息、股息、红利所得，偶然所得和其他所得以其全部价款为收入，不能扣除相关费用，也没有免征额的规定。

（2）适用税率

利息、股息、红利所得，财产租赁所得，财产转让所得，偶然所得和其他所得，皆适用比例税率，税率为20%。

（3）计征方法

利息、股息、红利等及其他所得的计征方法是按次计征。每获得一次利息、股息、红利和偶然所得为一次。

（4）利息、股息、红利等及其他所得申报流程

利息、股息、红利等及其他所得属于分类所得的内容，其申报流程与财产租赁所得为同一张报表，其申报流程也按分类所得进行申报。

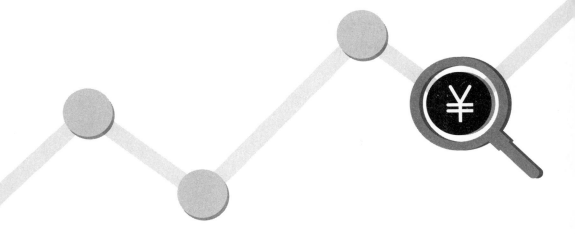

第 **8** 章

财产税纳税实务

　　每个企业、每个人都有一定的财产，包括不动产和动产，于是财产税就引起了人们的普遍关注。特别是房产税，更是成了政府调节购房的重要手段。而且财产税也越来越成为税务稽查的重点，会计人员任何的疏忽或漠视，都可能给企业带来损失。

8.1 房产税

8.1.1 认识房产税

房产税是以房屋为征税对象，按房屋的计税余值或租金收入为计税依据，向产权所有人征收的一种房屋财产税。

（1）房产税的特点

① 房产税属于财产税中的个别财产税，其征税对象只是房屋。

② 征收范围限于城镇的经营性房屋。

③ 区别房屋的经营使用方式规定征税办法，对于自用的按房产计税余值征收，对于出租房屋按租金收入征税。

（2）房产税的征收范围

并非对所有的房屋都征收房产税，而仅仅是对城镇的商品房、经营性房屋征税。

（3）房产税的征收标准

房产税实行房屋从价计征或者房屋从租计征。

房屋从价计征：是按房屋房产的原值减除一定比例后的房屋余值计征。

房屋从租计征：是按房屋房产的租金收入计征。

从价计征的，其计税依据为房产原值一次减去10%～30%后的余值。具体减除幅度由省、自治区、直辖市人民政府确定。

从租计征的（房产出租的），以房产租金收入为计税依据。

房产税税率采用比例税率。按照房产余值计征的，年税率为1.2%；按照房产租金收入计征的，年税率为12%。

房产税应纳税额的计算分为以下两种情况。

① 以房产原值为计税依据的，其计算公式如下。

应纳税额＝房产原值×（1－10%或30%）×税率（1.2%）

② 以房产租金收入为计税依据的，其计算公式如下。

应纳税额＝房产租金收入×税率（12%）

8.1.2 缴纳房产税

（1）纳税时间

根据取得房产经营收入或租金的时间不同，纳税时间有不同规定。

① 纳税人将原有房产用于生产经营，从生产经营之月起，缴纳房产税。

② 纳税人自行新建房屋用于生产经营，从建成之次月起，缴纳房产税。

③ 纳税人委托施工企业建设的房屋，从办理验收手续之次月起，缴纳房产税。

④ 纳税人购置新建商品房，自房屋交付使用之次月起，缴纳房产税。

⑤ 纳税人购置存量房，自办理房屋权属转移、变更登记手续，房地产权属登记机关签发房屋权属证书之次月起，缴纳房产税。

⑥ 纳税人出租、出借房产，自交付出租、出借房产之次月起，缴纳房产税。

⑦ 房地产开发企业自用、出租、出借该企业建造的商品房，自房屋使用或交付之次月起，缴纳房产税。

（2）纳税期限

房产税实行按年计算、分期缴纳的征收方法，具体纳税期限由省、自治区、直辖市人民政府确定。

（3）纳税地点

房产税在房产所在地缴纳。房产不在同一地方的纳税人，应按房产的坐落地点分别向房产所在地的税务机关纳税。

（4）纳税申报

房产税的纳税人应按照条例的有关规定，及时办理纳税申报，并如实填写"房产税纳税申报表"。

纳税人房产税远程申报操作步骤如下。

第一步：进入税务局申报系统。从"本月应申报税种"栏选择"房产税"。如果没有"房产税"，可从"其他税种申报"栏中选择"房产税"，进入登记房产信息页面。

第二步：登记房产信息。登记房产信息页面上将显示您已经登记过的所拥有房产信息，包括自有房产、出租房产、承租房产、转租房产。因房产数据信息迁移、系统升级、管理精细化的需要等原因，已登记过的房产信息还需要进一步补充，如房产坐落地点（县区或市，乡镇或办事处，街道或路）信息不完整，房产证号缺失，请根据实际情况予以补正修改。

第三步：填写房产税纳税申报表。房产登记信息处理完毕后点击"提交房产信息"，提交完成的登记房产信息，并跳转至房产税纳税申报表填写页面。

房产税纳税申报表是根据登记的房产税源信息自动产生的，包括自有自用房产应缴纳的房产税和自有出租房产应缴纳的房产税。

房产税纳税申报表如表8-1所示。

表8-1 房产税纳税申报表

税款所属期：自 年 月 日至 年 月 日 填表日期： 年 月 日　　金额单位：元至角分；面积单位：平方米

纳税人识别号 □□□□□□□□□□□□□□□□□□

纳税人信息	名称		纳税人分类	单位□ 个人□ ×
	登记注册类型 ×		所属行业	
	身份证件类型	身份证□ 护照□ 其他□＿＿	身份证件号码	
	联系人＿＿		联系方式	

一、从价计征房产税

房产编号	房产原值	其中：出租房产原值	计税比例	税率	所属期起	所属期止	本期应纳税额	本期减免税额	本期已缴税额	本期应补（退）税额
1 ×										
2 ×										
3 ×										
4 ×										
5 ×										
6 ×										
7 ×										
8 ×										
9 ×										
10 ×										
合计 ×	×	×	×	×	×	×				

174

续表

1					
2					
3					
合计	×				

以下由纳税人填写：

纳税人声明	此纳税申报表是根据《中华人民共和国房产税暂行条例》和国家有关税收规定填报的，是真实的、可靠的、完整的。	
代理人签章		代理人身份证号
纳税人签章		

以下由税务机关填写：

受理人	受理日期	年　月　日	受理税务机关签章

本表一式两份，一份纳税人留存，一份税务机关留存。

8.2 车船税

8.2.1 认识车船税

车船税是以车船为特征对象，向车辆、船舶的所有人或者管理人征收的一种税。此处所称车船是指依法应当在车船管理部门登记的车船。

（1）车船税的征收范围

车船税的征收范围是指依法应当在我国车船管理部门登记的车船（除规定减免的车船外）。

车辆包括机动车辆和非机动车辆。机动车辆，指依靠燃油、电力等能源作为动力运行的车辆，如汽车、拖拉机、无轨电车等；非机动车辆，指依靠人力、畜力运行的车辆，如三轮车、自行车、畜力驾驶车等。

船舶包括机动船舶和非机动船舶。机动船舶，指依靠燃料等能源作为动力运行的船舶，如客轮、货船、气垫船等；非机动船舶，指依靠人力或者其他力量运行的船舶，如木船、帆船、舢板等。

（2）车船税的减免标准

1）对节能汽车，减半征收车船税

减半征收车船税的节能乘用车应同时符合以下标准。

① 获得许可在中国境内销售的排量为1.6升以下（含1.6升）的燃用汽油、柴油的乘用车（含非插电式混合动力、双燃料和两用燃料乘用车）。

② 综合工况燃料消耗量应符合标准。

减半征收车船税的节能商用车应同时符合以下标准。

① 获得许可在中国境内销售的燃用天然气、汽油、柴油的轻型和重型商用车（含非插电式混合动力、双燃料和两用燃料轻型和重型商用车）。

② 燃用汽油、柴油的轻型和重型商用车综合工况燃料消耗量应符合标准。

2）对新能源车船，免征车船税

免征车船税的新能源汽车是指纯电动商用车、插电式（含增程式）混合动力汽车、燃料电池商用车。纯电动乘用车和燃料电池乘用车不属于车船税征税范围，对其不征收车船税。

免征车船税的新能源汽车应同时符合以下标准。

① 获得许可在中国境内销售的纯电动商用车、插电式（含增程式）混合动力汽

车、燃料电池商用车。

② 符合新能源汽车产品技术标准。

③ 通过新能源汽车专项检测，符合新能源汽车标准。

④ 新能源汽车生产企业或进口新能源汽车经销商在产品质量保证、产品一致性、售后服务、安全监测、动力电池回收利用等方面符合相关要求。

免征车船税的新能源船舶应符合以下标准。

① 船舶的主推进动力装置为纯天然气发动机。

② 发动机采用微量柴油引燃方式且引燃油热值占全部燃料总热值的比例不超过5%的，视同纯天然气发动机。

（3）车船税的税目税额

车船税的税目税额如表8-2所示。

表8-2　车船税的税目税额

车船税的税目	车船税的计税单位	年基准税	备注
乘用车［按发动机汽缸容量（排气量）分档］1.0升（含）以下的	每辆	60元至360元	核定载客人数9人（含）以下
乘用车［按发动机汽缸容量（排气量）分档］1.0升以上至1.6升（含）的	每辆	300元至540元	核定载客人数9人（含）以下
乘用车［按发动机汽缸容量（排气量）分档］1.6升以上至2.0升（含）的	每辆	360元至660元	核定载客人数9人（含）以下
乘用车［按发动机汽缸容量（排气量）分档］2.0升以上至2.5升（含）的	每辆	660元至1200元	核定载客人数9人（含）以下
乘用车［按发动机汽缸容量（排气量）分档］2.5升以上至3.0升（含）的	每辆	1200元至2400元	核定载客人数9人（含）以下
乘用车［按发动机汽缸容量（排气量）分档］3.0升以上至4.0升（含）的	每辆	2400元至3600元	核定载客人数9人（含）以下
乘用车［按发动机汽缸容量（排气量）分档］4.0升以上的	每辆	3600元至5400元	核定载客人数9人（含）以下
商用车客车	每辆	480元至1440元	核定载客人数9人以上，包括电车
商用车货车	整备质量每吨	16元至120元	包括半挂牵引车、三轮汽车和低速载货汽车等
挂车	整备质量每吨	按照货车税额的50%计算	

续表

车船税的税目	车船税的计税单位	年基准税	备注
其他车辆专用作业车	整备质量每吨	16元至120元	不包括拖拉机
其他车辆轮式专用机械车	整备质量每吨	16元至120元	不包括拖拉机
摩托车	每辆	36元至180元	
机动船舶	净吨位每吨	3元至6元	拖船、非机动驳船分别按照机动船舶税额的50%计算
游艇	艇身长度每米	600元至2000元	无

8.2.2　缴纳车船税

缴纳车船税，必须填写"车船税纳税申报表"，如表8-3所示（见下页），一般都是在网上填写申报。

本表一式两份，一份纳税人留存，一份税务机关留存。

根据有关条例规定，在进行车险投保时，必须同时缴纳车船使用税，车船使用税可由保险公司代缴，纳税人不需要去国家税务部门，就可以完成车船税缴纳。当然，纳税人也可以自行申报。

8.3　契税

8.3.1　认识契税

（1）什么是契税

契税是指不动产（土地、房屋）产权发生转移变动时，就当事人所订契约按产价的一定比例向新业主（产权承受人）征收的一次性税收。

（2）契税的特征

① 征收契税的宗旨是保障不动产所有人的合法权益，契税带有规费性质，这是契税不同于其他税收的主要特点。

② 纳税人是产权承受人。当发生房屋买卖、典当、赠予或交换行为时，按转移变动的价值，对产权承受人课征一次性契税。

③ 契税采用比例税率，即在房屋产权发生转移变动行为时，对纳税人依一定比例的税率课征。

表8-3　车船税纳税申报表

税款所属期限：自　年　月　日至　年　月　日　　填表日期：　年　月　日　　　　　金额单位：元至角分

纳税人识别号　□□□□□□□□□□

纳税人名称						纳税人身份证照类型							
纳税人身份证照号码						居住（单位）地址							
联系人						联系方式							

序号	（车辆）号牌号码/（船舶）登记号码	车船识别代码（车架号/船舶识别号）	征收品目	计税单位	计税单位的数量	单位税额	年应缴税额	本年减免税额	减免性质代码	减免税证明号	当年应缴税额	本年已缴税额	本期年应补（退）税额
	1	2	3	4	5	6	7＝5×6	8	9	10	11＝7－8	12	13＝11－12
合计	—	—	—	—	—	—			—	—			

申报车辆总数（辆）　　　　　　　　　申报船舶总数（艘）

以下由申报人填写：

纳税人声明	此纳税申报表是根据《中华人民共和国车船税法》和国家有关税收规定填报的，是真实的、可靠的、完整的。	
纳税人签章	代理人签章	代理人身份证号

以下由税务机关填写：

受理人	受理日期	受理税务机关（签章）

（3）契税的税率

契税实行3%～5%的幅度税率。实行幅度税率是考虑到中国经济发展的不平衡，各地经济差别较大的实际情况。因此，各省、自治区、直辖市人民政府可以在3%～5%的幅度税率规定范围内，按照该地区的实际情况决定。

（4）契税的计税依据

契税的计税依据为不动产的价格。由于土地、房屋权属转移方式不同，定价方法不同，因而具体计税依据视不同情况而决定。

契税采用比例税率。当计税依据确定以后，应纳税额的计算比较简单。

应纳税额的计算公式如下。

应纳税额 = 计税依据 × 税率

8.3.2　缴纳契税

（1）纳税义务发生时间

契税的纳税义务发生时间是纳税人签订土地、房屋权属转移合同的当天，或者纳税人取得其他具有土地、房屋权属转移合同性质凭证的当天。

（2）纳税期限

纳税人应当自纳税义务发生之日起10日内，向土地、房屋所在地的契税征收机关办理纳税申报，并在契税征收机关核定的期限内缴纳税款。

（3）纳税地点

契税在土地、房屋所在地的征收机关缴纳。

（4）征收管理

纳税人办理纳税事宜后，征收机关应向纳税人开具契税完税凭证。纳税人持契税完税凭证和其他规定的文件材料，依法向土地管理部门、房产管理部门办理有关土地、房屋的权属变更登记手续。土地管理部门和房产管理部门应向契税征收机关提供有关资料，并协助契税征收机关依法征收契税。

（5）契税纳税申报表

申报和缴纳契税时，应填写"契税纳税申报表"，如表8-4所示。权属转移对象、方式、用途逻辑关系对照表见表8-5。

表8-4 契税纳税申报表

填表日期： 年 月 日　　　　　　　　　　　　　　　　　　金额单位：元至角分；面积单位：平方米

纳税人识别号 □□□□□□□□□□

承受方信息	名称		登记注册类型		所属行业	□单位 □个人
	身份证件类型	身份证□ 护照□ 其他□___		身份证件号码		
	联系人				联系方式	
转让方信息	名称		登记注册类型		所属行业	□单位 □个人
	纳税人识别号		身份证件类型 设立下拉列框	身份证件号码	联系方式	
土地房屋权属转移信息	合同签订日期		土地房屋坐落地址		权属转移对象	
	权属转移方式 设立下拉列框		用途 设立下拉列框		家庭唯一住房	□90平方米以上 □90平方米及以下
	权属转移面积		成交价格		家庭第二套住房	□90平方米以上 □90平方米及以下
	评估价格		计税价格		成交单价	设立下拉列框×
税款征收信息	计征税额		计税性质代码		税率	
	减免税额		减免税额		应纳税额	

以下由纳税人填写：

纳税人声明	此纳税申报表是根据《中华人民共和国契税暂行条例》和国家有关税收规定填报的，是真实的、可靠的、完整的。
纳税人签章	代理人签章	代理人身份证号

以下由税务机关填写：

受理人	受理日期 年 月 日	受理税务机关签章

注：设立下拉列框说明

本表一式两份，一份纳税人留存，一份税务机关留存。

表8-5 权属转移对象、方式、用途逻辑关系对照表

权属转移对象			权属转移方式		用途
一级（大类）	二级（小类）	三级（细目）			
土地	无	无	土地使用权出让		1.居住用地；2.商业用地；3.工业用地；4.综合用地；5.其他用地
			土地使用权转让	土地使用权买卖	1.居住用地；2.商业用地；3.工业用地；4.综合用地；5.其他用地
				土地使用权赠与	1.居住用地；2.商业用地；3.工业用地；4.综合用地；5.其他用地
				土地使用权交换	1.居住用地；2.商业用地；3.工业用地；4.综合用地；5.其他用地
				土地使用权作价入股	1.居住用地；2.商业用地；3.工业用地；4.综合用地；5.其他用地
房屋	增量房	商品住房	1.房屋买卖；2.房屋赠与；3.房屋交换；4.房屋作价入股；5.其他		1.居住
		保障性住房	1.房屋买卖；2.房屋赠与；3.房屋交换；4.房屋作价入股；5.其他		1.居住
		其他住房	1.房屋买卖；2.房屋赠与；3.房屋交换；4.房屋作价入股；5.其他		1.居住
		非住房	1.房屋买卖；2.房屋赠与；3.房屋交换；4.房屋作价入股；5.其他		2.商业；3.办公；4.商住；5.附属建筑；6.工业；7.其他
	存量房	商品住房	1.房屋买卖；2.房屋赠与；3.房屋交换；4.房屋作价入股；5.其他		1.居住
		保障性住房	1.房屋买卖；2.房屋赠与；3.房屋交换；4.房屋作价入股；5.其他		1.居住

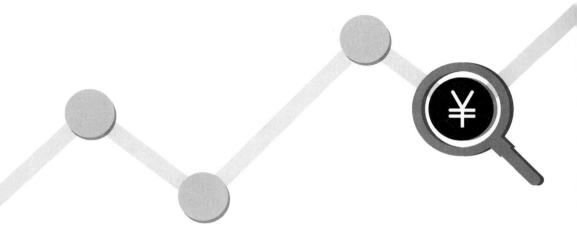

第 **9** 章

资源税纳税实务

资源税是国家为调节资源级差收入而征收的一种税收，以达到保护自然资源的目的。而土地使用税、耕地占用税、土地增值税都是在企业占用土地时必须缴纳的税收，这对于合理利用土地资源，加强土地管理，保护农用耕地有着重要意义。

9.1 资源税

9.1.1 认识资源税

资源税是以各种应税自然资源为课税对象，为了调节资源级差收入并体现国有资源有偿使用而征收的一种税。自然资源是指还没有经过人类加工的、直接存在于自然界的天然物品或空间。

（1）资源税纳税人

资源税纳税人是指在我国境内开采应税矿产品或者生产盐的单位和个人。

（2）资源税扣缴义务人

在某些情况下，可由收购未税矿产品的单位代为扣缴税款。

（3）资源税征税范围

其包括原油、天然气、煤炭、其他非金属矿原矿、黑色金属矿原矿、有色金属矿原矿、盐这7类，具体如表9-1所示。

表9-1　资源税税目税额表

税目		税率
一、原油		销售额的5%～10%
二、天然气		销售额的5%～10%
三、煤炭	焦煤	每吨8～20元
	其他煤炭	每吨0.3～5元
四、其他非金属矿原矿	普通非金属矿原矿	每吨或者每立方米0.5～20元
	贵重非金属矿原矿	每千克或者每克拉0.5～20元
五、黑色金属矿原矿		每吨2～30元
六、有色金属矿原矿	稀土矿	每吨0.4～60元
	其他有色金属矿原矿	每吨0.4～30元
七、盐	固体盐	每吨10～60元
	液体盐	每吨2～10元

（4）资源税的特点

1）征税范围较窄

自然资源是生产资料或生活资料的天然来源，它包括的范围很广，如矿产资源、土地资源、水资源、动植物资源等。我国的资源税征税范围较窄，仅选择了部分级差收入差异较大、资源较为普遍、易于征收管理的矿产品和盐列为征税范围。随着我国经济的快速发展，对自然资源的合理利用和有效保护将越来越重要。因此，资源税的征税范围应逐步扩大。

2）实行差别税额从价征收

2016年7月1日我国实行资源税改革，资源税征收方式由从量征收改为从价征收。

3）实行源泉课征

不论采掘或生产单位是否属于独立核算，资源税均规定在采掘或生产地源泉控制征收。这样既照顾了采掘地的利益，又避免了税款的流失。这与其他税种由独立核算的单位统一缴纳不同。

在私有制社会中，资源归私人所有，不同地方的资源产生了收益的差异。比如有的矿山很容易找到金子，有的矿山没有这种资源。过去为了平衡资源不同导致的收益差异，维护社会公平，开征了资源税。现在，国家征收资源税更多的是基于对环境的保护。

> **实例**
>
> 建明采矿公司2018年6月共开采锡矿石900万吨，销售锡矿石600万吨，适用税额每吨6元。建明采矿公司6月应缴纳的资源税税额为$600 \times 6 = 3600$万元。

9.1.2　缴纳资源税

（1）资源税的纳税期限

资源税纳税人的纳税期限为1日、3日、5日、10日、15日或者1个月，由主管税务机关根据实际情况具体核定。不能按固定期限计算纳税的，可以按次计算纳税。

纳税人以1个月为一期纳税的，自期满之日起10日内申报纳税；以1日、3日、5日、10日或者15日为一期纳税的，自期满之日起5日内预缴税款，于次月1日起10日内申报纳税并结清上月税款。

（2）资源税的纳税地点

纳税人应纳的资源税，应当向应税产品的开采或者生产所在地主管税务机关缴纳。

纳税人在本省、自治区、直辖市范围内开采或者生产应税产品，其纳税地点需要调整的，由省、自治区、直辖市税务机关决定。

纳税人跨省开采资源税应税产品，其下属生产单位与核算单位不在同一省、自治区、直辖市的，对其开采的矿产品，一律在开采地纳税，其应纳税款由独立核算、自负盈亏的单位，按照开采地的实际销售量（或者自用量）及适用的单位税额计算划拨。

扣缴义务人代扣代缴的资源税，应当向收购地主管税务机关缴纳。

（3）资源税纳税申报表

申报和缴纳资源税时，应填写"资源税纳税申报表"，如表9-2所示。

本表一式两份，一份纳税人留存，一份税务机关留存。

填表说明：

① 本表为资源税纳税申报表主表，适用于缴纳资源税的纳税人填报（另有规定者除外）。本表包括3个附表，分别为资源税纳税申报表附表（一）、附表（二）、附表（三），由开采或生产原矿类、精矿类税目的纳税人以及发生减免税事项的纳税人填写。除"本期已缴税额"需要填写外，纳税人提交附表后，本表由系统自动生成，无须纳税人手工填写，仅需签章确认（特殊情况下需要手工先填写附表、再填写主表的例外）。

② "纳税人识别号"：税务登记证件号码。"纳税人名称"：税务登记证件所载纳税人的全称。"填表日期"：纳税人申报当日日期。"税款所属时间"，是指纳税人申报的资源税应纳税额的所属时间，应填写具体的起止年、月、日。

③ 第1栏"税目"：是指规定的应税产品名称，多个税目的，可增加行次。第2栏"子目"：反映同一税目下适用税率、折算率或换算比不同的明细项目。子目名称由各省、自治区、直辖市、计划单列市税务机关根据本地区实际情况确定。

④ 第3栏"折算率或换算比"：反映精矿销售额折算为原矿销售额或者原矿销售额换算为精矿销售额的比值。除煤炭折算率由纳税人所在省、自治区、直辖市财税部门或其授权地市级财税部门确定外，其他应税产品的折算率或换算比由当地省级财税部门确定。

⑤ 第4栏"计量单位"：反映计税销售量的计量单位，如吨、立方米、千克等。

⑥ 第5栏"计税销售量"：反映计征资源税的应税产品销售数量，包括应税产品实际销售和视同销售两部分。从价计征税目计税销售额对应的销售数量视为计税销售量自动导入本栏。计税销售量即课税数量。

⑦ 第6栏"计税销售额"：反映计征资源税的应税产品销售收入，包括应税产品实际销售和视同销售两部分。

表9-2 资源税纳税申报表

根据国家税收法律法规及资源税有关规定制定本表。纳税人不论有无销售额，均应按照税务机关核定的纳税期限填写本表，并向当地税务机关申报。

税款所属时间：自 年 月 日至 年 月 日　填表日期： 年 月 日　金额单位：元至角分

纳税人识别号 □□□□□□□□□□□□□□□

纳税人名称	（公章）	法定代表人姓名		注册地址		生产经营地址	
开户银行及账号			登记注册类型			电话号码	

税目	子目	折算率或换算比	计量单位	计税销售量	计税销售额	适用税率	本期应纳税额 $8①=6×7$; $8②=5×7$	本期减免税额	本期已缴税额	本期应补（退）税额 $11=8-9-10$
1	2	3	4	5	6	7	8	9	10	11
合计		—	—				—			

授权声明　如果你已委托代理人申报，请填写下列资料：为代理一切税务事宜，现授权 　（地址）为本纳税人的代理申报人，任何与本申报表有关的往来文件，都可寄予此人。授权人签字：

申报人声明　本纳税申报表是根据国家税收法律法规及相关规定填写的，我确定它是真实的、可靠的、完整的。声明人签字：

主管税务机关：　　接收人：　　接收日期： 年 月 日

9.2 城镇土地使用税

9.2.1 认识城镇土地使用税

城镇土地使用税是指国家在城市、县城、建制镇、工矿区范围内，对使用土地的单位和个人，以其实际占用的土地面积为计税依据，按照规定的税额计算征收的一种税。

（1）城镇土地使用税的纳税人

① 拥有土地使用权的单位和个人是纳税人。

② 拥有土地使用权的单位和个人不在土地所在地的，其土地的实际使用人和代管人为纳税人。

③ 土地使用权未确定的或权属纠纷未解决的，其实际使用人为纳税人。

④ 土地使用权共有的，共有各方都是纳税人，由共有各方分别纳税。

（2）征税范围

① 城市、县城、建制镇和工矿区的国家所有、集体所有的土地。

② 从2007年7月1日起，外商投资企业、外国企业和在华机构的用地也要征收城镇土地使用税。

（3）城镇土地使用税的特点

① 对占用土地的行为征税。

② 征税的对象是土地。

③ 征税的范围有所限定。

④ 实行差别幅度税额。

（4）城镇土地使用税的作用

开征城镇土地使用税，有利于通过经济手段，加强对土地的管理，变土地的无偿使用为有偿使用，促进合理、节约使用土地，提高土地使用效益；有利于适当调节不同地区、不同地段之间的土地级差收入，促进企业加强经济核算，理顺国家与土地使用者之间的分配关系。

9.2.2 缴纳城镇土地使用税

（1）计税依据

城镇土地使用税以实际占用的土地面积为计税依据。

① 凡由省、自治区、直辖市人民政府确定的单位组织测定土地面积的，以测定的面积为准。

② 尚未组织测量，但纳税人持有政府部门核发的土地使用证书的，以证书确认的土地面积为准。

③ 尚未核发出土地使用证书的，应由纳税人申报土地面积据以纳税，待核发土地使用证以后再作调整。

注意：税务机关不能核定纳税人实际使用的土地面积。

（2）税率

城镇土地使用税适用地区幅度差别定额税率。

城镇土地使用税采用定额税率，即采用有幅度的差别税额。按大、中、小城市和县城、建制镇、工矿区分别规定每平方米城镇土地使用税年应纳税额。城镇土地使用税每平方米年应纳税额标准具体规定如下：①大城市1.5～30元；②中等城市1.2～24元；③小城市0.9～18元；④县城、建制镇、工矿区0.6～12元。

（3）应纳税额的计算

城镇土地使用税根据实际使用土地的面积，按税法规定的单位税额缴纳，其计算公式如下。

应纳城镇土地使用税税额＝应税土地的实际占用面积×适用单位税额

城镇土地使用税均采取按年征收，分期缴纳的方法。

（4）城镇土地使用税纳税申报表

申报和缴纳城镇土地使用税时，应填写"城镇土地使用税纳税申报表"，如表9-3所示（见下页）。

 ## 9.3　耕地占用税

9.3.1　认识耕地占用税

耕地占用税是对占用耕地建房或从事其他非农业建设的单位和个人征收的税。采用定额税率，其标准取决于人均占有耕地的数量和经济发展程度。其目的是合理利用土地资源，加强土地管理，保护农用耕地。

（1）耕地占用税的纳税人

纳税人为负有缴纳耕地占用税义务的单位和个人，包括在我国境内占用耕地建房

表9-3 城镇土地使用税纳税申报表

税款所属期：自 年 月 日 至 年 月 日　　填表日期： 年 月 日　　金额单位：元至角分；面积单位：平方米

纳税人识别号 □□□□□□□□□□□□□□□□□□

纳税人信息	名称						纳税人分类	单位□ 个人□		
	登记注册类型			×			所属行业	×		
	身份证件类型	身份证□ 护照□ 其他□					身份证件号码			
	联系人						联系方式			

申报纳税信息	土地编号	宗地的地号	土地等级	税额标准	土地总面积	所属期起	所属期止	本期应纳税额	本期减免税额	本期已缴税额	本期应补（退）税额
	×										
	×										
	×										
	×										
	×										
	×										
	×										
	×										
	×										
	合计			×		×	×				

纳税人声明：此纳税申报表是根据《中华人民共和国城镇土地使用税暂行条例》和国家有关税收规定填报的，是真实的、可靠的、完整的。

以下由纳税人填写：

纳税人签章		代理人签章		代理人身份证号	

以下由税务机关填写：

受理人		受理日期 年 月 日		受理税务机关签章	

或者从事其他非农业建设的单位和个人。

具体可分为三类：①企业、行政单位、事业单位；②乡镇集体企业、事业单位；③农村居民和其他公民。

（2）耕地占用税的征收范围

耕地占用税的征收范围包括纳税人为建房或从事其他非农业建设而占用的国家所有和集体所有的耕地。耕地是指种植农业作物的土地，包括菜地、园地。其中，园地包括花圃、苗圃、茶园、果园、桑园和其他种植经济林木的土地。

占用鱼塘及其他农用土地建房或从事其他非农业建设，也视同占用耕地，必须依法征收耕地占用税。占用已开发从事种植、养殖的滩涂、草场、水面和林地等从事非农业建设，由省、自治区、直辖市本着有利于保护土地资源和生态平衡的原则，结合具体情况确定是否征收耕地占用税。

此外，在占用之前3年内属于上述范围的耕地或农用土地，也视为耕地。

（3）耕地占用税的税额

耕地占用税在税率设计上采用了地区差别定额税率。税率规定如下。

① 人均耕地不超过1亩的地区（以县级行政区域为单位，下同），每平方米为10~50元。

② 人均耕地超过1亩但不超过2亩的地区，每平方米为8~40元。

③ 人均耕地超过2亩但不超过3亩的地区，每平方米为6~30元。

④ 人均耕地超过3亩以上的地区，每平方米为5~25元。

经济特区、经济技术开发区和经济发达、人均耕地特别少的地区，适用税额可以适当提高，但最多不得超过上述规定税额的50%。

9.3.2　缴纳耕地占用税

（1）计税依据

耕地占用税以纳税人实际占用耕地的面积为计税依据，以平方米为计量单位。

（2）税额计算

耕地占用税以纳税人实际占用的耕地面积为计税依据，以每平方米土地为计税单位，按适用的定额税率计税。其计算公式如下。

应纳税额＝实际占用耕地面积（平方米）×适用定额税率

（3）填报耕地占用税纳税申报表

缴纳耕地占用税时，须填写"耕地占用税纳税申报表"，如表9-4所示。

表9-4 耕地占用税纳税申报表

填表日期：　年　月　日　　　　　　　　　　　　　　　　金额单位：元至角分；面积单位：平方米

纳税人识别号 □□□□□□□□□□□□□□□□□□

纳税人信息	纳税人名称		所属行业		□单位 □个人
	登记注册类型				
	身份证照类型		联系人		联系方式

耕地占用信息	项目（批次）名称	批准占地部门	批准占地文号	批准日期
	占地位置	占地用途	占地方式	占地日期
	批准占地面积	实际占地面积	经济开发区 □是 □否	税额提高比例（%）

计税信息	计税面积	其中：		适用税额	计征税额	减免性质代码	减税税额	免税税额	应缴税额
		减税面积	免税面积						
总计									
耕地（基本农田）									
耕地（非基本农田）									
园地									
林地									
牧草地									

续表

计税信息	农田水利用地			
	养殖水面			
	渔业水域滩涂			
	草地			
	苇田			
	其他类型土地			

以下由纳税人填写：

纳税人声明	此纳税申报表是根据《中华人民共和国耕地占用税暂行条例》和国家有关税收规定填报的，是真实的、可靠的、完整的。	
纳税人签章	代理人签章	代理人身份证号

以下由税务机关填写：

| 受理人 | 受理日期　　年　　月　　日 | 受理税务机关签章 |
| | | |

⊕ 9.4 土地增值税

9.4.1 认识土地增值税

土地增值税是指转让国有土地使用权、地上的建筑物及其附着物并取得收入的单位和个人，以转让所取得的收入，包括货币收入、实物收入和其他收入，减去法定扣除项目金额后的增值额为计税依据向国家缴纳的一种税赋，不包括以继承、赠予方式无偿转让房地产的行为。

（1）土地增值税的税率

土地增值税按照4级超率累进税率进行征收，如表9-5所示。

表9-5　土地增值税税率表

级数	计税依据	适用税率	速算扣除率
1	增值额未超过扣除项目金额50%的部分	30%	0
2	增值额超过扣除项目金额50%、未超过扣除项目金额100%的部分	40%	5%
3	增值额超过扣除项目金额100%、未超过扣除项目金额200%的部分	50%	15%
4	增值额超过扣除项目金额200%的部分	60%	35%

土地增值税的特点：

① 以转让房地产的增值额为计税依据。土地增值税的增值额是以征税对象转让房地产的全部销售收入扣除与其相关的成本、费用、税金及其他项目金额后的余额，与增值税的增值额有所不同。

② 征税面比较广。凡在我国境内转让房地产并取得收入的单位和个人，除税法规定免税的外，均应依照土地增值税条例规定缴纳土地增值税。

③ 实行超率累进税率。土地增值税的税率按照累进原则设计，实行分级计税，增值率高的，税率高，多纳税；增值率低的，税率低，少纳税。

④ 实行按次征收。土地增值税在房地产发生转让的环节，实行按次征收，每发生一次转让行为，就应根据每次取得的增值额征一次税。

（2）土地增值税计算公式

土地增值税计算公式如下。

应纳税额＝增值额×适用税率－扣除项目金额×速算扣除系数

9.4.2 土地增值税可扣除成本规定

计算土地增值税的扣除项目包括：

① 取得土地使用权所支付的金额；

② 开发土地的成本、费用；

③ 新建房及配套设施的成本、费用，或者旧房及建筑物的评估价格；

④ 与转让房地产有关的税金；

⑤ 财政部规定的其他扣除项目。

9.4.3 土地增值税的申报流程

土地增值税的申报流程如下。

① 到转让的房地产所在地主管税务机关办理纳税申报。其期限是纳税人在转让房地产合同签订之日起的7日内。

② 同时还需要向主管税务机关提交房屋及建筑物产权证明，土地使用权证书，土地转让、房产买卖合同，房地产评估报告等资料。

③ 纳税人只需要按照税务机关核定的税额及规定的期限缴纳土地增值税即可。

土地增值税的税额确定非常复杂，往往在确定增值税和扣除项目等金额时会聘请审计师事务所、会计师事务所、房地产评估机构等第三方评估机构来评估。因此税法规定，主管税务机关可以预征土地增值税。

换言之，土地增值税采取的是"先预缴后退补"的方式进行征收。纳税人在项目全部竣工结算前转让房地产取得的收入，鉴于成本确定及其他原因，无法据以计算土地增值税时，则先根据主管税务机关的核定，预缴土地增值税，等到该项目全部竣工、办理结算后再进行土地增值税的清算，实行多退少补。

9.4.4 土地增值税的清算规定

土地增值税清算是指纳税人在符合土地增值税清算条件后，依照税收法律、法规及土地增值税有关政策规定，计算房地产开发项目应缴纳的土地增值税税额，并填写"土地增值税清算申报表"，向主管税务机关提供有关资料，办理土地增值税清算手续，结清该房地产项目应缴纳土地增值税税款的行为。

纳税人符合下列条件之一的，应进行土地增值税的清算。

① 房地产开发项目全部竣工、完成销售的。

② 整体转让未竣工决算房地产开发项目的。

③ 直接转让土地使用权的。

对符合以下条件之一的，主管税务机关可要求纳税人进行土地增值税清算。

① 已竣工验收的房地产开发项目，已转让的房地产建筑面积占整个项目可售建筑面积的比例在85%以上，或该比例虽未超过85%，但剩余的可售建筑面积已经出租或自用的。

② 取得销售（预售）许可证满3年仍未销售完毕的。

③ 纳税人申请注销税务登记但未办理土地增值税清算手续的。

④ 省（自治区、直辖市、计划单列市）税务机关规定的其他情况。

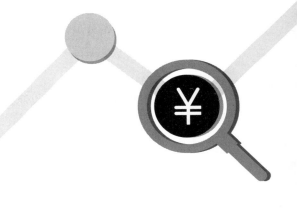

第 **10** 章

行为目的税纳税实务

行为税是常见税种，几乎所有的企业都面临着各种行为税。行为税多是小税种，却不可小觑，往往行为税是税务稽查的重灾区，由于得不到重视，而给企业带来了巨大损失。所以会计人员切莫"善小而不为"，因小失大，给企业带来税收隐患。

10.1 城市维护建设税的计算与申报

10.1.1 城市维护建设税的计算

城市维护建设税简称城建税，是最常见到的一种税收，所有的企业都需缴纳城建税。城建税是以纳税人实际缴纳的增值税、消费税的税额为计税依据，依法计征的一种税。

（1）城市维护建设税的征收范围

城市维护建设税的征收范围，包括城市、县城、建制镇以及税法规定征税的其他地区。城市、县城、建制镇的范围应以行政区划作为划分标准，不得随意扩大或缩小各行政区域的管辖范围。

（2）城市维护建设税的税率

一般来说，城镇规模越大，所需要的建设与维护资金越多。与此相适应，城市维护建设税规定，纳税人所在地为城市市区的，税率为7%；纳税人所在地为县城、建制镇的，税率为5%；纳税人所在地不在城市市区、县城或建制镇的，税率为1%。根据城镇规模设置不同差别的税率，照顾了城市建设的不同需要。

需要说明的是，自2019年1月1日起，对于小规模企业，地方性的6税2费都减按50%征收。6税2费包括资源税、城镇土地使用税、耕地占用税、房产税、印花税、城建税、教育费附加和地方教育附加。这项优惠政策为小规模企业带来了利好消息。

（3）城市维护建设税的计税依据

城市维护建设税是以纳税人实际缴纳的流转税额为计税依据征收的一种税。纳税环节确定在纳税人缴纳的增值税、消费税的环节上，从商品生产到消费流转过程中，只要发生增值税、消费税当中一种税的纳税行为，就要以这种税为依据计算缴纳城市维护建设税。计算公式如下。

应纳税额 =（增值税 + 消费税）× 适用税率

10.1.2 城市维护建设税的申报

（1）纳税申报

企业应当于月度终了后在进行增值税和消费税申报的同时，申报缴纳城市维护建设税。申报时，必须填写"城建税、教育费附加、地方教育附加税（费）申报表"。

（2）预缴税款

对于按规定以1日、3日、5日、10日、15日为一期缴纳增值税和消费税的纳税人，应在按规定预缴增值税和消费税的同时，预缴相应的城市维护建设税。

（3）税款缴纳

对于以1个月为一期缴纳增值税和消费税的企业，应当在缴纳当月增值税和消费税税额时，同时按照纳税申报表确定的应纳税额全额缴纳城市维护建设税。

 ## 10.2　教育费附加的计算与申报

10.2.1　教育费附加的计算

教育费附加和城建税一样，所有企业都必须缴纳。教育费附加是由税务机关负责征收，同级教育部门统筹安排，同级财政部门监督管理，专门用于发展地方教育事业的预算外资金。

（1）教育费附加的征收范围

其征收范围同增值税、消费税的征收范围相同。凡缴纳增值税、消费税的单位和个人，均为教育费附加的纳费义务人。

（2）教育费附加的计费依据

以纳税人实际缴纳的增值税、消费税的税额为计费依据，计算公式如下。

应纳教育费附加 =（实际缴纳的增值税 + 消费税）× 3%

10.2.2　教育费附加的申报

（1）教育费附加的纳费期限

纳税人申报缴纳增值税、消费税的同时，申报缴纳教育费附加。

（2）教育费附加的缴纳

企业应当于月度终了后在进行增值税和消费税申报的同时，进行教育费附加的纳费申报。申报时，必须填写"城建税、教育费附加、地方教育附加税（费）申报表"，如表10-1所示。

表10-1 城建税、教育费附加、地方教育附加税（费）申报表

税款所属期限：自 年 月 日 至 年 月 日　　填表日期：年 月 日

金额单位：元至角分

纳税人识别号 □□□□□□□□□□□□□□□

纳税人信息	名称		登记注册类型		□单位 □个人
	身份证件号码		所属行业		
			联系方式		

税（费）种	计税（费）依据					税率（征收率）	本期应纳税（费）额	本期减免税（费）额		本期已缴税（费）额	本期应补（退）税（费）额
	增值税		消费税	营业税	合计			减免性质代码	减免额		
	一般增值税	免抵税额									
	1	2	3	4	5=1+2+3+4	6	7=5×6	8	9	10	11=7-9-10
城建税											
教育费附加											
地方教育附加											
—						—					
合计						—					

以下由纳税人填写

纳税人声明	此纳税申报表是根据《中华人民共和国城市维护建设税暂行条例》《国务院征收教育费附加的暂行规定》《财政部关于统一地方教育附加政策有关问题的通知》和国家有关税收规定填报的，是真实的、可靠的、完整的。	
纳税人签章	代理人签章	代理人身份证号

以下由税务机关填写

受理人	受理日期 年 月 日	受理税务机关签章

10.3　印花税的计算与申报

10.3.1　印花税的计算

印花税是对经济活动和经济交往中书立、领受具有法律效力的凭证的行为所征收的一种税。

（1）印花税的征收范围

在中华人民共和国境内书立、领受《中华人民共和国印花税暂行条例》所列举凭证的单位和个人，都是印花税的纳税义务人，应当按照规定缴纳印花税。具体有以下5类。

① 购销、加工承揽、建设工程勘察设计、建筑安装工程承包、财产租赁、货物运输、仓储保管、借款、财产保险、技术合同或者具有合同性质的凭证。

② 产权转移书据。

③ 营业账簿。

④ 房屋产权证、工商营业执照、商标注册证、专利证、土地使用证、许可证照。

⑤ 经财政部确定征税的其他凭证。

（2）印花税的税目税率

印花税的税目是指印花税法明确规定的应当纳税的项目，它具体划定了印花税的征税范围。一般情况下，列入税目的就要征税，未列入税目的就不征税。印花税共有13个税目，具体如表10-2所示。

表10-2　印花税税目税率表

税目	范围	税率	纳税人	说明
购销合同	包括供应、预购、采购、购销结合及协作、调剂等合同	按购销金额0.3‰贴花	立合同人	
加工承揽合同	包括加工、定作、修缮、修理、印刷、广告、测绘、测试等合同	按加工或承揽收入0.5‰贴花	立合同人	
建设工程勘察设计合同	包括勘察、设计合同	按收取费用0.5‰贴花	立合同人	
建筑安装工程承包合同	包括建筑、安装工程承包合同	按承包金额0.3‰贴花	立合同人	

续表

税目	范围	税率	纳税人	说明
财产租赁合同	包括租赁房屋、船舶、飞机、机动车辆、机械、器具、设备等合同	按租赁金额1‰贴花。税额不足1元，按1元贴花	立合同人	
货物运输合同	包括民用航空运输、铁路运输、海上运输、联运合同	按运输费用0.5‰贴花	立合同人	单据作为合同使用的，按合同贴花
仓储保管合同	包括仓储、保管合同	按仓储保管费用1‰贴花	立合同人	仓单或栈单作为合同使用的，按合同贴花
借款合同	银行及其他金融组织和借款人	按借款金额0.05‰贴花	立合同人	单据作为合同使用的，按合同贴花
财产保险合同	包括财产、责任、保证、信用等保险合同	按保险费收入1‰贴花	立合同人	单据作为合同使用的，按合同贴花
技术合同	包括技术开发、转让、咨询、服务等合同	按所载金额0.3‰贴花	立合同人	
产权转移书据	包括财产所有权、版权、商标专用权、专利权、专有技术使用权等转移书据，土地使用权出让合同，商品房销售合同等	按所载金额0.5‰贴花	立据人	
营业账簿	生产、经营用账册	记载资金的账簿，按实收资本和资本公积的合计金额0.5‰贴花	立账簿人	
		其他账簿按件计税5元/件		
权利、许可证照	包括政府部门发给的房屋产权证、工商营业执照、商标注册证、专利证、土地使用证	按件贴花5元	领受人	

（3）印花税的计税方式

印花税以应纳税凭证所记载的金额、费用、收入额和凭证的件数为计税依据，按照适用税率或者税额标准计算应纳税额。

印花税应纳税额计算公式如下。

应纳税额＝应纳税凭证记载的金额（费用、收入额）×适用税率

应纳税额＝应纳税凭证的件数×适用税额标准

10.3.2　印花税的申报

印花税实行由纳税人根据规定自行计算应纳税额，购买并一次贴足印花税票（简称贴花）的缴纳办法。

印花税还可以委托代征，税务机关委托经由发放或者办理应税凭证的单位代为征收印花税税款。

 ## 10.4　车辆购置税的计算与申报

10.4.1　车辆购置税的计算

车辆购置税是对在我国境内购置规定车辆的单位和个人征收的一种税。车辆购置税的纳税人为购置（包括购买、进口、自产、受赠、获奖或以其他方式取得并自用）应税车辆的单位和个人，征税范围为汽车、摩托车、电车、挂车和农用运输车。

（1）车辆购置税的纳税地点

购置应税车辆，应当向车辆登记注册地的主管税务机关申报纳税；购置不需要办理车辆登记注册手续的应税车辆，应当向纳税人所在地的主管税务机关申报纳税。

（2）车辆购置税的计算方法

车辆购置税实行从价定率的办法计算应纳税额，其计算公式如下。

应纳税额＝计税价格×税率

如果消费者买的是国产私车，计税价格为支付给经销商的全部价款和价外费用，不包括增值税税款。

（3）免征车辆购置税的规定

根据《中华人民共和国车辆购置税法》，下列车辆免征车辆购置税。

① 依照法律规定应当予以免税的外国驻华使馆、领事馆和国际组织驻华机构及其有关人员自用的车辆。

② 中国人民解放军和中国人民武装警察部队列入装备订货计划的车辆。

③ 悬挂应急救援专用号牌的国家综合性消防救援车辆。

④ 设有固定装置的非运输专用作业车辆。

⑤ 城市公交企业购置的公共汽电车辆。

根据国民经济和社会发展的需要，国务院可以规定减征或者其他免征车辆购置税的情形，报全国人民代表大会常务委员会备案。

2019年6月28日，财政部、税务总局发布《关于继续执行的车辆购置税优惠政策的公告》，提出继续执行的车辆购置税优惠政策，从2019年7月1日起实施。具体内容包括：

① 回国服务的在外留学人员用现汇购买1辆个人自用国产小汽车和长期来华定居专家进口1辆自用小汽车免征车辆购置税。防汛部门和森林消防部门用于指挥、检查、调度、报汛（警）、联络的由指定厂家生产的设有固定装置的指定型号的车辆免征车辆购置税。具体操作按照《财政部 国家税务总局关于防汛专用等车辆免征车辆购置税的通知》（财税〔2001〕39号）有关规定执行。

② 自2018年1月1日至2020年12月31日，对购置新能源汽车免征车辆购置税。具体操作按照《财政部 税务总局 工业和信息化部 科技部关于免征新能源汽车车辆购置税的公告》（财政部 税务总局 工业和信息化部 科技部公告2017年第172号）有关规定执行。

③ 自2018年7月1日至2021年6月30日，对购置挂车减半征收车辆购置税。具体操作按照《财政部 税务总局 工业和信息化部关于对挂车减征车辆购置税的公告》（财政部 税务总局 工业和信息化部公告2018年第69号）有关规定执行。

④ 中国妇女发展基金会"母亲健康快车"项目的流动医疗车免征车辆购置税。

⑤ 北京2022年冬奥会和冬残奥会组织委员会新购置车辆免征车辆购置税。

⑥ 原公安现役部队和原武警黄金、森林、水电部队改制后换发地方机动车牌证的车辆（公安消防、武警森林部队执行灭火救援任务的车辆除外），一次性免征车辆购置税。

10.4.2 车辆购置税的申报

（1）确定纳税申报时间

纳税人购买自用应税车辆的，应当自购买之日起60日内申报纳税；进口自用应税车辆的，应当自进口之日起60日内申报纳税；自产、受赠、获奖或者以其他方式取得并自用应税车辆的，应当自取得之日起60日内申报纳税。申报纳税期限最后一日是法定休假日的，以休假日期满的次日为申报期限的最后一日，在申报纳税期限内有连续3日以上法定休假日的，按休假日天数顺延。

（2）填报"车辆购置税纳税申报表"

纳税人到指定办税服务大厅车辆购置税申报窗口请购或到税务局网站下载、打印"车辆购置税纳税申报表"，依填报说明，填写一式两份纸质报表或在税务局网站上直接填写申报表。

（3）办理纳税申报

纳税人填写好《车辆购置税纳税申报表》和相关资料，到办税服务厅纳税窗口进行纳税申报，或采用网络远程预申报的方式，即通过税务局网站填写《车辆购置税纳税申报表》网络远程预申报，再到办税服务厅纳税窗口进行纳税申报。

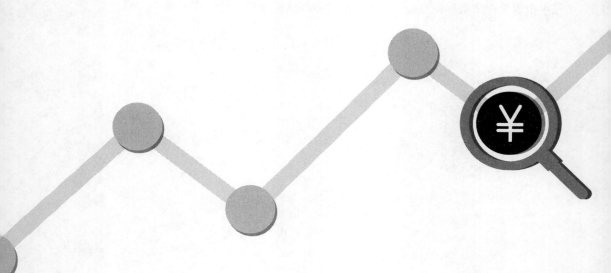

第 **11** 章

公司的税务筹划

税务筹划是符合国家法律的税收调节政策，既节税，也能调节经济。税务筹划是指纳税人在遵守税法及合乎税法意图的前提下，采取合法手段进行旨在减轻税负的谋划与对策。税务筹划符合国家的税收政策导向，有利于国家采用税收杠杆来调节国家宏观经济的发展。

11.1　税务筹划的目的及特点

11.1.1　税务筹划的现状

如果你问："老板，你需要税务筹划吗？"老板肯定说："需要。"你若再问："老板，你需要第三方为你做税务筹划吗？"这时大部分中小企业老板会说："不需要，我有会计。"

可是，会计能帮老板筹划吗？可以这么说，中小企业的会计很少这么做，除非设有税务会计岗位。原因在于：一是会计人员税务知识不够全面；二是做税务筹划，往往是吃力不讨好的事。所以会计只会按部就班地缴税。结果呢？

结果是每个企业都在努力地降低税收成本，而事实上，几乎100%的企业都在多缴税!其原因就在于：一是企业未实施税务筹划；二是企业的税收优惠未得到充分运用；三是额外的税收成本。

在我国，大型企业往往设立专门税务岗位，为企业做税务筹划。而绝大部分中小企业是不会进行税务筹划的。并非他们不在意税收，恰恰相反，他们很在意税收，但他们不愿意花钱去做税务筹划。他们不相信税务筹划的作用，他们更相信关系，他们宁愿花钱去和税务局搞好关系，宁愿冒着风险去偷税漏税，也不愿做税务筹划。其实是放着正道不走，宁愿走旁门左道。

11.1.2　税务筹划的定义

税务筹划是指纳税人为了实现经济价值最大化，在不违反法律、法规（税法及其他相关法律、法规）的前提下，对尚未发生或已经发生的应税行为进行的各种合理安排。

税务筹划已得到了国家政策的容许。2017年5月，国家税务总局发布了《关于发布〈涉税专业服务监管办法（试行）〉的公告》（国家税务总局公告2017年第13号）《涉税专业服务监管办法（试行）》，第四条规定："涉税专业服务机构是指税务师事务所和从事涉税专业服务的会计师事务所、律师事务所、代理记账机构、税务代理公司、财税类咨询公司等机构。"第五条规定："涉税专业服务机构可以从事下列涉税业务：……（四）税收策划。对纳税人、扣缴义务人的经营和投资活动提供符合税收法律法规及相关规定的纳税计划、纳税方案……"

这项政策为税务筹划提供了法律依据。随着税收政策的多元化、复杂化和细致化，税务筹划正越来越受到企业的重视，而且逐步由大企业转向中小企业。

11.1.3　税务筹划的特点

首先，税务筹划必须是合法的；其次，税务筹划是事前规划，税务筹划的目的是要让纳税人的税收负担合理化。因此，税务筹划的特点主要体现在以下4个方面。

（1）合法性

税务筹划的首要前提是合法性。税务筹划不是想方设法地去避税，而是以税法为基础，通过对税收法律的全面掌握，结合企业的具体业务，对企业的税收进行筹划，所做的一切既要符合税法，又能节约税收。它更不同于偷税，后者的一切行为都是不合法的，是有后果的，并且迟早要付出沉重的代价。

（2）预见性

很多中小企业的老板会在业务发生和税额产生后，才想方设法去避税。这是不科学的，也是不容许的。税务筹划必须未雨绸缪，从生产经营开始甚至公司设立之初，便着手税务筹划。有预见、有计划、有策略地进行税务筹划，最好是在经营活动发生之前。

（3）全面性

税务筹划必须着眼于纳税人资本总收益长期稳定的增长，而不是着眼于个别税种税负的高低或纳税人整体税负的轻重。全面考虑，综合衡量，才不至于顾此失彼。

（4）目的性

税务筹划的目的在于减少纳税，谋求最大的税收利益。一是通过选择低税负谋求高回报。低税负意味着低的税收成本，低的税收成本意味着高的资本回收率；二是滞延纳税时间（非拖欠税款行为）。滞延纳税期，是变相地在滞延期内得到了一笔政府无息贷款。另外，在通货膨胀环境中，纳税时间的推后，还可以减少企业的实际纳税支出。

11.2　公司设立环节的税务筹划

11.2.1　组织形式筹划

可以说90%以上的投资人在设立企业时，只会考虑公司名称或注册资金的事，而不会去考虑税收的问题。这并不奇怪。这样的远见的确不是普通投资者所能虑及的。但设立得不巧妙，可能会导致你的税负增加。

公司设立有多种组织形式，股份有限公司、有限责任公司，抑或合伙制企业。不同的组织形式适用的税收法律是大不相同的。相对而言，合伙企业的税负较低。

　　合伙企业是指自然人、法人和其他组织在中国境内设立的普通合伙企业和有限合伙企业。依照税法规定，合伙企业的生产经营所得和其他所得，由合伙人分别缴纳个人所得税，不构成缴纳企业所得税。

　　自然人投资设立合伙制企业，获取生产经营所得时，只需缴纳个人所得税，无须缴纳企业所得税。但如果设立为公司制企业，则不但要缴纳企业所得税，还要对股息缴纳20%的个人所得税。这是合伙制企业与公司制企业在所得税方面的最大区别。所以自然人投资设立企业时，若选择非法人企业，即合伙企业组织形式，能起到降低所得税的效果。

　　现实中，很少有自然人设立合伙制企业，为什么呢？一是公司制企业存在具有普遍性；二是合伙企业受经营条件限制，不能满足经营者的需要；三是公司制企业也可以进行其他方式的纳税技巧筹划。

　　个人独资企业、合伙企业或一人有限公司，其税负也是不同的。独资和合伙企业缴纳的是个人所得税，一人有限公司缴纳的是企业所得税。一人有限公司的投资者可以是自然人，也可以是法人。所以，一人有限公司要缴纳企业所得税，若分配股息、红利时，还要缴纳个人所得税。

实例1

　　凤兰公司为有限公司，投资人两名；雪莲公司为合伙制企业，合伙人两名。假设两公司在2018年年底的应纳税所得额均为10万元，并在年终全部分红，分别计算两家企业的应纳所得税额。

　　企业所得税适用税率为25%；个人所得税适用税率为20%。

　　正确答案：

　　凤兰公司的企业所得税：100000×25% = 25000（元）

　　凤兰公司的个人所得税：（100000 - 25000）×20% = 15000（元）

　　凤兰公司合计应纳所得税额为25000 + 15000 = 40000元。

　　雪莲公司是合伙制企业，不存在企业所得税。

　　雪莲公司的个人所得税：100000×20% = 20000（元）

　　雪莲公司应纳所得税额为20000元。

　　显然，合伙制企业雪莲公司比凤兰有限公司税负低了一半。

11.2.2　分、子公司筹划

　　是成立子公司，还是分公司，很多老板弄不清楚。有老板会说，不都一样吗？当然不一样，都一样就没必要分为子公司和分公司了。其实，当一家企业在设立分支机构，尤其是设立国外分支机构时，是选择子公司还是分公司，意义非凡。若定位准确，可为总公司调节利润，节约企业所得税。

先来分析一下子公司与分公司的区别。按照《中华人民共和国公司法》（简称《公司法》）的规定，子公司是独立法人，是由母公司投资的另一个独立于母公司之外的企业。母公司在子公司的股东会上起主导作用，子公司的经营方针和投资计划由母公司决定。但其盈利亏损，均不能并入母公司利润，而是作为独立的居民企业单独缴纳企业所得税。

如果子公司是小微企业，子公司可以享受适用企业所得税的普惠性税收减免政策，能使母公司及整个集团公司的整体税负降低。

子公司分配现金股利或利润给母公司时，应补税差。那么设立子公司对于整个集团公司来说，其税负为子公司缴纳的所得税和母公司就现金股利或利润补缴的所得税差额。

分公司不是独立法人，不必缴纳企业所得税，其实现的盈亏应当直接并入总公司，由总公司汇总纳税。如果盈利了，分公司实现的利润在缴纳所得税时不能减少总公司的整体税负；如果亏损了，可抵减总公司的应纳税所得额，从而达到降低总公司整体税负的目的。

概括地说，子公司和分公司各有好处，归纳如下。

设立子公司的好处如下。

① 母公司对子公司和分公司的干预不同。母公司对分公司全面干预，对子公司只干预其生产经营活动。

② 返还利润的灵活性不同。子公司利润汇回母公司时比分公司灵活，母公司的投资所得、资本利得可以留在子公司，也可以选择税负较轻的时候汇回，得到额外的税收利益。

③ 在东道国的税收待遇不同。子公司是独立法人，其所得税计征独立进行，可以享受东道国给居民公司提供的包括免税期在内的税收优惠待遇；分公司是非独立法人，东道国大多不愿为其提供更多的优惠。

④ 债务责任不同。设立子公司，母公司只负有限债务责任（有时需要母公司担保）。

⑤ 东道国税率低于居住国时，子公司的累积利润可得到递延纳税的好处。

⑥ 许多国家对子公司向母公司支付的股息规定减征或免征预提税。

设立分公司的好处如下。

① 分公司一般便于经营，财务会计制度的要求也比较简单。

② 分公司承担的成本费用可能要比子公司节省。

③ 分公司与总公司之间的资本转移，因不涉及所有权变动，不必纳税。

④ 分公司交付给总公司的利润通常不必缴纳预提税。

⑤ 分公司的流转税在所在地缴纳，利润由总公司合并纳税。其亏损可冲抵总公司利润，减轻税收负担。

由上述可见，子公司和分公司的税收利益存在较大差异，企业在选择组织形式时应细心比较、统筹考虑、正确筹划。总的来说，两种组织形式的重要区别在于：子公司是独立的法人实体，在设立国被视为居民纳税人，通常要承担与该国其他公司一样的全面纳税义务；分公司不是独立的法人实体，在设立分公司的所在国被视为非居民纳税人，只承担有限的纳税义务。分公司发生的利润与亏损要与总公司合并计算，即"合并报表"。我国税法也规定，公司的下属分支机构缴纳所得税有两种形式：一是独立申报纳税；二是合并到总公司汇总纳税。而采用哪种形式纳税则取决于公司下属分支机构的性质是否为企业所得税的独立纳税义务人。

需要注意的是，境外分公司与总公司利润合并计算，所影响的是居住国的税收负担，至于作为分公司所在的东道国，往往依然要对归属于分公司本身的收入课税，这就是实行所谓收入来源税收管辖权。而设立境内分公司则不存在这个回题，对于这一点，企业在进行税务筹划时应加以关注。

实例2

2018年年初卫红集团在同一地方分别设立了全资子公司和分公司，属于微利企业，企业所得税适用税率为20%。假设两家分支机构到了2018年年底的税前会计利润都为2万元，分配给总公司的利润都为1.5万元。假设不存在纳税调整事项，请分别计算两家分支机构分配给总公司利润时应承担的税负。卫红集团当年实现税前会计利润60万元，适用的企业所得税税率为25%。

正确答案：

全资子公司分配利润的企业所得税计算如下。

子公司应纳所得税额 = 2 × 20% = 0.4（万元）

子公司分配给卫红集团应纳所得税额 = 1.5 ÷（1 − 20%）×（25% − 20%）≈ 0.0938（万元）

卫红集团应纳所得税额 = 60 × 25% = 15（万元）

卫红集团总的税负为 0.4 + 0.0938 + 15 ≈ 15.494 万元。

分公司分配利润的企业所得税：

卫红集团总的税负为（60 + 2）× 25% = 15.5 万元。

显然，当分支机构处于盈利状态时，子公司占有税负优势。而分公司由于利润并入了集团公司，享受不了微利企业的优惠，因而税负稍高。

但是，如果分支机构处于亏损状态，设立分公司便有了优势。因为税法规定，分公司是非独立纳税人，其亏损可以用集团公司的利润弥补，便可以降低集团公司的应纳税所得额。而子公司的亏损不能由母公司弥补。

设立分支机构，必须考虑分支机构的利润分配形式和风险责任。分公司不具有独立法人资格，所以不利于进行独立的利润分配。但分支机构若存在风险或相关法律责任，毫无疑问由集团公司共担。而子公司的责任风险无须母公司承担。

如果总公司享受税收优惠，而分支机构没有优惠政策，那么可以选择总分公司模式，使分支机构同等享受税收优惠待遇；如果分公司所在地有优惠，则当分公司开始盈利后，可以变分公司为子公司，以享受当地的税收优惠，这样会收到较好的纳税效果。

总之，在企业设立分支机构时，考虑经营的需要是必须的，但也要考虑机构形式带来的税收待遇，达到节税增效的目的。

11.2.3　私营个体筹划

私营企业一般为公司制，适用企业所得税税率为25%。个体工商户不是公司制，适用个人所得税5级超额累进税率。显然，相比个体工商户而言，私营企业利于从事经营活动，参与市场竞争。个体工商户在规模和管理上，都无法与私营企业抗衡。

但是，当企业的经营规模不大时，可以选择个体工商户的形式，能够大大减少税负。按照现行税法规定，私营企业适用税率是25%。而个体工商户适用个人所得税，其适用税率如表7-2所示。

实例3

自然人何淑娟投资创办的淑娟文化传媒公司2018年度实现利润25万元，淑娟文化传媒公司将全部利润进行分配，用于其他用途。那么，其应纳所得税额是多少呢？如果何淑娟创办的是个体独资企业，其应纳所得税额应为多少？

正确答案：

① 淑娟文化传媒公司应纳所得税额计算如下。

2018年度实现利润应纳企业所得税额 = $25 \times 25\% = 6.25$（万元）

年终利润分配给投资者的应纳个人所得税额 = $(25 - 6.25) \times 20\% = 3.75$（万元）

企业和个人共承担的税负为 $6.25 + 3.75 = 10$ 万元。

② 如果何淑娟将公司改成个人独资企业，由于个人独资企业只缴纳个人所得税，不缴纳企业所得税，那么其应纳所得税额计算如下。

投资者减除费用 = $5000 \times 12 = 60000$（元）

> 应纳税所得额 = 250000 − 60000 = 190000（元）
>
> 适用税率20%，速算扣除数10500，则：
>
> 应纳所得税额 = 190000 × 20% − 10500 = 27500（元）
>
> 很显然，税负降低了许多。

11.2.4　小微企业节税

在阐述小微企业节税前需要先了解一下小微企业税收优惠政策的发展历程。

早在2008年，《中华人民共和国企业所得税法》规定，小型微利企业减按20%税率的企业所得税。《中华人民共和国企业所得税法》规定，符合条件的小型微利企业，是指从事国家非限制和禁止的行业，并符合下列条件的企业：第一，工业企业年度应纳税所得额不超过30万元，从业人数不超过100人，资产总额不超过100万元；第二，其他企业，年度应纳税所得额不超过50万元，从业人数不超过50人，资产总额不超过80万元。

2014年4月8日，《财政部 国家税务总局关于小型微利企业所得税优惠政策有关问题的通知》（财税〔2014〕34号，已废止）进一步规定，自2014年1月1日至2016年12月31日，对年应纳税所得额低于10万元（含10万元）的小型微利企业，其所得减按50%计入应纳税所得额，按20%的税率缴纳企业所得税。

2015年2月25日，国务院常务会议上确定，从2015年1月1日至2017年12月31日，将享受减半征收企业所得税优惠政策的小微企业范围，由年应纳税所得额10万元以内（含10万元）扩大到20万元以内（含20万元），并按20%的税率缴纳企业所得税，助力小微企业尽快成长。

2015年9月2日，财政部、国家税务总局印发了《关于进一步扩大小型微利企业所得税优惠政策范围的通知》（财税〔2015〕99号，已废止），对小型微利企业所得税政策明确如下：自2015年10月1日起至2017年12月31日，对年应纳税所得额在20万元到30万元（含30万元）之间的小型微利企业，其所得减按50%计入应纳税所得额，按20%的税率缴纳企业所得税。

2017年4月19日，国务院常务会议决定，自2017年1月1日至2019年12月31日，将小型微利企业年应纳税所得额上限由30万元提高到50万元，符合这一条件的小型微利企业所得减半计算应纳税所得额，并按20%的优惠税率缴纳企业所得税。这是我国第五次扩大小微企业减半征收企业所得税优惠范围。

2019年1月18日，《国家税务总局关于实施小型微利企业普惠性所得税减免政策有关问题的公告》（国家税务总局公告2019年第2号）规定：根据《财政部 税务总局关于实施小微企业普惠性税收减免政策的通知》（财税〔2019〕13号）等规定，自

2019年1月1日至2021年12月31日，对小型微利企业年应纳税所得额不超过100万元的部分，减按25%计入应纳税所得额，按20%的税率缴纳企业所得税；对年应纳税所得额超过100万元但不超过300万元的部分，减按50%计入应纳税所得额，按20%的税率缴纳企业所得税。

这一系列不断更新的优惠政策进一步降低了小型微利企业的总体税负，为发展小微企业提供了便利。有关税收法律、政策的出台，也为小微企业的税务筹划提供了空间。具体可从以下6个方面进行筹划。

① 合理选择企业组织形式。按税法规定，个人独资企业和合伙企业不适用企业所得税法，须缴纳个人所得税。因此，对于规模小、盈利能力较低的小型微利企业，可以采用个人独资或合伙企业的形式，以减轻税收负担。

② 通过调整投资方向，努力向高新技术企业方向发展，则可享受在20%税率的基础上再降低至15%的优惠税率。

③ 通过固定资产的加速折旧、成本费用的合法提前或延后确认等措施调整应纳税所得额。

④ 取得合法有用凭据。小微企业所有的支出都要取得合法凭证，否则不能税前列支。取得合法凭证（税务发票和其他合法凭据）是小微企业税务筹划的重要方法之一。如购买10000元的办公用品，不要发票付9500元，开发票付10000元。其结果是少付500元，但企业所得税多缴了 $9500 \times 20\% - 500 = 1400$ 元。

⑤ 用足税收优惠政策。常见的小微企业税收优惠政策：小微企业从事农、林、牧、渔业项目的所得，可以按照国家规定免征、减征企业所得税；小微企业从事技术转让、技术开发业务和与之相关的技术咨询、技术服务业务收入，免征增值税。

实例4

蕾旭装饰公司2018年实现利润50.05万元，适用企业所得税税率为20%。假如不考虑纳税调整事项，那么由于超过了税法规定的小微企业应纳税所得额50万元的标准，因而不能享受减半征收政策，其应纳所得税额为 $50.05 \times 20\% = 10.01$ 万元。

如果事前购买一项500元以上的办公用品或其他费用，那么应纳税所得额就降到了50万元，便可以享受减半征收的政策，其应纳所得税额为 $50 \div 2 \times 20\% = 5$ 万元。

---

⑥ 跨月收款销售。对于一般纳税人企业，可以将企业设置为几个小规模纳税人，并且将这几个小规模纳税企业的销售额控制在每个月10万元以下。企业可以和购买方协商物品的发出时间，在不影响购买方的情况下，合理安排确认收入时间，以达

到减税的目的。

> **实例5**
>
> 　　爱民工艺品厂为小微企业，2018年9月销售一批产品，价值12万元。假如爱民工艺品厂将12万元都在9月确认收入，那么便不能享受小规模企业的增值税优惠政策，企业需要缴纳12×3%＝0.36万元的增值税。若能和客户协商，以分期结算的方式收回款项，那么可以采取9月收回不超过10万元，10月再收回余款，此时企业可免去0.36万元的增值税，从而减轻增值税税负。

11.2.5　总、分公司筹划

　　总公司与分公司具有不同的性质，因而给企业带来的税负也不尽相同。企业应根据总公司与分公司的盈亏情况，决定不同的分公司形式，为企业税收减负。

　　分公司作为总公司的分支机构而存在，不具有法人资格，民事责任由总公司承担。设立分公司无须接受审查，设立程序比较简单，费用开支比较少。分公司主要包括两种形式：一种是具有生产经营性质的分公司，另一种是不具有生产经营性质的分公司。具有生产经营性质的分公司可以从事生产经营和销售活动；不具有生产经营性质的分公司不能以自己的名义签订商业贸易合同进行营利性的贸易、投资活动，否则其签订的营利性协议是无效的。不具有生产经营性质的分公司一般只能从事总公司营业范围内的业务联络活动，包括联络、了解分析市场行情、参与商务谈判。

　　关于分公司的税法规定如下。

（1）不具有生产经营性质的分公司

　　《跨地区经营汇总纳税企业所得税征收管理办法》第五条规定："以下二级分支机构不就地分摊缴纳企业所得税：（一）不具有主体生产经营职能，且在当地不缴纳增值税、营业税的产品售后服务、内部研发、仓储等汇总纳税企业内部辅助性的二级分支机构，不就地分摊缴纳企业所得税。（二）上年度认定为小型微利企业的，其二级分支机构不就地分摊缴纳企业所得税。（三）新设立的二级分支机构，设立当年不就地分摊缴纳企业所得税。（四）当年撤销的二级分支机构，自办理注销税务登记之日所属企业所得税预缴期间起，不就地分摊缴纳企业所得税。（五）汇总纳税企业在中国境外设立的不具有法人资格的二级分支机构，不就地分摊缴纳企业所得税。"

　　由此可见，不具有生产经营性质的分公司，由于不能从事经营活动，没有业务收入，不存在利润，也就没有应纳税所得额，无须缴纳企业所得税，也无须在当地缴纳流转税。

（2）具有独立生产经营职能的分公司

《跨地区经营汇总纳税企业所得税征收管理办法》第十六条规定，"总机构设立具有主体生产经营职能的部门（非本办法第四条规定的二级分支机构），且该部门的营业收入、职工薪酬和资产总额与管理职能部门分开核算的，可将该部门视同一个二级分支机构，按本办法规定计算分摊并就地缴纳企业所得税；该部门与管理职能部门的营业收入、职工薪酬和资产总额不能分开核算的，该部门不得视同一个二级分支机构，不得按本办法规定计算分摊并就地缴纳税"。

（3）具有生产经营性质的分公司

《跨地区经营汇总纳税企业所得税征收管理办法》第十三、第十四条的规定如下。

总机构按以下公式计算分摊税款。

总机构分摊税款 = 汇总纳税企业当期应纳所得税额 × 50%

分支机构按以下公式计算分摊税款。

所有分支机构分摊税款总额 = 汇总纳税企业当期应纳所得税额 × 50%

某分支机构分摊税款 = 所有分支机构分摊税款总额 × 该分支机构分摊比例

《跨地区经营汇总纳税企业所得税征收管理办法》第十五条的规定如下。

总机构应按照上年度分支机构的营业收入、职工薪酬和资产总额三个因素计算各分支机构分摊所得税款的比例；三级及以下分支机构，其营业收入、职工薪酬和资产总额统一计入二级分支机构；三因素的权重依次为0.35、0.35、0.30。

计算公式如下。

某分支机构分摊比例 = （该分支机构营业收入／各分支机构营业收入之和）× 0.35 + （该分支机构职工薪酬／各分支机构职工薪酬之和）× 0.35 + （该分支机构资产总额／各分支机构资产总额之和）× 0.30

分支机构分摊比例按上述方法一经确定后，除出现《跨地区经营汇总纳税企业所得税征收管理办法》第五条第（四）项和第十六条第二、三款情形外，当年不作调整。

实例6

春明电子总公司分别设立了祥中分公司和建国分公司，2018年第二季度的利润为：春明电子总公司利润为2000万元，祥中分公司1200万元，建国分公司1500万元。2017年度各个分支机构的三项因素如下。

单位：万元

分公司	营业收入	占比	工资总额	占比	资产总额	占比
祥中分公司	3600	44.44%	280	45.16%	7300	44.24%
建国分公司	4500	55.56%	340	54.84%	9200	55.76%
合计	8100	100.00%	620	100.00%	16500	100.00%

计算2018年第二季度春明总分机构的应纳所得税额。

首先，计算2018年第二季度汇总预缴的应纳所得税额。

应纳所得税额 =（2000 + 1200 + 1500）× 25% = 1175（万元）

春明电子总公司缴纳所得税额 = 1175 × 50% = 587.5（万元）

其分支机构缴纳所得税额 = 1175 × 50% = 587.5（万元）

其次，将分支机构的应纳所得税额在两个分公司进行分配。

祥中分公司分摊比例 = 0.35 × 44.44% + 0.35 × 45.16% + 0.3 × 44.24% ≈ 44.63%

建国分公司分摊比例 = 0.35 × 55.56% + 0.35 × 54.84% + 0.3 × 55.76% ≈ 55.37%

祥中分公司缴纳所得税额 = 587.5 × 44.63% ≈ 262.20（万元）

建国分公司缴纳所得税额 = 587.5 × 55.37% ≈ 325.30（万元）

对总分公司进行税务筹划，可以采取以下几个方法。

① 总公司处于亏损，分公司处于盈利，且不具有生产经营性质，合并利润可以少缴企业所得税。

实例7

冬民总公司2018年度亏损500万元，其立梅分公司盈利300万元，立梅分公司不具有生产经营性质，那么总分公司合并利润后为−200万元，仍处于亏损状态，那么冬民总公司和立梅分公司均无须缴纳企业所得税。

② 不在同一县市的总分公司企业所得税税率有差别，通过利润转移，减少企业所得税。

实例8

东廷总公司企业所得税税率为25%，其立萍分公司享受税收优惠，企业所得税税率为20%，且具有生产经营性质。总分公司不在同一县市。总公司2018年度向分公司销售产品1000件，单价25元，单位成本15元；分公司对外销售价为35元。计算总分公司的应纳所得税额。

正确答案：

东廷总公司应纳所得税额 =（25 − 15）× 1000 × 25% = 2500（元）

立萍分公司应纳所得税额 =（35 − 25）× 1000 × 20% = 2000（元）

总分公司的应纳所得税额合计为2500 + 2000 = 4500元。

如东廷总公司在将产品移送立萍分公司时，实行内部优惠价销售，单价为20元。在不考虑其他费用的情况下，再来计算总分公司的应纳所得税额。

正确答案：

东廷总公司应纳所得税额 = （20 - 15）× 1000 × 25% = 1250（元）

立萍分公司应纳所得税额 = （35 - 20）× 1000 × 20% = 3000（元）

总分公司的应纳所得税额合计为1250 + 3000 = 4250元。

③ 分公司不具有生产经营性质，无须在分公司所在地缴纳企业所得税，利于资金周转。

实例9

吉彩总公司设立成中分公司，不具有生产经营性质。2018年第三季度合并后利润为100万元，如果使成中分公司的收入、工资和资产的分配比例为零，那么预缴企业所得税时，吉彩总公司预缴50%，所得税为100 × 25% = 25万元，成中分公司不具有生产经营性质，不需要在当地预缴所得税，则可以节约一笔税款，利于资金周转。

11.2.6　企业分立筹划

既然小型微利企业享有国家规定的优惠税率，那么对于有些企业可以考虑通过分拆企业的办法，满足小微企业条件，享受小微企业优惠，实现节约税负。

分立是指一个企业按照法律的规定，将部分或全部业务或资产分离出去，分化成两个或两个以上新企业。分立有两种情况：一是原企业解散，成立两个或两个以上的新企业；二是原企业将部分部门、业务、生产线、资产等剥离出来，组成一个或几个新公司，而原企业继续存在。

实例10

黎民公司2018年度实现利润55万元，企业所得税税率为25%，其应纳所得税额为55 × 25% = 13.75万元。

如果在2018年年初对黎民公司进行分拆，分为刘米公司和刘永公司，总的利润仍为55万元，刘米公司实现利润28万元，刘永公司实现利润27万元。

根据2018年的税法规定，年应纳税所得额不超过50万元的，即为小微企业，享受税收减半政策，税率为20%，那么：

刘米公司的企业所得税额 = 28 × （1 - 50%）× 20% = 2.8（万元）

刘永公司的企业所得税额 = 27 × （1 - 50%）× 20% = 2.7（万元）

两家公司合计税负为2.8 + 2.7 = 5.5万元，比黎民公司降低了8万余元。

11.2.7　设立地点筹划

现在，很多明星有自己的影视公司，但有个非常奇怪的现象，就是不管明星身居何处，都喜欢把公司注册在遥远的霍尔果斯或喀什。他们为什么不选择北京或上海，却选择经济薄弱的新疆呢？其最主要的原因就是利用国家对新疆地区的政策扶持，达到节税的目的。

霍尔果斯市处于"一带一路"建设核心的地位，是国家重点扶植特殊经济开发区、西部大开发未来最具活力的经济增长点，是我国对中亚、欧洲贸易重要窗口。《财政部　国家税务总局关于新疆喀什霍尔果斯两个特殊经济开发区企业所得税优惠政策的通知》（财税〔2011〕112号）制定了有关在该地设立企业的所得税优惠政策，具体是：

2010年1月1日至2020年12月31日，对在开发区内新办的属于《新疆困难地区重点鼓励发展产业企业所得税优惠目录》范围内的企业，自取得第一笔生产经营收入所属纳税年度起，5年内免征企业所得税。

而《霍尔果斯经济开发区招商引资财税优惠政策（试行）》（霍特管办发〔2013〕55号文）规定，免税期满后，再免征企业5年所得税地方分享部分，采取以奖代免的方式，由开发区财政局将免征的所得税地方分享部分以奖励的方式对企业进行补助。

这就意味着，在霍尔果斯设立公司，可以享受10年的税收优惠。尤其是前5年，企业所得税全免。要知道，艺人或经纪人的公司是低成本高回报的运作，巨大的利润免征企业所得税，绝对是一笔巨大的财富。

以电影《战狼2》为例，如图11-1所示。

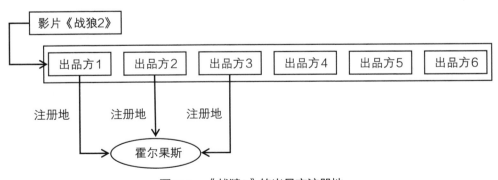

图11-1　《战狼2》的出品方注册地

6家主要的出品方里，有3家出品方的公司设立在了霍尔果斯。这就是设立地点的纳税筹划。企业充分运用区域税收政策，尽量创造条件使企业符合税收优惠标准，从而享受优惠政策。

（1）选择注册地

《中华人民共和国企业所得税法》规定："除税收法律、行政法规另有规定外，居民企业以企业登记注册地为纳税地点；但登记注册地在境外的，以实际管理机构为纳税地点。"所以纳税人可以将其登记注册地点设立在享受税收优惠的地区。

根据税法规定，我国企业所得税优惠的地区及其优惠政策主要包括：

① 民族自治地方的自治机关对本民族自治地方的企业应缴纳的企业所得税中属于地方分享的部分，可以获得减征或免征。自治州、自治县决定减征或免征的，须报省、自治区、直辖市人民政府批准。

② 在国家确定的革命老区、根据地、少数民族居住地、边远山区、贫困地区的新办企业，减征或免征所得税3年。

③ 国务院批准的高新技术产业开发区内的高新技术企业，可以按15%的税率征收所得税，新办的高新技术企业，自投产年度起两年内免征所得税。

④ 特定地区的投资优惠。在法律设置的发展对外经济合作和技术交流的特定区（经济特区）内，以及国务院已规定执行上述地区特殊政策的地区（如上海浦东新区）内新设立的国家需要重点扶持的高新技术企业，可以享受过渡性优惠；继续执行国家已确定的其他鼓励类企业（如西部大开发地区的鼓励类企业）的所得税优惠政策。

这些区域有不同的税收优惠政策，这为选择注册地税务筹划提供了空间。企业注册时，可以考虑自身的特点，创造条件使企业符合税收优惠标准，从而享受优惠政策。

实例11

2018年年初啸青制造厂欲新设一家全资子公司，若在本地区设立，企业所得税的适用税率为25%，但交通方便。若在开发区设立，位置稍远点，但可享受"三免两减"政策，即企业所得税3年免税，两年减半。啸青制造厂在开发区注册了子公司，当年获利500万元，企业所得税全免。若在本地区，须缴纳企业所得税500×25%＝125万元。

（2）分支机构选择注册地

无论子公司或分公司，在注册时若选择税收优惠的地区，都能给母公司或总公司带来一定的税收优惠。

如果子公司与母公司之间没有业务，那么母公司可能享受不到子公司的税收优惠。从税务筹划考虑，可以让母子公司产生业务，以节约税收。当子公司与母公司进行一定幅度的转移定价时，母公司便可以将利润转移到子公司，从而享受了子公司注册地的税收优惠。

分公司不是独立法人，只能同总公司作为一个总的纳税主体，将其成本、损失、所得并入总公司纳税。从税收的角度，对于分支机构，可以先采用分公司的形式，令其损失抵消总公司的所得，减少所得税。然后，再视其盈利状况，考虑将分公司转变为子公司，享受子公司注册地的税收优惠。

实例12

震球公司在柘城设立了全资子公司。2018年震球公司采取内部优惠价将产品销售给柘城子公司，转移利润300万元。震球公司适用税率为25%，柘城子公司适用税率为15%，那么2018年震球公司节约税收为300×（25%－15%）＝30万元。

11.3　公司采购环节的税务筹划

11.3.1　供应商的税务筹划

企业的供应商在提供材料时，要向企业开具发票。发票分为增值税专用发票和普通发票。增值税专用发票可以抵扣，普通发票不能抵扣。一般地，增值税一般纳税人提供增值税专用发票，增值税小规模纳税人提供增值税普通发票或机打发票。

这时，就有税务筹划的空间了。当选择的供应商是一般纳税人，取得增值税专用发票时，采购材料的进项税可以抵扣。当选择供应商是小规模纳税人，取得普通发票时，采购材料的进项税便无法抵扣。一旦取得了可以抵扣的进项税，就能节约税收了。

实例13

河莲家具厂为一般纳税人，2019年欲采购木材一批，价值10000元，并以15000元出售家具。现有两家公司供选择：一家为小规模纳税人，无法提供增值税专用发票；另一家为一般纳税人，可以提供增值税专用发票。适用税率为13%，不考虑其他成本因素。

选择一般纳税人供应商，需缴纳增值税15000×13%－10000×13%＝650元。

选择小规模纳税人供应商，需缴纳增值税15000×13%＝1950元。

但是，小规模纳税人并非完全不能开具增值税专用发票，可以通过税务部门代开增值税专用发票，也可以自己开具增值税专用发票。小规模纳税人开具了增值税专用发票，企业便有了可以抵扣的进项税，同样可以节约税收。不过小规模纳税人的增值税税率为3%，相比一般纳税人的增值税税率16%，进项税少抵扣了许多。

11.3.2　结算方式的税务筹划

采购产品主要有两种结算方式：一是赊购；二是现金采购。一般来讲，采购结算方式的选择取决于采购方与销售方两者间的谈判。

具体到产品采购结算方式的筹划，最为基础的做法便是尽量延迟付款，为企业赢得一笔无息贷款。结算方式的税务筹划一般可以从以下几个方面着手。

① 使供应商接受托收承付与委托收款结算方式，尽量让对方先垫付税款。

② 未付出货款，先取得对方开具的发票，这样便可以抵扣进项税，降低当月税负。

③ 采取赊销和分期付款方式，使销货方垫付税款，而自身获得足够的资金调度时间。

④ 尽可能延迟支付。当然，企业在进行类似筹划时，不能有损企业自身的商誉，丧失销售方对自己的信任。

11.3.3　运用购货合同的税务筹划

企业在采购环节最重要的一步就是签订经济合同，合同一旦签订，就必须按照上面的条款进行相关的经济活动。购货合同的筹划应该是企业整个采购筹划的落脚点，因为采购的规模、采购单位、采购时间、结算方式等最后都会反映在购货合同上。合同一旦订立，就意味着其他筹划活动的结束。企业采购规模的大小、购货单位的确定、购货时间的早晚、结算方式的选择等都应得到具体一致的反映。某一项内容的差错都可能会导致整个采购税务筹划的失败。诸如"货款付清后，由供货方一次性开具发票"这样的条款，就意味着企业要垫付全部税款了。

11.3.4　发出存货的税务筹划

会计准则规定，发出存货有4种计价方法，分别是：先进先出法、月末一次加权平均法、移动加权平均法和个别计价法。计价方法不同，核算出来的存货成本也不同，就会使企业的纳税产生差异，从而影响企业利润。

（1）存货的市场价格不稳定情形

采用月末一次加权平均法、移动加权平均法和个别计价法，会使企业利润更为合理平稳，利于企业持续平稳经营，尤其是个别计价法比较适用极端情形。

（2）企业处于免税期中

这时，企业获得利润越高，减免的税款就越多。在此期间，存货的市场价格上升，选择先进先出法，会使企业的成本降低，从而减免更多的所得税。

（3）企业处于非免税期

这时，如果市场价格上升，则采用加权平均法，将存货成本拉平，从而降低企业利润和企业所得税。

（4）存货的市场价格持续下降时

这时，先进先出法比较适合。先进先出法会增加企业成本，从而减少企业利润，降低企业所得税。

（5）存货的市场价格持续上升时

如果使用先进先出法，会虚增企业利润从而多缴税。使用加权平均法，可以降低企业利润从而少缴税。也可以使用加权平均法来拉平成本，降低利润和企业所得税的幅度。

要能很好地利用存货进行税务筹划，就要对存货的市场价格变化具备一定的预测

实例14

秀凤电器厂购进原材料三批，本月领用两批，具体见下表。

日期	材料名称	购进数量	购进单价（元）	购进金额	领用数量
10日	A	10	100	1000	
15日	A	15	120	1800	
18日	A				8
20日	A	12	90	1080	
24日	A				20

若秀凤电器厂正处于免税期间，分别采用先进先出法和加权平均法来计算存货成本，比较两种情况下的企业所得税。

① 采用先进先出法。

18日领用存货8件，领用成本为 $8 \times 100 = 800$ 元。

24日领用存货20件，领用成本要分别计算，其中：

$$2 \times 100 = 200（元）$$

$$15 \times 120 = 1800（元）$$

$$3 \times 90 = 270（元）$$

20件存货的成本合计为 $200 + 1800 + 270 = 2270$ 元。

② 采用加权平均法。

加权平均法的存货成本

$$= \frac{1000 + 1800 + 1080}{10 + 15 + 12} \approx 104.86 \text{（元）}$$

20件存货的成本为20×104.86＝2097.20元。

秀凤电器厂正处于免税期，那么利润越大，免的企业所得税越多。如果采用加权平均法，存货的成本要少于先进先出法，换言之，利润变大了，免的企业所得税就多了。因此，建议采用加权平均法。

能力。否则，无法利用计价方法来筹划税收。

不过，存货的计价方法也不是任性而为的。税法规定，企业会计核算方法前后各期必须保持一致，不得随意变更。所以存货的计价方法一经确定，便不能改变。因此企业在选择计价方法时，要充分了解存货市场的走势，制定有利于企业税务筹划的方法。

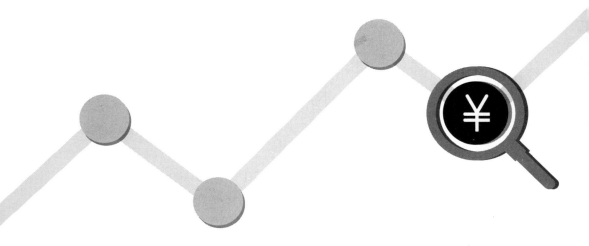

第 **12** 章

增值税的纳税筹划

在许多会计看来，增值税似乎没有太大的筹划空间。事实并非如此，增值税有很大的可筹划空间，需要筹划人员有足够的财税知识、合理的节税思维，找出节税的办法。但这并不是说找到了方法就一定能节约税收，还得看筹划的条件是否具备。若条件不具备硬要节税，无异于偷税逃税。

12.1 不同身份的纳税筹划

12.1.1 纳税人身份的筹划

"营改增"后，所有企业都必须缴纳增值税，增值税成了我国税法体系中最主要也是最重要的税种。所有的纳税人也都被税务部门认定为两种情况，要么是增值税一般纳税人，要么是小规模纳税人。这两种纳税人的区分在于企业的经营规模，以及会计账务的健全情况。身份不同，税负也不同，前者按增值额的一定比率缴纳增值税，后者按销售额的一定比率缴纳增值税。

先了解一下一般纳税人的认定条件，主要包括两点。

（1）规模上的标准

① 从事生产货物或提供应税劳务，或以其为主兼营货物批发或零售的纳税人（适用50%的标准），年应税销售额大于50万元为一般纳税人。

② 从事货物批发或零售的纳税人，年应税销售额大于80万元为一般纳税人。

③ 应税服务年销售额标准为500万元（不含税销售额），大于500万元为一般纳税人。

应税服务年销售额是指纳税人在连续不超过12个月的经营期内，提供交通运输和现代服务累计应征增值税销售额，含免税、减税销售额。

（2）纳税人性质和会计核算程度方面的标准

① 年应税销售额超过小规模纳税人标准的其他个人（自然人）按小规模纳税人纳税；非企业性单位和不经常发生应税行为的企业可自行选择是否按小规模纳税人纳税。

② 年应税销售额未超过标准以及新开业的纳税人，有固定的经营场所，会计核算健全，能准确提供销项税额、进项税额的可认定为一般纳税人。

做个简单解读，即工业企业年销售额在50万元以下的，商品流通企业年销售额在80万元以下的，服务类的企业年销售额在500万元以下的，皆属于小规模纳税人。

当企业的业务规模超过了小规模纳税人的认定范围，根据现行税收法律的规定，纳税人身份就将变成一般纳税人。

企业可以根据自己的经营情况，综合考虑不同身份的税负情况，然后在纳税人的身份上进行纳税筹划。

实例1

中堆设计公司为小规模纳税人，2018年度销售额为510万元，按照规定，应主动向税务机关申请为一般纳税人。两种身份下的增值税税负分别如下。

小规模纳税人：设计服务适用增值税税率为3%，其增值税额为510×3% = 15.3万元，其取得的进项税不得抵扣。

一般纳税人：设计服务适用增值税税率为6%，其增值税为510×6% = 30.6万元，其取得的进项税可以抵扣。

由于设计公司主要是人力成本，其他的成本较少，能抵扣的进项税很少，因而在纳税筹划上，应尽可能保持小规模纳税人身份。在销售额达到500万元之前，中堆设计公司应与客户协商，可以将部分发票和付款延迟在2019年实施，便可以不被认定为一般纳税人了。

要注意的是，上述标准中提到的年销售额，并不是按年划分的，而是指连续12个月的经营期。在纳税筹划时，要注意这个细节，免得策划失误。

12.1.2　毛利额的纳税筹划

对于小规模纳税人来说，企业购进商品的进项税是不能抵扣的，是对不含税的销售额按照3%征收率来征收增值税。

对于一般纳税人而言，其增值税是销项税额减去进项税额。若是进销项的税率相同，皆为13%。计算公式如下。

增值税 = 销项税 − 进项税 = 销售收入×13% − 销售成本×13% =（销售收入 − 销售成本）×13%

这是个理论上的公式，实际当中没这么简单。从这个理论上的公式我们可以看出，增值税就是针对企业的增值额进行征收的税额。从理论上来看，增值额就是毛利。

显然，毛利越高的商品，一般纳税人的税负越重；而毛利越低的商品，小规模纳税人的税负越重。

所以，如果从降低企业税负的角度考虑，企业销售商品毛利低的，应选择一般纳税人身份；企业销售商品毛利高的，应选择小规模纳税人身份。

实例2

喻林贸易公司为一般纳税人企业，适用增值税税率为16%。2018年7月购进商品一批，不含税成本价为18000元，当月商品全部销售，不含税销售价为20000元。

在不考虑其他因素的情况下，喻林贸易公司本月应纳增值税额为（20000－18000）×16%＝320元。

喻林贸易公司若为小规模纳税人，适用增值税税率为3%，那么其应纳增值税额为20000×3%＝600元。

显然，喻林贸易公司属于毛利低的，一般纳税人比小规模纳税人缴纳的增值税要低。

12.1.3　毛利率临界点的纳税筹划

既然纳税人身份与毛利存在某种关联，我们不妨来测算一下毛利率的临界点，以便纳税人选择对自己税负有利的身份。但是，这种测算也是理论上的，企业要根据实际情况进行甄别，不能盲目认准。

$$毛利率 = \frac{销售收入 - 销售成本}{销售收入}$$

一般纳税人增值税应纳税额＝销售收入×毛利率×13%

小规模纳税人增值税应纳税额＝销售收入×3%

说明：以上销售收入及销售成本均为不含税价。

当一般纳税人与小规模纳税人的应纳税额相等的时候，我们称之为毛利率的临界点。

即销售收入×毛利率×13%＝销售收入×3%

临界毛利率＝3%÷13%≈23.08%

当商品的毛利率是23.08%时，无论是一般纳税人身份，还是小规模纳税人身份，其应纳税额是相等的。

若企业商品的毛利率高于23.08%，小规模纳税人的税负越低，一般纳税人的税负越高；若企业商品的毛利率低于23.08%，一般纳税人的税负越低，小规模纳税人的税负越高。

实例3

桂才商业公司在企业设立之初，决定对纳税人的身份进行筹划。企业经营的商品进价为5000元，销售单价为8000元，企业该如何决定纳税人身份？

正确答案：

桂才商业公司的毛利率＝（8000－5000）/8000＝37.5%

毛利率临界点大于23.08%，应选择小规模纳税人。

假如桂才商业公司本月购销10件，分别计算应纳增值税额如下。

一般纳税人，适用税率13%：10×8000×13%－10×5000×13%＝3900（元）

小规模纳税人，适用税率3%：10×8000×3%＝2400（元）

显然，选择小规模纳税人身份是正确的。

12.2 混合销售的纳税筹划

12.2.1 应税劳务混合销售的纳税筹划

一项销售行为如果既涉及服务又涉及货物，我们称之为混合销售。从事货物的生产、批发或者零售的单位和个体工商户的混合销售行为，按照销售货物缴纳增值税；其他单位和个体工商户的混合销售行为，按照销售服务缴纳增值税。从事货物的生产、批发或者零售的单位和个体工商户，包括以从事货物的生产、批发或者零售为主，并兼营销售服务的单位和个体工商户在内。

应予说明的是：出现混合销售行为，涉及的货物和服务是直接为销售一批货物而做出的，两者之间是紧密相连的从属关系。它与一般同时从事两类应税项目，而两者之间并没有直接从属关系的兼营行为，是完全不同的。也就是说混合销售行为是不可能分别核算的，因此更需要进行纳税筹划。

税法规定，以从事货物的生产、批发或零售为主，并兼营应税服务的混合销售，是指纳税人年货物销售额与应税服务营业额的合计数中，年货物销售额超过50%，应税服务营业额不到50%。

如果发生混合销售行为的企业或企业性单位同时兼营应税服务，应看应税服务年销售额是否超过总销售额的50%。如果应税服务年销售额大于总销售额的50%，则该混合销售行为应按劳务税率缴纳增值税；如果年销售额小于总销售额的50%，则该混合销售行为应按销售税率缴纳增值税。

换句话说，若是非应税劳务达不到总销售额的50%，企业可以增加应税服务收入，或降低货物销售的比例，来实现混合销售的纳税筹划。在实际业务中，一些企业并不能轻易地变更经营项目的比例，这就要根据企业的实际情况，采取灵活多样的方法来调整经营范围或核算方式，以减轻增值税的税负。

12.2.2 设立专业服务公司的纳税筹划

当混合销售中的服务项目达不到50%时，其增值税应遵从销售货物的增值税税率，税负较重。既然这种服务项目是企业的常规性的经营项目，不妨设立专业的服务公司，实行独立核算。服务业只要营业额不超过500万元，就不会变成一般纳税人，享受小规模纳税人的增值税税率。

实例4

成芳锅炉厂是提供锅炉并负责安装锅炉的专业厂家。其锅炉销售额占全厂收入的70%。2018年年底，实现销售锅炉收入1000万元，安装锅炉收入300万元，适用增值税税率为16%，假定其毛利率（视同增值额）为20%，那么其应纳税额为（1000×20%+300）×16%＝80万元。

假如成芳锅炉厂成立专业锅炉安装公司，专为成芳锅炉厂提供安装服务，由于其年服务额为300万元，未达到500万元，因此为小规模纳税人，适用增值税税率3%。则：

成芳锅炉厂应纳增值税额＝1000×20%×16%＝32（万元）

锅炉安装公司应纳增值税额＝300×3%＝9（万元）

两企业应纳增值税额总计＝32＋9＝41万元。

有的企业将销售货物和提供服务项目的合同分别签订，以期分别缴纳不同税率的增值税。我们认为这种做法不妥，根据实质大于形式的税务原则，本是一项业务中的两个项目，通过分别签订合同来分拆业务，改变的是形式，而实质仍是一项业务，所以这样的策划存在逃税风险。

12.3 兼营销售的纳税筹划

根据《中华人民共和国增值税暂行条例》第三条的规定，纳税人兼营不同税率的货物或者应税劳务，应当分别核算不同税率的货物或者应税劳务的销售额；未分别核算销售额的，从高适用税率。所谓兼营不同税率的货物或应税劳务，是指纳税人生产或销售不同税率的货物，或者既销售货物又提供应税劳务。因此，纳税人兼营不同税率的货物或者应税劳务时，一定要分别核算，否则，会增加纳税人的税收负担。

在企业的生产经营中，往往会发生同一企业生产不同税负产品并分别销售的情况。这时，企业从降低自身税收负担的角度考虑，应严格将不同税负产品的销售额和销售数量分别核算，否则将面临对全部产品统一适用高税率的可能。

实例5

孝云日杂公司为增值税一般纳税人，2018年11月销售百货取得含税收入100万元，同时销售粮油取得含税收入60万元。

孝云日杂公司销售百货及粮油都属于增值税的纳税范围，但适用税率不同。销售百货适用税率为16%，而销售粮油适用税率为10%。因此，该日杂公司销售方式属于兼营税率不同的货物的兼营行为，对于这种兼营行为，可选择分开核算以减轻税负。

第一种方案：分别核算。

销售百货应纳增值税额＝100÷（1＋16%）×16%≈13.79（万元）

销售粮油应纳增值税额＝60÷（1＋10%）×10%≈5.45（万元）

第二种方案：未分别核算。

应纳增值税额＝（100＋60）÷（1＋16%）×16%≈22.07（万元）

可见，分别核算可以避免从高适用税率，合计缴纳增值税款19.24万元，较未分别核算为企业减轻2.83万元税收负担。

通过以上分析可知，兼营税率不同货物的情况下，应当严格按照税法规定，分别核算不同税率货物或者应税劳务的销售额，才可以减轻企业税负。这里要注意的是：

① 合同文本设计。假设上述公司在2018年11月与客户签订的合同中，企业销售人员只注重销售业绩，未将销售合同中百货和粮油的销售额分别核算，那么企业的该项销售就只能全部按百货缴纳增值税，从而增加了企业税收负担。所以企业应设计出标准的合同范本，分别列示所销售不同产品的数量和金额，要求销售人员遵照执行。

② 财务核算。如果说合同文本设计是企业"分别核算"的基础环节，那么财务核算就可以说是企业"分别核算"的核心环节。首先，企业应加强存货管理，尤其是对各类产品的出库数量应有准确、清晰记录，并以此作为企业分别核算"产品销售成本"的依据。其次，企业应加强对"产品销售收入""产品销售成本""产品销售税金"等科目下二级甚至三级科目的核算，尤其是在企业基础管理较好，已经在销售合同中分别核算不同产品的销售数量和销售金额，以及存货管理也比较完整的情况下，按产品的种类核算以上科目，可以最终实现税法中对"分别核算"的基本要求。

 12.4 特殊销售形式的纳税筹划

无论是实体销售，还是电商销售，都会采取各种特殊的销售形式。比如每到各大节日，无论实体店还是电商，几乎家家都会搞促销。国庆节、元旦节、情人节、儿童节、五一节、父亲节、母亲节，还有电商推出的"双11""双12"等，这些是商家们必争的促销节点，也成为我国社会生活中一个又一个的消费制高点。

企业促销的手段也是五花八门，比如买一送一，或打折，或返现，或赠品，或赠消费券。商家们只管促销，往往忽略了，不同的销售方式所产生的增值税也是不同的。作为商家的会计人员，应当进行纳税筹划，以税负最低为原则，为企业促销提供富有建设性的意见。

实例6

苏华商场是增值税一般纳税人，其销售的商品，售价为100元，成本60元，适用增值税税率为16%。为了节日大促销，现有以下3种方式供选择。

第一，商品按原价的8折销售。

第二，购物满100元，可以获得价值20元的商品（成本为12元）。

第三，购物满100元，返现20元。

以上价格均为含税价格，那么采取何种形式税负最低呢？

我们对3种方式的促销手段分别计算其税负，然后确定税负最低的方式。

第一，8折销售，其应纳增值税额为$100 \times 80\% \div (1+16\%) \times 16\% - 60 \div (1+16\%) \times 16\% \approx 2.76$元。

第二，购物满100元，可以获得价值20元的商品，暂不考虑代扣代缴个人所得税，其增值税由两部分构成。

① 销售100元商品应纳增值税额$= (100-60) \div (1+16\%) \times 16\% \approx 5.52$（元）

② 赠送20元商品视同销售，应纳增值税额$= 20 \div (1+16\%) \times 16\% - 12 \div (1+16\%) \times 16\% \approx 1.10$（元）

合计应纳增值税额$= 5.52 + 1.10 = 6.62$（元）

第三，购物满100元，返现20元，暂不考虑代扣代缴个人所得税，其应纳增值税额为$100 \div (1+16\%) \times 16\% - 60 \div (1+16\%) \times 16\% \approx 5.52$元。

这里要注意的是，第一种方案在开具发票时必须开成打折金额，即80元；第二种、第三种方案支付给顾客商品或现金时，应代扣代缴顾客的个人所得税。但由于是促销活动，顾客一般不愿承担个税，所以企业还将代顾客缴纳个税。

所以，在不考虑企业所得税和净利润的情况下，增值税一般纳税人在税务筹划时显然会选择第一种销售方法。

12.5　包装物的纳税筹划

　　企业在产品销售活动中，对于包装物的处理方式主要有3种：一是作价随同产品一起销售；二是出租给购买方使用并收取租金；三是出借给购买方使用并收取押金。3种处理方式对企业来说，其税收负担是不同的。因此，企业在销售产品之前，应当选择恰当的包装物处理方式，以降低税收成本。

　　若包装物押金单独核算又未逾期的，则此项押金不并入应税产品的销售额中征税。但在经过1年以后未收回包装物的，需要将押金并入应税产品的销售额征税。按照应税产品适用的税率征收增值税，也使企业获得了该笔税款1年的免费使用权。所以企业可以考虑在情况允许时，不将包装物作价随同产品出售，而是采取收取包装物押金的方式。

实例7

　　爱兰酒厂为增值税一般纳税人，2018年8月销售啤酒5000箱，每箱啤酒40元，每个包装箱价值20元，以上价格均为含税价格。假设企业每个包装物自身的成本为12元。啤酒的增值税税率为16%，不考虑企业所得税的影响。该企业对此销售行为应当如何进行纳税筹划？

　　第一方案：包装物作价随同产品一起销售。

　　包装物作价随同产品销售的，应并入应税消费品的销售额中征收增值税。

　　包装物的销售收入 $= 5000 \times 20 \div (1 + 16\%) \approx 86206.90$（元）

　　包装物的销售成本 $= 5000 \times 12 = 60000$（元）

　　包装物收入应纳增值税销项税额 $= 5000 \times 20 \div (1 + 16\%) \times 16\% \approx 13793.10$（元）

　　包装物销售所产生的净利润 $= 86206.90 - 60000 - 13793.10 = 12413.80$（元）

　　第二方案：收取包装物押金。

　　在这种方式下，企业对每件包装物单独收取押金20元。此押金并不计入应税消费品的销售额中征税。这里分为两种情况。

　　① 包装物押金1年内收回。

　　1年内收回包装物，那么押金20元就将退回，爱兰酒厂将没有包装物销售收入，也没有产生增值税。包装物在经过循环使用后，最终是要报废的，那么包装物成本为 $5000 \times 12 = 60000$ 元，由于没有收入，所以包装物的利润为 -60000 元。与第一方案相比，企业利润减少了。

　　② 包装物押金1年内未收回。

这种情况发生在1年之后。

包装物的销售收入 = 5000 × 20 ÷（1 + 16%）≈ 86206.90（元）

包装物的销售成本 = 5000 × 12 = 60000（元）

补缴包装物增值税销项税额 = 5000 × 20 ÷（1 + 16%）× 16% ≈ 13793.10（元）

包装物产生的利润 = 86206.90 − 60000 − 13793.10 = 12413.80（元）

与第一方案相比，虽然企业利润都是12413.80元，但包装物的增值税13793.10元是在1年以后补缴的，延缓了企业的纳税时间，获取了资金的时间价值，为企业的生产经营提供了便利。

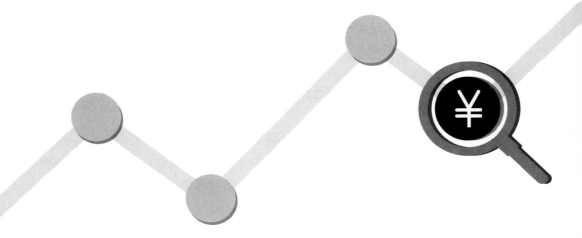

第 **13** 章

企业所得税的纳税筹划

　　较之增值税，企业所得税具有较大的筹划空间，再加上各地都有一定的产业优惠政策，更为企业所得税的纳税筹划提供了广阔的空间。企业所得税的筹划，不只是在经营成果实现之后，更应在生产经营过程之中，甚至是企业设立之初，从长计议，方得始终。

13.1 高新技术企业纳税筹划

企业所得税是企业税负中税率较高的税收，其征税对象是企业的纯所得。

《中华人民共和国企业所得税法》第四条规定，企业所得税的税率为25%。此外，高新技术企业适用15%的企业所得税税率，小型微利企业适用20%的企业所得税税率。

当然，还有其他各种企业所得税的优惠政策，比如小微企业的减半征收、"两免三减半"等，这些政策并未改变企业所得税率，只是在规定的企业所得税税率的基础上给予了优惠政策。

既然企业所得税税率有3种，那么企业通过纳税筹划，就可以将企业从适用于一般档次的25%努力转变成适用于15%和20%的低档次，就能够在企业所得税的应纳税所得额相同的情况下，通过适用较低的税率从而达到减少企业纳税负担的效果。

（1）部门企业化的纳税筹划

国家需要重点扶持的高新技术企业，减按15%的税率征收企业所得税。

过去企业所得税法仅对在国家级高新技术产业开发区内的高新技术企业实行15%的优惠税率。现在企业所得税法放宽了地域限制，扩大到全国范围，同时严格了高新技术企业的认定标准。

对于现有将高新技术仅作为部门核算的公司，可以将高新技术业务剥离出来，成立独立的高新技术企业，以适用15%的税率。当然，高新技术企业要属于国家重点支持的高新技术领域并且要经过国家有关部门认定。

（2）合同收入的纳税筹划

企业在税法上取得各种货币或非货币形式的收入总额，应计入企业的应纳税所得额。因此如何核算收入，何时确认收入及收入确认的多少直接关系企业准确核算经营业绩，对所得税筹划有着重要意义。我国税法规定企业销售收入确认，必须遵循权责发生制和实质重于形式的原则。所以对销售收入的筹划重点放在确认的时间点上。

高新技术企业大多采用订单生产方式，以购销合同约定的时间作为入账时间。如果不能采用缴款提货方式进行销售，那么企业可以采取赊销和分时间段付款的方式，并在合同中予以约定，以减少当期缴纳的所得税。当然企业必须考虑赊销和分期付款方式不能收回资金的风险，如果按期不能收回的风险较大，则应选择放弃。

《中华人民共和国增值税暂行条例实施细则》第三十八条第（三）项规定："采取赊销和分期收款方式销售货物，为书面合同约定的收款日期的当天，无书面合同的或者书面合同没有约定收款日期的，为货物发出的当天。"

实例1

社教太阳能公司为高新技术企业，与正杰商贸公司签订购销协议，货到即付款；同时与菊花科技公司签订购销协议，采取分期付款方式。假如2018年7月，社教太阳能公司向正杰商贸公司和菊花科技公司都供应了10万元的货物，正杰商贸公司应于2018年7月底付清全部款项，菊花科技公司2018年7月应付货款2万元。那么社教太阳能公司应确认的收入分别是10万元和2万元。但由于正杰商贸公司资金紧张，未能及时付款，致使社教太阳能公司由于确认了10万元的收入，从而预先垫付了企业所得税。

这种合同约定付款方式的纳税筹划，对一般企业都适用，尤其是建筑企业，由于工程款巨大，往往不能如期付款，不妨将付款方式进行细化，比如按工程形象进度付款，或分期付款的次数增加，以免付款次数太集中造成收入确认了而款项未收到，导致垫付企业所得税。

13.2　存货核算中存在的纳税筹划

会计人员都知道，存货是以实际取得的价格进行计价的。《企业会计准则第1号——存货》规定：企业应当采用先进先出法、加权平均法或者个别计价法确定发出存货的实际成本。

（1）不同核算方法影响着成本和利润

存货的计价方法有多种，计价方法不同，存货出库的成本便不同。而且，不同的方法甚至可能出现很大的差异。比如先进先出法和加权平均法，若是在价格波动很大的情况下，两种方法计算的结果也会相差很大，必须通过存货核算的纳税筹划，来实现企业税负的最小化。

实例2

立胜皮鞋厂2018年12月购进120吨皮革，明细如下。

日期	数量（吨）	单价（元）	金额（元）
12月3日	30	3000	90000
12月15日	50	4000	200000
12月20日	40	3500	140000

本月领用皮革90吨，请分别采用先进先出法和加权平均法计算领用皮革的成本。

正确答案：

第一，使用先进先出法。

领用材料的成本 = 30 × 3000 + 50 × 4000 + 10 × 3500 = 325000（元）

第二，使用加权平均法。

领用材料的成本 =（90000 + 200000 + 140000）÷ 120 × 90 = 322500（元）

通过计算可以看出，加权平均法的成本低于先进先出法。加权平均法对价格不断上扬的企业来说，可以提高成本，降低利润，起到调节企业所得税的效果。相反，若价格一直下跌的话，可以选用先进先出法。

值得注意的是，存货计价方法一经确定，不能随意变更。

（2）核算方法的选择

核算方法的选择，只是选择在当期使用哪一个时间段的历史价格作为存货出库的计价，而对于整个存货的出库，其出库就是使用存货的历史价格之和。

整个存货的出库，对于整个期间的总的企业应纳税所得额是没有影响的。存货核算方法的选择，只是对当期的企业所得税应纳所得额有影响。因此，外部的税收环境会决定企业纳税筹划目标和方向。

实例3

爱春耐火材料厂是外商投资企业，适用25%企业所得税税率，根据相关法律法规的规定，爱春耐火材料厂享受"两免三减半"的所得税优惠政策。"两免三减半"的意思就是，开业前2年免征所得税，后3年减半征收所得税。2018年是爱春耐火材料厂开办的第二年，公司年初没有库存，年内分3批购买了生产用的材料，明细如下。

数量（公斤）	单价（万元）	金额（万元）
150	5	750
120	7	840
240	12	2880

该企业于2018年出售商品耗用该材料280千克。请问爱春耐火材料厂应当在存货核算中使用先进先出法还是加权平均法？

分析：本题中，由于企业在2018年是享受"两免三减半"的第二年，因此本年度的企业所得税是免税的。而下一个年度的企业所得税就要按照应纳税额减半征收了。因此，企业纳税筹划的方向是尽可能增加企业所得税的应纳税所得额，减少会增加以后年度企业所得税应纳税所得额的影响因素。因此，企业在存货核算上的纳税筹划，就是设法将存货成本留到以后年度去抵冲利润。从上表可以看出，材料的价格一直上扬，采用加权平均法，会加大成本，对于享受免税政策的企业来说，显然不合适。所以应该使用先进先出法。

第一，使用先进先出法。

年度销售成本 $= 150 \times 5 + 120 \times 7 + 10 \times 12 = 1710$（万元）

若下个年度存货领用完毕，则其销售成本 $= 230 \times 12 = 2760$（万元）

第二，使用加权平均法。

年度销售成本 $=（750 + 840 + 2880）\div（150 + 120 + 240）\times 280 \approx 2454.12$（万元）

若下个年度存货领用完毕，则其销售成本 $=（750 + 840 + 2880）- 2454.12 \approx$ 2015.88（万元）

由于本年度的企业所得税是免税的，因此本年度企业所得税为零。第二年减半征收。所以使用先进先出法比加权平均法要少缴纳（$2760 - 2015.88$）$\times 25\% \times 50\% \approx 93.02$ 万元的企业所得税。

13.3　根据收入限额扣除类费用的纳税筹划

企业在税前开支的广告费、宣传费和业务招待费，在计算企业所得税应纳税所得额的扣除额时，税法都有具体的限额规定。

（1）广告费与业务宣传费

税法规定，广告费和业务宣传费在税前列支时，不能超过当年销售收入的15%，超过部分不得计算当年度的应纳税所得额，可以留存结转到以后年度继续按照相同的规则进行扣除。不过，税法虽然这么规定了，当年度不足抵扣的部分可以结转到以后年度进行扣除，但如果企业每个年度的广告宣传费都超过企业营业收入的15%，那么超出的部分或许永远都没机会在以后年度计算应纳税所得额时予以扣除。

（2）业务招待费

关于企业的业务招待费，税法也有明文规定，在计算当年度的应纳税所得额时，应按照业务招待费的实际发生额的60%扣除，且最高不能超过当年度营业收入的5‰。

广告宣传费与业务招待费，都是按照营业收入的一定的比例进行扣除的，受到营业收入的限制。因此，如何充分地、更多地在企业计算企业所得税的应纳税所得额时扣除企业发生的广告宣传费和业务招待费，就是这类企业发生的费用的纳税筹划的目标。

实例4

孝兵建材公司2018年度销售收入为1000万元，本年度发生业务招待费10万元，广告宣传费200万元。请对孝兵建材公司进行纳税筹划。

分析：孝兵建材公司2018年度税前准予扣除的金额分别如下。

业务招待费：税前准予扣除的限额为$1000 \times 5‰ = 5$万元，实际发生额为$10 \times 60\% = 6$万元。显然，业务招待费超过了扣除限额。

广告宣传费：税前准予扣除的限额为$1000 \times 15\% = 150$万元，实际发生额为200万元，也超出了扣除限额。

现对孝兵建材公司进行筹划，在不考虑其他因素的情况下，将其销售部门独立，领取营业执照，办理建材销售公司。孝兵建材公司的产品统一销售给销售公司，再由销售公司对外销售。假设2018年，孝兵建材公司销售给建材销售公司的销售额为800万元，销售公司对外销售仍为1000万元，两家合计发生的业务招待费和广告宣传费不变，那么：

业务招待费：税前准予扣除的限额为$（800 + 1000）\times 5‰ = 9$万元，实际发生额为$10 \times 60\% = 6$万元，可以在税前全部抵扣。

广告宣传费：税前准予扣除的限额为$（800 + 1000）\times 15\% = 270$万元，实际发生额为200万元，也可以在税前全部扣除。

13.4 资产损失税前扣除的纳税筹划

《财政部 国家税务总局关于企业资产损失税前扣除政策的通知》（财税〔2009〕57号）第十三条规定："企业对其扣除的各项资产损失，应当提供能够证明资产损失确属已实际发生的合法证据，包括具有法律效力的外部证据、具有法定资质的中介机构的经济鉴证证明、具有法定资质的专业机构的技术鉴定证明等。"

《企业资产损失所得税税前扣除管理办法》第五条规定："企业发生的资产损失，应按规定的程序和要求向主管税务机关申报后方能在税前扣除。未经申报的损失，不得在税前扣除。"

那么企业可以按规定向税务机关报送资产损失税前扣除申请，申请时，均应提供能够证明资产损失确属已实际发生的合法证据，包括企业资产损失相关的证据（包括具有法律效力的外部证据和特定事项的企业内部证据）。

《企业资产损失所得税税前扣除管理办法》第十七条规定："具有法律效力的外

部证据，是指司法机关、行政机关、专业技术鉴定部门等依法出具的与本企业资产损失相关的具有法律效力的书面文件，主要包括：（一）司法机关的判决或者裁定；（二）公安机关的立案结案证明、回复；（三）工商部门出具的注销、吊销及停业证明；（四）企业的破产清算公告或清偿文件；（五）行政机关的公文；（六）专业技术部门的鉴定报告；（七）具有法定资质的中介机构的经济鉴定证明；（八）仲裁机构的仲裁文书；（九）保险公司对投保资产出具的出险调查单、理赔计算单等保险单据；（十）符合法律规定的其他证据。"

《企业资产损失所得税税前扣除管理办法》第十八条规定："特定事项的企业内部证据，是指会计核算制度健全、内部控制制度完善的企业，对各项资产发生毁损、报废、盘亏、死亡、变质等内部证明或承担责任的声明，主要包括：（一）有关会计核算资料和原始凭证；（二）资产盘点表；（三）相关经济行为的业务合同；（四）企业内部技术鉴定部门的鉴定文件或资料；（五）企业内部核批文件及有关情况说明；（六）对责任人由于经营管理责任造成损失的责任认定及赔偿情况说明；（七）法定代表人、企业负责人和企业财务负责人对特定事项真实性承担法律责任的声明。"

那么对一些符合条件的大中型企业来说，若是发生了某些资产损失，即可以凭内部证据作为资产损失的认定证据，无须提请会计师事务所、税务师事务所等中介机构出具经济鉴证证明。对企业来说，可以减少相当数额的鉴定费用，进而节约涉税成本，获得一定的税收经济收益。

企业还可以按照《企业资产损失所得税税前扣除管理办法》的规定进行处理，即由本企业出具有关资产损失及评估报告、会计核算有关资料和原始凭证、资产盘点表、相关经济行为的业务合同、企业内部核批文件及有关情况说明，同时向税务机关出具法定代表人、企业负责人和企业财务负责人对该事项真实性承担税收法律责任的声明，然后企业就可以完成资产损失报批的申请程序，不必请中介机构进行鉴定，从而可以节约纳税成本。

 ## 13.5　利用捐赠进行纳税筹划

企业捐赠是企业的非常规性支出，若能把握时机，用好捐赠方式，会起到良好的作用。许多大企业对外捐赠，既是慈善之举，也为企业带来了广告效应，而且这种广告效益比一般的广告要好得多，能为企业树立良好的社会形象。因此，企业利用捐赠能获得节税和广告的双重利益。

《中华人民共和国企业所得税法》第九条规定："企业发生的公益性捐赠支出，在年度利润总额12%以内的部分，准予在计算应纳税所得额时扣除；超过年度利润总额12%的部分，准予结转以后三年内在计算应纳税所得额时扣除。"这里的公益性捐赠是指企业通过公益性社会团体或者县级以上人民政府及其部门，用于《中华人民共和国公益事业捐赠法》规定的公益事业的捐赠。对于企业自行直接发生的捐赠以及非公益性捐赠不得在税前扣除。利润总额是指企业依照国家统一会计制度的规定计算的年度会计利润。

13.6 利用产业优惠政策进行纳税筹划

（1）有关环境保护、资源综合利用和安全生产的产业和项目的税收优惠

除对国家级高新技术产业开发区内的高新技术企业实行15%的优惠税率外，新企业所得税法中，产业优惠政策的另一个亮点就是把有关环境保护、资源综合利用与安全生产的产业和项目纳入了产业优惠体系，以图进一步提高我国企业的环保、节约和安全生产意识，促使企业加大这些方面的开发和投资力度。

企业购置用于环境保护、节能节水、安全生产等专用设备的投资额，可以按10%从企业当年的应纳税额中抵免；当年不足抵免的，可以在以后5个纳税年度结转抵免。这里的专用设备是指《环境保护专用设备企业所得税优惠目录》、《节能节水专用设备企业所得税优惠目录》和《安全生产专用设备企业所得税优惠目录》中规定的环境保护、节能节水、安全生产等专用设备，且5年内不得转让、出租。

企业以《资源综合利用企业所得税优惠目录》规定的资源作为主要原材料，生产国家非限制和禁止并符合国家及行业相关标准的产品取得的收入，减按90%计入收入总额。这里原材料占生产产品材料的比例不得低于《资源综合利用企业所得税优惠目录》规定的标准。

因此，企业购置有关环境保护、节能节水和安全生产等专用设备时，要享受税收优惠，达到节税的目的，前提条件是所购买的设备必须是企业所得税优惠目录中的专用设备，且注意年限限制。

（2）运用安置特殊人员就业纳税筹划

新企业所得税法规定：安置残疾人员及国家鼓励安置的其他就业人员所支付的工资实行加计扣除。其中企业安置残疾人员的，在按照支付给残疾职工工资据实扣除的基础上，按照支付给残疾职工工资的100%加计扣除。

新企业所得税法取消了原税法对安置人员比例的限制，企业可以根据自身情况，在一定的适合岗位上尽可能地安置下岗失业或残疾人员，以充分享受税收优惠，减轻税负。

（3）运用技术创新和科技进步的税收优惠政策纳税筹划

新企业所得税法从以下两个方面对技术革新设定了优惠条款，鼓励企业进行技术创新和科技进步，也给企业带来了纳税筹划空间。

① 符合条件的技术转让所得可以免征、减征企业所得。即一个纳税年度内，居民企业技术转让所得不超过500万元的部分，免征企业所得税；超过500万元的部分，减半征收企业所得税。

② 开发新技术、新产品、新工艺发生的研究开发费用可以在计算应纳税所得额时加计扣除。即企业为开发新技术、新产品、新工艺发生的研究开发费用，未形成无形资产计入当期损益的，在规定据实扣除的基础上，按照研究开发费用的50%加计扣除；形成无形资产的，按照无形资产成本的150%摊销。

新产品和新技术的研发是提高企业竞争力和获得较高利润的保证，需要持续和高额的投资。企业应当充分运用纳税筹划，有效地获得国家通过税收优惠政策所给予的资金支持。如企业外购专利技术的费用，只能记入"无形资产"科目在规定年限内直线摊销。然而如果企业与科研机构采取联合开发的方式，则技术开发的费用不仅能够在税前一次性扣除，而且可以获得实际发生额50%的所得税税前加计抵扣。

 13.7　利用坏账损失的备抵法进行纳税筹划

根据企业会计准则的规定，坏账损失的财务处理方法主要有直接转销法和备抵法。无论是直接转销法还是备抵法，发生的坏账损失都得在税务主管当局批准后才能在税前扣除，但企业采用备抵法进行账务处理，在一个会计年度内可以先在"管理费用"里反映"坏账准备"起到延期缴纳企业所得税的作用，赢得了资金的使用价值。

根据税法规定，企业发生的坏账损失只有在当地税务局批准后才能在税前扣除，否则在年度汇算清缴时进行纳税调增。

在进行纳税筹划时，企业应该尽力采用备抵法进行财务处理。因为采用备抵法对减轻税负更为有利。即使两种方法计算的应缴纳所得税数额是一致的，但应收账款余额百分比法将应纳税款滞后，等于享受到国家一笔无息贷款，增加了企业的流动资金。

企业所得税其实还有许多纳税筹划空间，需要会计人员或第三方中介机构能够熟悉掌握企业所得税的相关法律规定，为企业节约税收提供科学且合理合法的节税方案。

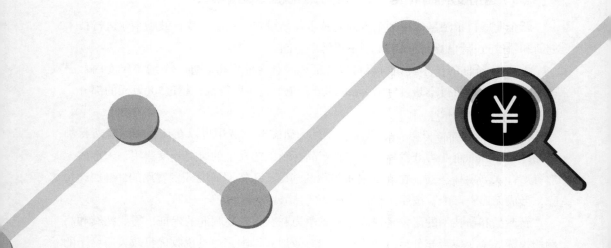

第 **14** 章

个人所得税的纳税筹划

个人所得税有较大的筹划空间，尤其是2018年8月新的个税政策推出后，专项附加扣除政策为纳税人提供了减少税负的空间。需要指出的是，一些经营者或工薪阶层一涉及缴纳个税时，就想方设法地想逃税，这种态度是不可取的。纳税不只是义务，还体现了纳税人的品质。

14.1　一些常见的节税方案

14.1.1　利用延期获得收入的方法进行节税

对承包者、租赁者及其他非固定收入者，由于受经营业绩的影响，其收入往往具有不稳定性和不均衡性。当某个期间的经营净收入较高时，必定会多缴纳个人所得税。而当某个期间的经营净收入较低甚至亏损时，则可能不缴纳个人所得税。

在这种个人收入来源不太稳定和均衡的情况下，经营者个人可以采取一些策略，让收入均衡，让个税最小化。其主要手法是将一些业绩好月份的收入，以延期获得收入的方式，转移到收入较低的纳税期，这样便可以使各个纳税期的应纳税所得额保持在均衡且较低的水平上，从而减轻应纳税义务。对于承包者、租赁者及其他非固定收入者，这种做法能起到节约税收的作用。

14.1.2　把个人收入转换成企业单位的费用开支进行节税

把企业单位应支付给个人的一些福利性收入，由直接付给个人转换为提供公共服务等形式。既不会扩大企业的支出总规模、减少个人的消费水平，又能使个人避免因直接收入的增加而多缴纳一部分个人所得税。这些方法实质上是把个人的应税所得变成了个人直接消费来躲避个人所得纳税。比如，由企业承担支付给员工的租房费，若在工资表上体现出来，必须缴纳个人所得税；若由公司直接与房东签约，并由公司直接支付租房费，则不会增加员工的收入，也不会增加个人所得税。

14.1.3　对日常费用进行节税

差旅费补贴是因出差而产生的，在规定的标准内，直接填写在差旅费报销单上，可以免增个人所得税。

单位因工作需要为个人负担的办公通信费用，采取全额或限额实报实销的，可以在规定的标准范围内，凭合法凭证报销，不计入个人当月工资征收个人所得税。或者直接由单位发放手机，户名是单位名称，也可以直接报销费用，无须缴纳个人所得税。

职工夏季防暑降温清凉饮料费，若随工资发放要缴个税，若以报销形式可以不计税。

员工离职时，员工领取的离职补偿金在当地员工年平均工资3倍以内的可以免缴个税。

14.2 专项附加扣除的纳税筹划

14.2.1 子女教育专项附加扣除的纳税筹划

子女教育专项附加扣除为标准定额扣除，其标准为每个子女每年12000元（每月1000元），随着子女数量的增加，扣除标准可以随之增加。

子女教育支出包括学前教育和学历教育的相关支出。学前教育包括年满3岁至小学入学前教育，这里需说明的是，孩子未满3岁是不能享受子女教育支出扣除的。学历教育包括义务教育（小学和初中教育）、高中阶段教育（普通高中、中等职业教育）、高等教育（大学专科、大学本科、硕士研究生、博士研究生教育）。对于高中及以后阶段的教育，只有在子女接受教育时才允许扣除，未接受相关教育不得扣除。

子女参加工作后，在工作期间发生的继续教育支出，可以由子女按照继续教育支出在税前扣除，也可以由父母按照子女教育支出扣除，但不得同时扣除。根据规定，纳税人在中国境内接受学历（学位）继续教育的支出，在学历（学位）教育期间按照每月400元定额扣除。同一学历（学位）继续教育的扣除期限不能超过48个月。纳税人接受技能人员职业资格继续教育、专业技术人员职业资格继续教育的支出，在取得相关证书的当年，按照3600元定额扣除。

那么，在成人教育方面，是选择员工自己来扣除，还是选择父母来扣除，便有了一定的筹划空间。

① 若选择父母扣除，则扣除比例为：受教育子女的父母分别按扣除标准的50%扣除；经父母约定，也可以选择由其中一方按扣除标准的100%扣除，一年可以扣除12000元。具体扣除方式在一个纳税年度内不得变更。

② 若选择子女扣除，一年最多只能扣除4800元。

③ 如果父母收入高，可选择父母扣除；如果子女收入高，可以选择子女扣除。

④ 如果夫妻双方收入水平接近，可以考虑各扣除50%，如果双方收入相差悬殊，应选择由收入高的一方全额扣除。

14.2.2 继续教育专项扣除的纳税筹划

纳税人接受技能人员职业资格继续教育、专业技术人员职业资格继续教育支出，在取得相关证书的年度，可按照每年3600元定额扣除。当一个人有多个考证需求时，如果一起考证，只能按照3600元定额扣除。若是分年度逐项来考取，可以充分享受每年的继续教育专项扣除。

如果对个人收入走势有一定把握能力，也可以选择在收入高的年度参加继续教育及专业技术人员职业资格的考试。

14.2.3 大病医疗专项扣除的纳税筹划

纳税人大病医疗专项附加扣除可以在6万元限额内据实扣除。

如果纳税人大病医疗扣除额远超6万元，可以考虑将手术放在年底做，跨越两个年度，相当于限额提高到12万元，可以减轻个人负担。当然，这里需要慎重的是，主要还是根据病情来确定医疗的时间，纳税筹划必须服从于医疗的需要。

14.2.4 住房贷款利息专项扣除的纳税筹划

根据规定，纳税人本人或者配偶单独或者共同使用商业银行或者住房公积金个人住房贷款为本人或者其配偶购买中国境内住房，发生的首套住房贷款利息支出，在实际发生贷款利息的年度，按照每月1000元的标准定额扣除，扣除期限最长不超过240个月。纳税人只能享受一次首套住房贷款的利息扣除。

这里主要的纳税筹划是夫妻双方如何选择扣除。很显然，一是谁的收入高，扣除谁的工资收入，二是夫妻二人收入相当，可以各承担50%，也可以根据夫妻二人的实际工资具体测算一下，如何扣除能使个税最少。

14.2.5 住房租金专项扣除的纳税筹划

相比于其他几项专项扣除，都需要提供正规的各种证明而言，住房租金相对要容易些，只需要住房租赁合同或协议即可。这样便有了一定的筹划空间。

如果纳税人住的是父母或亲友的房子，是无偿提供的，那么只要父母或亲友与纳税人签一份租房协议，便可以享受住房租金的专项扣除。当然，这种租房协议一旦产生后，父母或亲友可能要承担增值税（在一定限额内，增值税可以减免，各种附加税也同时减免）、印花税、土地使用税、房产税和个人所得税，这时要对双方的纳税进行比较，看孰高孰低。若是合算，则可能采取这种方法。若是不合算，则没必要采取这种方法。

14.2.6 赡养老人专项扣除的纳税筹划

根据规定，独生子女每月可以扣除2000元，非独生子女应当与其兄弟姐妹分摊每年24000元（每月2000元）的扣除额度，分摊方式包括平均分摊、被赡养人指定分摊或者赡养人约定分摊。分摊方式确定后一年内不得变更。这条规定至少包括以下内容。

① 无论兄弟姐妹多少人，其兄弟姐妹分摊赡养老人专项附加扣除总额为每年

24000元，每月2000元。

② 兄弟姐妹中一人分摊最高限额为每年12000元（每月1000元）。

③ 采取指定分摊或约定分摊方式的，应签订书面分摊协议。

④ 指定分摊与约定分摊不一致的，以指定分摊为准。

⑤ 纳税人赡养2个及以上老人的，不按老人人数加倍扣除，即赡养老人专项附加扣除无论有几个老人每年只能扣除24000元（每月2000元）。

⑥ 具体分摊方式一经确定在一个纳税年度内不得变更。

对非独生子女赡养老人专项附加扣除的纳税筹划，主要取决于各个子女的收入水平，显然，收入高的子女扣除多可以节税，收入少的子女可以不用扣除。

14.3 住房公积金政策的纳税筹划

《财政部 国家税务总局关于基本养老保险费 基本医疗保险费 失业保险费 住房公积金有关个人所得税政策的通知》（财税〔2006〕10号）规定，单位和个人分别在不超过职工本人上一年度月平均工资12%的幅度内，其实际缴存的住房公积金，允许在个人应纳税所得额中扣除；单位和职工个人缴存住房公积金的月平均工资不得超过职工工作地所在设区城市上一年度职工月平均工资的3倍，具体标准按照各地有关规定执行；个人实际领（支）取原提存的住房公积金时，免征个人所得税。根据《住房公积金管理条例》第三条，职工个人缴存的住房公积金和职工所在单位为职工缴存的住房公积金，属于职工个人所有。

于是，我们便可以利用住房公积金的政策，来进行个人所得税的纳税筹划了。

当员工的工资超过个人所得税的最低基数时，企业可以充分利用税收政策，提高缴纳住房公积金的额度，给予员工更高的福利政策。主要做法是在税收政策允许的范围内，调整员工缴纳住房公积金的比例和缴纳基数。具体来说，可以从以下3种情况减少缴纳个人所得税。

① 按规定标准缴存住房公积金后，可以在个人所得额中扣除，不缴纳个人所得税。

② 按规定标准缴存住房公积金后，可以降低个人所得税级次，减少缴纳个人所得税。

③ 按规定标准单位缴存住房公积金的部分可以替换给予的工资薪酬，减少个人所得额，少缴纳个人所得税。

14.4　补充养老保险的纳税筹划

根据国家有关政策规定的办法和标准，为在本单位任职或者受雇的全体职工缴付的企业年金或职业年金（以下统称年金）单位缴费部分，在计入个人账户时，个人暂不缴纳个人所得税。

在企业为员工缴纳补充养老保险金时，需要注意以下几点。

① 根据国家有关政策规定缴付的年金个人缴费部分，在不超过本人缴费工资计税基数的4%标准内的部分，暂从个人当期的应纳税所得额中扣除。

② 企业年金个人缴费工资计税基数为本人上一年度月平均工资，月平均工资按国家统计局规定列入工资总额统计的项目计算。月平均工资超过职工工作地所在设区城市上一年度职工月平均工资300%以上的部分，不计入个人缴费工资计税基数。

职业年金个人缴费工资计税基数为职工岗位工资和薪级工资之和。职工岗位工资和薪级工资之和超过职工工作地所在设区城市上一年度职工月平均工资300%以上的部分，不计入个人缴费工资计税基数。

所以，公司可以适当通过建立职业年金账户，以减少缴纳个人所得税。

 14.5　年终奖的纳税筹划

14.5.1　年终奖的定义

在税法上，对年终奖是这样定义的，年终奖指的是全年一次性奖金，是指行政机关、企事业单位等扣缴义务人根据企业的全年经济效益以及对员工年度的工作业绩进行综合考核后，向员工发放的一次性奖金。年终奖并不限于年终发放，是指一年发放一次的综合性奖金。

年终奖包括年终加薪、实行年薪制和绩效工资考核办法的单位根据考核情况兑现的年薪和绩效工资。年终奖不包括半年奖、季度奖、加班奖、先进奖、考勤奖等。

14.5.2　年终奖的个税计算办法

（1）国税发〔2005〕9号文的年终奖规定

《国家税务总局关于调整个人取得全年一次性奖金等计算征收个人所得税方法问题的通知》（国税发〔2005〕9号）规定，纳税人取得全年一次性奖金，单独作为一个月工资、薪金所得计算纳税，并按以下计税办法，由扣缴义务人发放时代扣代缴。

1）确定适用税率和速算扣除数

首先，将雇员当月内取得的全年一次性奖金，除以12个月，根据其商数来确定适用税率和速算扣除数。

其次，若在发放年终一次性奖金的当月，雇员当月工资薪金所得低于税法规定的费用扣除额，应将全年一次性奖金减除"雇员当月工资薪金所得与费用扣除额的差额"后的余额，按上述办法确定全年一次性奖金的适用税率和速算扣除数。

2）个税的计算方法

将雇员个人当月内取得的全年一次性奖金，按上述确定的适用税率和速算扣除数计算征税，计算公式如下。

① 若雇员当月工资薪金所得高于（或等于）税法规定的费用扣除额的，适用公式为：

应纳税额 = 雇员当月取得全年一次性奖金 × 适用税率 - 速算扣除数

② 如果雇员当月工资薪金所得低于税法规定的费用扣除额的，适用公式为：

应纳税额 =（雇员当月取得全年一次性奖金 - 雇员当月工资薪金所得与费用扣除额的差额）× 适用税率 - 速算扣除数

（2）2019年新个税下的年终奖规定

财政部、国家税务总局联合发文《关于个人所得税法修改后有关优惠政策衔接问题的通知》（财税〔2018〕164号）中的"一、关于全年一次性奖金、中央企业负责人年度绩效薪金延期兑现收入和任期奖励的政策"规定：

居民个人取得全年一次性奖金，符合《国家税务总局关于调整个人取得全年一次性奖金等计算征收个人所得税方法问题的通知》（国税发〔2005〕9号）规定的，在2021年12月31日前，不并入当年综合所得，以全年一次性奖金收入除以12个月得到的数额，按照本通知所附按月换算后的综合所得税率表，确定适用税率和速算扣除数，单独计算纳税。计算公式为：

应纳税额 = 全年一次性奖金收入 × 适用税率 - 速算扣除数

居民个人取得全年一次性奖金，也可以选择并入当年综合所得计算纳税。

自2022年1月1日起，居民个人取得全年一次性奖金，应并入当年综合所得计算缴纳个人所得税。

上述政策表明，新个税下，个人年终奖的计算原理平移了以前个税计算原理，不过纳税人有权选择使用或者不使用选择权；不用再减当月收入不足扣除费用（2018年10月1日后为5000元）的差额后，再除以12个月。

14.5.3　年终奖的个税分水岭

为了便于分析年终奖在不同阶段存在的个税陷阱，我们以具体案例来分析，找出年终奖在不同阶段的个税差异，也就是确定年终奖的分水岭。

实例

假若某人2019年工薪报酬为取得代扣专项扣除后的工资80000元，专项附加扣除10000元，那么：

该人2019年的应纳税所得额 = 80000 - 60000 - 10000 = 10000（元）

适用3%税率，汇算清缴应纳税额为10000×3% = 300元。

① 假设某人2019年年终奖为36000元，纳税人选择单独纳税：

36000/12 = 3000

2019年应纳个税为36000×3% = 1080元。

② 假设某人2019年年终奖为36001元，纳税人选择单独纳税：

36001/12 ≈ 3000.08

2019年应纳个税为36001×10% - 210 = 3390.1元。

第①种情况和第②种情况两者间的差额为3390.1 - 1080 = 2310.1元。

经过测算，这个人2019年由于多领了1元年终奖，需要多缴个税2310.1元！

当然，年终奖不只是36000元存在分水岭，还有多个分水岭。财务人员适当进行纳税筹划，便可节约税收，减轻员工的个税负担。

14.6　债券投资的纳税筹划

这里所说的债券投资，不是一般的企业债券，而是指国债、教育储蓄、保险产品与股票等。普通个人通过购买理财类投资产品获得的收益是不需要缴纳个人收入所得税的，可以达到合理节税的目的。对于这类投资，国家给予一定的税收优惠政策，可用以进行纳税筹划。

（1）国债

国债，又称国家公债，是国家以其信用为基础，按照债券的一般原则，通过向社会筹集资金所形成的债权债务关系。国债是各种债券投资中最安全的，且可以免征利息税。通过购买国债投资，可以少缴个人所得税。

（2）教育储蓄

教育储蓄是指个人按国家有关规定在指定银行开户、存入规定数额资金、用于教育目的的专项储蓄，是一种专门为学生支付非义务教育所需教育金的专项储蓄。教育储蓄采用实名制，开户时，储户要持本人（学生）户口簿或身份证，到银行以储户本人（学生）的姓名开立存款账户。到期支取时，储户需凭存折及有关证明一次支取本息。

教育储蓄的对象是有限制的，主要是对于学生家庭。相比于普通的银行储蓄，教育储蓄是国家为了鼓励居民积累教育资金而设立的，其最大的特点就是免征利息税。而且，教育储蓄的实得收益比同档次普通储蓄高出20%。

（3）保险

我国税法没有规定保险收益也要扣税。所以选择合理的保险计划，是个不错的理财方法，既能通过有益的保险获得保障，又可少缴个税。

（4）其他投资

银行发行的人民币理财产品，还有股票、基金买卖所得差价收益，按照现行税收规定，均暂不征收个人所得税。

参考
文献

[1] 段贵珠，康琳婕. 纳税基础与实务. 北京：北京大学出版社，2013.

[2] 梁伟样. 企业纳税全真实训. 北京：清华大学出版社，2015.

[3] 郑丽霞，李大凯. 企业纳税实操从新手到高手. 北京：中国铁道出版社，2016.

[4] 盖地. 税务会计与税务筹划. 第12版. 北京：中国人民大学出版社，2019.

[5] 翟继光. 新税法下企业纳税筹划. 北京：电子工业出版社，2019.

[6] 刘晓斌. 企业纳税筹划指南：合理纳税的69个妙招. 北京：中华工商联合出版社，2019.